Delius Klasing

EDITION MOBY DICK

GUNNAR FEHLAU

1000 TIPPS FÜR BIKER

KOMPONENTENAUSWAHL
WARTUNG
TROUBLESHOOTING

Delius Klasing
EDITION MOBY DICK

Für Uli!

In diesem Buch werden Tipps vorgestellt, deren Anwendung sich mitunter auf Extremsituationen bezieht! Die Umsetzung aller Tipps oder daraus abgeleitete Handlungen finden auf eigene Verantwortung statt. Verlag und Autor übernehmen keine Haftung für Schäden (auch gegenüber Dritten), die aufgrund der hier im Buch dargestellten Handlungen und Beschreibungen entstehen. Die vorgestellten Tipps wurden nach bestem Wissen und Gewissen recherchiert und bearbeitet, Verlag und Autor übernehmen aber dennoch keine Garantie für die Richtigkeit und Wirkung der dargestellten Handlungen und Beschreibungen.
Bitte halten Sie vor jeder Montage oder Modifikation Rücksprache mit dem Hersteller des jeweiligen Produktes. Respektieren Sie auch die Grenzen Ihres eigenen Basteltalentes, Ihrer Erfahrungen und Ihres Körpers. Rad fahren ist scheinbar einfach und gleichzeitig ein hochkomplizierter Vorgang. Das macht seinen Reiz aus. Gehen Sie deshalb niemals leichtfertig mit Ihrem Fahrrad und seinem Zubehör um.

Bibliografische Information Der Deutschen Bibliothek
Die Deutsche Bibliothek verzeichnet diese Publikation in der Deutschen Nationalbibliografie; detaillierte bibliografische Daten sind im Internet über »http://dnb.ddb.de« abrufbar.

3. Auflage
ISBN 3-89595-156-0

Umschlaggestaltung: Buchholz/Hinsch/Hensinger, Hamburg
Abbildungen: Gunnar Fehlau
Layout: Ulrike Heinichen
Printed in Italy 2003

Vertrieb: Delius Klasing Verlag, Siekerwall 21, D-33602 Bielefeld
Tel. 05 21/559-0, Fax 05 21/559-115
e-mail: info@delius-klasing.de
www.delius-klasing.de

Jede Radfahrt ist ein kleines Abenteuer. Ob auf dem Weg zur Arbeit, bei der Tour am Wochenende oder der Weltumradlung, stets wecken frische Luft und Bewegung die Lebensgeister, lässt es sich unkompliziert mit anderen Menschen in Verbindung treten, bieten sich neue Perspektiven in Stadt und Land. So viel zu den Schokoladenseiten des Abenteuers. Die Kehrseiten sind leider auch allgemein bekannt: Unzureichende Ausrüstung, fragwürdige Verkehrsbedingungen, schlechte Witterung und der berühmte Pannenteufel verwandeln so manche Ausfahrt in eine Tortur.

Viel Zeit und Ärger spart, wer aus den Erfahrungen anderer Menschen zu lernen bereit ist. Hier setzt das Buch an: 1000 Tipps aus vielen Jahren Rad fahren, unzähligen Gesprächen, Büchern und Zeitungsartikeln sollen Ihnen helfen, jede Radfahrt zum positiven Erlebnis zu machen. Sie finden unter anderem Anregungen, wie Sie Ihr Rad auswählen, präparieren, benutzen, pflegen und tunen können; wie Sie sich in Form bringen und wie Sie im Verkehr, auf der Rennstrecke, während des Urlaubs oder in der Natur besser zurecht kommen.

Doch einen Haken haben diese »fremden« Erfahrungen: Sie sind subjektiv! Gutes oder schlechtes Wetter, ob etwas teuer oder billig, leicht oder schwer, gefährlich oder amüsant ist, all dies unterliegt einer subjektiven Wertung. Insofern wird kein Radfahrer alle 1000 Tipps gebrauchen können. Auch richten sich einige davon an Radneulinge, während andere eher für die alten Hasen gedacht sind. Deshalb ist jeder Tipp zur Orientierung mit Zusatzinformationen versehen worden: Der Adressat, der ungefähre Zeit-, Geld- und Werkzeugaufwand und manches mehr findet sich direkt dem jeweiligen Hinweis zugeordnet. Die ausklappbare Rückseite erlaubt es, die Legende beim Blättern stets zur Hand zu haben.

Bleibt das Problem, dass Sie den jeweils nützlichen Tipp zuvor finden müssen. Es macht keinen Sinn, die 1000 Tipps einfach herunterzuschreiben. Wir haben uns für folgende Verfahrensweise entschieden: Die Tipps sind nach Kapiteln (z.B. »Das Material«), Unterkapiteln (z.B. »Antrieb«) und anschließend überwiegend alphabetisch geordnet. Doch deshalb steht nicht zwangsläufig alles beieinander, was in der Realität zusammengehört. So finden Sie zwar Tretkurbel und Innenlager unter »Antrieb«, doch nicht unmittelbar hintereinander. Ein anderes Beispiel: »Wetterschutz« finden Sie im Kapitel »Werkzeug und Zubehör«, dort wird das Rad behandelt; unter »Der Mensch«, hier geht es um Ihre Gesundheit; und im Kapitel »Touren & Co.«, wobei nun Ausrüstung und Sofortmaßnahmen im Vordergrund stehen. Wer die 1000 Tipps also voll ausnutzen möchte, der sollte ein wenig herumblättern und sich mit dem Buch vertraut machen.

Viele Tipps beinhalten die Verwendung von Klebeband. Als »Gaffa« wird das sogenannte »duct tape« bezeichnet, ein dehnbares Klebeband mit hohem Gewebeanteil, das sich ähnlich wie Kabelbinder am Fahrrad fast unbegrenzt einsetzen lässt (nähere Informationen siehe Seite 83).

Zu guter Letzt noch eine Bitte: Lassen Sie andere Leser und mich auch von Ihren Erfahrungen profitieren, eine Postkarte an den Verlag genügt.

Gunnar Fehlau

DAS MATERIAL

Anschaffung

Achtung: Blender! — Augen auf!

Wo Aluminium, Shimano, Full Suspension und V-Brakes draufsteht, ist auch Aluminium, Shimano, Full Suspension und V-Brakes drin! Aber über die Qualität ist damit nichts gesagt. Achten Sie auf die Details: Hat der Rahmen einen Sticker, der Auskunft über die Güte des Aluminiums gibt? Ist es wärmebehandelt? Welches Niveau hat die Shimano-Schaltung, welche Lagerung hat die Federung (Industrielager besser als Gleitlager), sind die V-Brakes aus Stahl (Alu ist besser)? Lassen Sie sich nicht blenden! Technologie mit vertretbarer Qualität hat ihren Preis...

3 Sek.

Achtung: Auf den Laden kommt es an! — K.O.-Kriterium: Erstinspektion

Ein Laden, der keine kostenlose Erstinspektion durchführt, ist kein Fahrradfachgeschäft und somit der falsche Ort zum Kaufen.

30 Sek. ★★

Achtung: Auf den Laden kommt es an! — K.O.-Kriterium: Probefahrt

Nur wer Räder über 15.000 DM kauft, deren Wert mit jedem Meter um 500 Mark sinkt, muss auf eine Probefahrt verzichten. Ansonsten gilt: Wer Sie nicht fahren lässt, den sollten Sie fahren lassen! Einzige Ausnahmen: Regen und Schnee.

30 Sek. ★★

Achtung: Auf den Laden kommt es an! — K.O.-Kriterium: Wartezeit

Wenn Sie länger als fünf Minuten in einem Laden stehen, ohne zumindest auf eine anschließende Beratung vertröstet zu werden, dann gehen Sie wieder und zwar schnell! Hier werden Sie nicht ernstgenommen.

30 Sek. ★★

Achtung: Auf den Laden kommt es an! — O.K.-Regel

Sollte der Laden diese Hürden genommen haben, dann beachten Sie im Beratungsgespräch: Führt der Händler zuerst sein Programm vor (er will verkaufen, was er hat) oder fragt er Sie intensiv nach Ihren Nutzungsgewohnheiten und Vorstellungen (er will verkaufen, was zu Ihnen passt)? Zum Ersten sollten Sie »Auf Wiedersehen« sagen, dem Zweiten sollten Sie die entsprechenden Antworten geben und später bei ihm Ihr Rad kaufen. Hier beraten lassen und an der »Resterampe« kaufen gilt nicht!

30 Sek. ★★

Fahrrad — Auktionen bei Bahnhof und Fundbüro

Sie suchen ein preiswertes Rad für die tägliche Fahrt in der Stadt? Rufen Sie am Bahnhof und im Fundbüro an und erkundigen Sie sich nach dem nächsten Auktionstermin. Hier ergeben sich Schnäppchen, allerdings vorwiegend für Fachleute. Wer sich nicht auskennt, kann an »Blender-Bikes« geraten und zusammen mit anderen »Entflammten« den Preis für ein Rad hochtreiben.

15 Min. ★★★

Fahrrad — ***Herbstpreise***

Wenn draußen die Blätter fallen, fallen in den Bikeshops auch die Preise. Informieren Sie sich, ob der Hersteller das Modell zum nächsten Jahr aus dem Programm nimmt oder überarbeitet. Und erkundigen Sie sich dann, ob der Händler diese Räder preiswerter bekommt. Tut der es nicht, dann »pressen« Sie nicht. Wer den Händler herunterhandelt, wird entsprechend behandelt. Vor allem wenn Sie in Sachen Fahrrad noch kein Profi sind, sind Sie auf Fremd-Kompetenz angewiesen, diese hat ihren Preis.

●○○○○○○ ***4 Std.*** ★

Fahrrad — ***Schlagen Sie 20 Prozent drauf!***

Egal, ob Sie ein Stadtrad, ein Liegerad oder ein Geländerad kaufen möchten: Sicherlich haben Sie sich ein Preislimit gesetzt. Schlagen Sie 20% auf. Andernfalls stecken Sie innerhalb der nächsten sechs Monate das Doppelte davon in Ihr neues Rad.

●○○○○○○ ★

Mountain-biker

Fahrrad — ***Kettenstrebe beachten***

Kurze Kettenstreben sorgen für bessere Traktion am Berg. Besonders Anfänger profitieren davon. Messen und vergleichen Sie die in Betracht kommenden Räder.

●○○○○○○ ***5 Min.*** ★ ***Standard***

Reiseradler

Fahrrad — ***Mountainbike als Reiserad!***

Vorsicht bei Mountainbikes. Klären Sie, ob sich Gepäckträger montieren lassen und ob Sie mit den Fersen die Packtaschen berühren. Im Zweifelsfall muss zur Probe montiert werden.

●○○○○○○ ***15 Min.*** ★★ ***Bike-Pack***

Fahrrad — ***Standards und Normgrößen beachten***

Schauen Sie auf das Innenlager und messen Sie die Tretlagergehäusebreite (Standard: 68 mm). Mancher Hersteller hat eigene Standards eingeführt, um sie alsbald wieder über den Haufen geworfen zu haben. Die Ersatzteillage sollten Sie vor dem Kauf klären. Grundsätzlich die Finger von Dingen wie den »700D« Laufrädern lassen, die GT Anfang der 90er verbaute.

○○●○○○○ ***10 Min.*** ★★★

Fahrrad — ***Vom LKW gefallen***

Ein Schnäppchen »vom Bekannten eines Freundes dessen Schwesters Laden Konkurs ging«, mag billig sein... Vielleicht kriegen Sie ja in vier Wochen auch ein Rad angeboten, das Sie dann seit bereits drei Wochen vermissen!

●○○○○○○

Fahrrad — ***Von Schein und Sein***

Viele Fahrräder (besonders MTBs) werden immer ohne Schutzbleche, Licht und Gepäckträger gezeigt, Tourenräder manchmal auch mit Licht und anderer Ausrüstung. Die Räder sind »nackt« schöner, leichter und billiger. Lassen Sie sich nicht blenden! Licht, Bleche und Träger (Ständer usw.) bestimmen den Funktionswert eines Rades, das abseits des Sports genutzt wird. Insofern fragen Sie immer direkt nach der Kompatibilität und dem Aufpreis für bestimmte Anbauten. Lassen Sie die »Zubehörfrage« bereits bei der Bewertung der Optik mit einfließen.

●○○○○○○ ***15 Min.*** ★★

Fahrrad — *Was Sie mitnehmen sollten 1*

Wenn Sie bestimmtes Zubehör haben, das an das neue Rad passen soll (Körbe, Schlösser oder Selbstbauten), sollten Sie es zum »Anprobieren« dabei haben. Nehmen Sie die Kreditkarte nur mit, sofern Sie bereits ein Stammradgeschäft haben. Ansonsten: Nie bei der ersten Info-Tour kaufen.

●○○○○○○

Fahrrad — *Was Sie mitnehmen sollten 2*

Tragen Sie auf dem Rad einen bestimmten Rucksack oder stets die gleiche Jacke, dann nehmen Sie diese Ausrüstung auch zum Fahrradkauf mit. Fahren Sie unter »realen Bedingungen« Probe, ansonsten macht die Probefahrt keinen Sinn.

●○○○○○○

Fahrrad — *Zweifelhafte Auslaufmodelle*

Das Argument, dass dies das letzte Exemplar eines Modells sei, gilt erst ab Ende Juli und nur bis Mitte September. Vorher sind die Hersteller in der Regel gut sortiert und nach dieser Phase gibt es bereits die Modelle des nächsten Jahres. Zudem haben Fahrradläden untereinander Tauschringe, sollte der Händler also Recht behalten haben, und das Rad ist beim nächsten Besuch weg, kann er es eventuell (aber nicht sicher) über einen befreundeten Laden beschaffen. Rufen Sie im Zweifelsfalle beim Hersteller oder dessen Importeur an und bitten Sie um die Liste der Läden, die die letzten Modelle erhalten haben.

●○○○○○○ **10 Min.**

Federung — *Test 1*

MOUNTAINBIKER

Ziehen Sie die Hinterradbremse und drücken Sie auf den Sattel. Zeigt sich, dass die Bremse das Arbeiten der Feder stört, dann ist mit »Bremsstempeln« zu rechnen. Darunter leiden Bodenhaftung und Komfort.

○○○●○○○ ***5 Min.*** ★★

Federung — *Test 2*

Schalten Sie in den kleinsten Gang und drücken Sie wieder ruckartig auf den Sattel. Bewegt sich die Kurbel dabei, dann müssen Sie auf der Piste mit Pedalrückschlag rechnen.

○○○●○○○ ***5 Min.*** ★★

Federung — *Test 3*

Stellen Sie das Fahrrad mit dem Vorderrad gegen eine Wand, bringen Sie die Pedale in eine waagerechte Position und stemmen Sie sich mit dem Körpergewicht auf das vordere Pedal. Nun sollten Sie Druck auf den Sattel ausüben. Arbeitet die Federung nun schwergängiger, so »frisst« das Rad bei Antritten Ihre Energie!

○○○●○○○ ***5 Min.*** ★★

Gebrauchtes Fahrrad — *Sportgeräte*

Sind Sie auf der Suche nach gutem Sportgerät, dann reduzieren Sie Ihre Ansprüche auf den technischen Stand der vergangenen Saison. Die technikfixierten Freaks müssen nämlich jedes Jahr das neueste Zeug haben. Sie verkaufen ihr »altes« Material dann oft zu Schleuderpreisen. Für solche Gelegenheiten ist es gut, zwei oder drei derartige Freunde zu haben.

●○○○○○○ ★★★

Gebrauchtes Fahrrad — *1*

Zuerst die Frage, welches Rad möchten/brauchen Sie? Steht dort das Rad, welches Sie suchen? Brauchen Sie wirklich ein Rennrad, Touren- oder Liegerad?

●○○○○○○ ***60 Min.*** ★★

Gebrauchtes Fahrrad — *2*

Gebrauchtradkauf ist Vertrauenssache! Also schauen Sie sich den Anbieter an, würden Sie ihm Ihr Lieblingsrad verkaufen wollen, wäre es dort in guten Händen? Fragen Sie nach Belegen! Wenn Sie sich mit Fahrradtechnik auskennen, dann fragen Sie absichtlich etwas Dummes/Falsches zum Rad! Ein Langfinger wird sich schnell offenbaren.

○○●○○○○ ***60 Min.*** ★★

Gebrauchtes Fahrrad — *3*

Probieren Sie, ob Ihnen das Rad passt, achten Sie dabei auch auf die Höchstauszugsgrenzen von Stützen und Vorbauten.

○●○○○○○ ***60 Min.*** ★★ ***Standard***

Gebrauchtes Fahrrad — *4*

Kontrollieren Sie nun den Gesamteindruck: Wurde das Rad genutzt? Wurde es gepflegt, weisen die Reifen Spuren von Vollbremsungen auf? Ist die Gabel »unnatürlich« nach hinten verbogen (sie muss als gerade Verlängerung des Steuerrohrs erst im unteren Bereich nach vorne gebogen sein)? Läuft das Steuerkopflager spielfrei und leicht? Laufen die Laufräder rund und wie stark sind die Bremsflächen bereits abgenutzt? Lässt sich die Kette vom vorderen Ritzel nach vorne hin um mehr als 6 mm abheben (wenn ja, muss samt Ritzel ausgetauscht werden)? Funktionieren Klingel, Beleuchtung und Schaltung?

○○●○○○○ ***60 Min.*** ★★ ***Standard***

Gebrauchtes Fahrrad — 5

Hat das Rad die gewünschte Ausstattung (Licht, Ständer usw.)?

60 Min. ★★ **Standard**

Gebrauchtes Fahrrad — 6

Nehmen Sie die Sattelstütze heraus und drehen Sie das Rad auf den Kopf: Kommt viel rostiges Wasser herausgeflossen, dann schauen Sie sich nach einem anderen Rad um! Fahren Sie erst Probe, wenn diese Punkte zu Ihrer Zufriedenheit ausfallen!

60 Min. ★★ **Standard**

Geometrie — Federgabel einplanen

Wenn Sie ein Fahrrad ohne Federgabel kaufen, erkundigen Sie sich, ob die Geometrie des Rades einen nachträglichen Einbau einer Federgabel akzeptiert! Dies ist nicht bei jedem Rad der Fall!

5 Min. ★★

Alurahmen preiswert — Oder: »Ich war eine Dose«

Aluminium ist ein Schlagwort, ein »Quasi-Siegel« für Qualität. Doch schauen Sie sich den Rahmen genau an. Neben dem Gütesiegel auf dem Rohr entscheidet vor allem, wie der Rahmen verarbeitet ist: Achten Sie auf feine Wellen und Dellen in der Oberflächenstruktur. Schauen Sie sich die Klemmung der Sattelstütze an, ist das Rohr sauber ausgerieben? Kontrollieren Sie auch die Verbindungen am Steuerkopfrohr: Hier sind Alurahmen besonders gefährdet. Kommt Ihnen irgendetwas »spanisch« vor, lassen Sie die Finger von dem Rahmen. Hinzu kommt, dass billige Alurahmen nur selten leichter sind als Stahlrahmen.

2 Min. ★★

Rahmen — Carbon: Lohnt sich das?

Vorteile: 1. Leichte Rahmen möglich 2. Belastungsorientierte Konstruktion möglich 3. Freie Formgebung möglich 4. Hoher Fahrkomfort. Nachteile: 1. Hohe Preise 2. Oberflächenschlagfestigkeit begrenzt 3. Rahmendefekte schwer zu erkennen 4. Unverhofftes schnelles Brechen der Rahmen ohne »Ankündigung« 5. Rahmen lassen sich nur bedingt reparieren.

Rahmen — Erst Stabilität, dann Gewicht

Sobald der Rahmen leicht wird, muss er teuer sein, um langfristig zu halten. Umkehrschluss: Billigrahmen, die schwer sind, sind meist auch die stabilsten. Wählen Sie diesen oder ein High-End-Modell. Alles dazwischen ist ein Kompromiss, dessen genaue Gewichtung Sie nicht erkennen können.

15 Min. ★

Rahmen — Qualitätssignale

Achten Sie bei Rahmen auf eine Rahmennummer und einen Aufkleber über die Güte des verwendeten Materials. Schauen Sie in den Rahmen und prüfen Sie die Rohrübergänge. Sind sie stumpf oder passungsgenau? Das lässt sich besonders am Tretlager auch erfühlen. Ein Blick auf die Gewinde am Tretlager offenbart die Detailliebe einer Firma. Bei Aluminium gilt: Austauschbares Schaltwerkauge ist Pflicht, die Schuppen der Schweißnähte müssen gleichmäßig und ohne Einkerbungen oder Krater sein.

15 Min. ★★

Rahmenhöhe — Beinlänge beachten

Lassen Sie sich keine falsche Rahmenhöhe andrehen. Entweder Sie lassen die Beinlänge im Laden an einer Maschine vermessen oder tun dies zu Hause selbst: Stellen Sie sich barfuß an die Wand und fahren Sie mit einem großen Geodreieck an der Wand zwischen den Beinen hinauf, bis es fest im Schritt anliegt. Diesen Wert mit 0,57 multiplizieren und Sie erhalten einen Richtwert: Beim Mountainbike gelten folgende Schallmauern: bis 80 cm Innenbeinlänge unter 46 cm Rahmenhöhe, bis 90 cm unter 52 cm und oberhalb 95 cm auf jeden Fall mindestens Rahmenhöhe 54 cm wählen. Beim Rennrad kann man 4-6 cm zur Rahmenhöhe addieren. Selbstverständlich gibt es individuelle Abweichungen.

●○○○○○○ **5 Min.** ★★

Rahmenhöhe — Schnellcheck

Stellen Sie sich über das Oberrohr, Füße auf der Erde. Bei einem Rennrad sollte das Oberohr etwa 5-6 cm Raum bis in den Schritt aufweisen, beim Mountainbike gelten 7-10 cm als Faustregel für die richtige Rahmenhöhe. Frauen sollten jeweils etwa 2 cm hinzurechnen, also kleinere Rahmen vorziehen.

●○○○○○○ **10 Min.** ★

Mountain-biker

Steuersatz — Aheadset ist Pflicht

Achten Sie auf den Steuersatz. Aheadset ist der Stand der Technik in 1 1/8 Zoll. Zwar ist der Vorbauwechsel etwas komplizierter, doch ist die Konstruktion leichter und stabiler, zudem benötigen Sie zur Justage des Lagers kein (!) Spezialwerkzeug mehr. Auch beim Rennrad sollten Sie einen Aheadset vorziehen!

●○○○○○○

Touren-Fully — Anforderungen

Lässt sich das Fully angenehm tragen, lassen sich Schutzbleche und ein Gepäckträger anbringen, sind die Flaschenhalter (wie viele?) griffbereit und nehmen sie auch große Flaschen auf?

●○○○○○○ **15 Min.**

Antrieb

Anti-Chain-Suck — Preiswert

20

Eine Schlauchschelle unter der rechten Kettenstrebe eng am Kettenblatt montiert (Gaffa schützt den Rahmen), lässt die Kette nicht mehr zwischen Strebe und Kettenblätter rutschen. Vorsicht bei sehr edlen Rahmen: Die Schelle nicht zu fest ziehen.

○●○○○○○ **15 Min.** ★ **Standard**

Außenhülle — Zugführung optimieren

Rechts am Vorbau vorbei mit den linken Zügen und links vorbei mit den rechten Zügen. Sieht die Originalverlegung am Rad etwas anderes vor, so kreuzen Sie die Züge am Unter- oder Oberrohr!

○○●○○○○ **20 Min.** ★★ **Bike-Pack**

Bowdenzüge — Bitte nur hier: Nähmaschinenöl

20

In Schaltzügen haben sich sehr dünnflüssige Öle bewährt. Hier kann das gute alte Nähmaschinenöl auftrumpfen: Es ist billig, arbeitet bestens und ist überall zu bekommen.

○○○●○○○ **10 Min.** ★ **Bike-Pack**

Bowdenzüge — *Gerissene Züge flicken*

NOTFALL 20

Lüsterklemmen aus dem Elektrobereich geben als »Kuppler« zwischen gerissenen Züge für kurze Zeit eine recht gute Figur ab und bringen einen zurück in die Zivilisation.

15 Min. ✶✶ **Bike-Pack**

Innenlager — *Breite beachten*

Tretlagergehäuse haben nicht nur in Sachen Gewinde ihre Tücken es gibt auch verschiedene Breiten: Standard ist 68 mm, alles über 70 mm ist die Ausnahme und bedeutet Beschaffungsprobleme beim Innenlager! Finger weg!

5 Min. ✶✶ **Heimwerkstatt**

Innenlager — *Evolution beachten*

Bei Innenlagern gilt die gleiche Regel wie bei Naben: Je breiter die Achsabstützung ist, desto stabiler das Lager. Die Achsabstützung entspricht den Abständen der Lagerung. Daraus kann der geneigte Leser schließen, dass die modischen schmalen Innenlager nicht das cleverste sind...

Innenlager — *Koalitionspartner: Kurbel*

Kontrollieren Sie vor dem Kauf, ob die Steigung (Winkel der planen Flächen des Vierkantes) der Achse den Aussparungen der Kurbel entspricht (es gibt zwei Standards). Es müssen mindestens 10 mm Kontaktfläche bestehen und die Kurbel muss zudem mindestens 4 mm Abstand zum inneren Ende des Vierkants haben. Andernfalls kann man sie nur sehr wenige Male auf- und abziehen, bevor sie an der Achse anschlägt.

Innenlager — *Plastik statt Aluschalen am Tretlager*

Bedenken Sie bei Leichtbau-Innenlagern, dass sich Aluminium bei der Korrosion ausdehnt und dann nur noch mit roher Gewalt aus dem (Stahl-) Rahmen zu bekommen ist. Genauso leicht, aber mit Billig-Image versehen, sind Kunststoffschalen, die vorzüglich funktionieren: Sie knarren und »rosten« nicht.

Innenlager — *Titanwellen*

150

Wenn Sie stark sind oder viel wiegen, lassen Sie die Finger von Titanlagern. Einige Gramm Gewichtsersparnis zu Schwindel erregenden Preisen sind das Bruchrisiko nicht wert. Ab 85 kg Körpergewicht ist Stahl der Werkstoff für die Tretlagerachse. Ausnahme: Tune und andere renommierte Hersteller mit mehrfacher Lagerung je Seite.

Innenlager — *Tretlagergewinde, wie war das noch?*

Nochmals langsam zum Mitschreiben: BSA (englisches Tretlager, am gängigsten): Rechts Linksgewinde. »1,37x24« (französisch) rechte Schale Rechts- oder Linksgewinde, Italienisch (36x24) beide Schalen Rechtsgewinde. Verstanden?

Innenlager — Rahmen fürs Innenlager vorbereiten

Lassen Sie die Gewinde Ihres Rahmens nachschneiden und (besonders wichtig!) die Stirnflächen der Gewinde plan fräsen, sofern das Lager dort aufsetzt. Damit schließen Sie Knarren aufgrund schlechten Schalensitzes aus! Dafür ist Spezialwerkzeug notwendig, das sich nur (!) für Rennteams und Läden lohnt.

60 Min. ★★★ **Profiwerkstatt**

Innenlager — Fett statt Öl im Innenlager!

Ölen Sie niemals Ihr Tretlager, das verflüssigt das Fett und das Lager läuft schnell trocken. Beim Fetten gilt hier – einmal mehr – »mehr bringt mehr!«

1 Min. ★★ **Profiwerkstatt**

Innenlager — Tretlager tunen

Nehmen Sie die Kugelkäfige aus den Lagern und legen Sie stattdessen eine Kugel mehr ein, das erhöht die Lebensdauer. Kugeln gibt's im Fahrradladen. Muster mitnehmen! Stets alle austauschen.

30 Min. ★★★ **Profiwerkstatt**

Innenlager — Wie herum geht's auf?

Bei der rechten Lagerschale geht's wie folgt: Steht »36x24« oder »35x1« drauf, dann drehen Sie gegen den Uhrzeiger, finden Sie die Anmerkungen »1,37x24« oder »35x1L«, so geht's andersherum.

Innenlager — Tunen: Italienisch

Bei italienischen Lagern stets rechte Schale mit mittelfester Schraubensicherung einkleben, weil sie sich sonst löst.

30 Min. ★★★ **Profiwerkstatt**

Pechvogel

Innenlager — Keiltretlager wackelt

Ist der Keil einer alten Keiltretkurbel ausgeschlagen, lässt er sich demontieren und man feilt auf der gegenüberliegenden Seite eine neue Planfläche, die kleiner ausfällt. Jetzt kann der Keil eingehämmert werden, vorher mit Schraubensicherung bestreichen. Festziehen und weiterfahren. Notfalls im Kfz-Betrieb punktschweißen lassen!

20 Min. ★★★ **Heimwerkstatt**

Innenlager — Leben verlängern

Wer alle 5.000 Kilometer die Kurbeln abzieht und sie um 90 Grad verdreht wieder aufzieht, erhöht die Lebensdauer des Tretlagers wesentlich.

30 Min. ★★★ **Profiwerkstatt**

Kette — Länge bestimmen

Die Kettenlänge ist optimal, wenn der Schaltwerkkäfig im schnellsten Gang (größtes Kettenblatt, kleinstes Ritzel) senkrecht steht. Bei Liegerädern, Tandems und Rädern mit extremen Übersetzungen sollte man diese Faustregel großzügig auslegen.

10 Min. ★★ **Bike-Pack**

Kette — ***Länge bestimmen***

RENNRAD-FAHRER

Beim Rennrad gilt: Vorne große »Scheibe« auflegen und hinten das kleinste Ritzel. Steht das Rad waagerecht, müssen die Leitrollen am Schaltwerk senkrecht übereinander stehen.

10 Min. ★★ ***Bike-Pack***

Kette — ***Springt in regelmäßigen Abständen***

Entweder ist die Kurbel nicht fest genug angezogen oder ein steifes Kettenglied stört sich an den engen Windungen der Schaltwerkröllchen. Letzteres behebt man – nachdem das Glied ausfindig gemacht ist – indem man mit einem Schlitz-Schraubenzieher zwischen die Laschen des Gliedes fährt und ihn leicht verdreht. Lieber sorgsam mehrfach hebeln und testen, als einmal zu kräftig!!! Ruckt die Kette hingegen nur in einem Ritzel, so ist dieses verschlissen und muss samt Kette ersetzt werden.

10 Min. ★★ ***Standard***

Kette — ***Vernieten***

Legen Sie die Kette so in den Antrieb ein, dass der einzunietende Splint Ihnen entgegen ragt. Stellen Sie die Schaltung auf das kleinste Ritzel und Kettenblatt, sodass die Kette möglichst wenig Spannung hat. Wenn Sie die Kette wirklich vernieten und nicht nur verschließen wollen, dann geht das nur mit dem Rohloff-Revolver. Der arbeitet perfekt und kostet auch soviel (ca. 175 DM). Wer den nicht hat, der sollte die Kette im Fachgeschäft vernieten lassen. Kostet etwas, aber zahlt sich in Kettenstabilität aus. Müssen Sie dennoch nieten, achten Sie darauf, dass der Niet zu beiden Enden gleich weit hinausragt. Nach dem Nieten das Kettenglied nach rechts und links dehnen.

15 Min. ★★★ ***Bike-Pack***

Kette — ***Tipps für ein langes Leben 1***

Hohe Trittfrequenz und Übersetzungen mit Kombinationen hoher Zähnezahlen und möglichst geringem Schräglauf erhöhen die Lebensdauer der Kette.

★★

Kette — ***Tipps für ein langes Leben 2***

Nach dem Ölen immer (immer!) die Kurbel mehrfach vorwärts und rückwärts drehen (möglichst zwischendurch schalten). Anschließend mit Sprühwachs versiegeln!

10 Min. ★ ***Bike-Pack***

Kette — ***Tipps für ein langes Leben 3***

Verzichten Sie auf Kettenreinigungsmittel und ölen Sie die Kette auf den Röllchen, nicht auf den Laschen. Wer vor dem Ölen mit einem Lappen die Kette säubert, sammelt weitere Pluspunkte!

10 Min. ★★ ***Bike-Pack***

Kette — Vernieten

Wenn Sie es perfekt machen möchten, dann versehen Sie die zu vernietenden Kettenteile vor der Behandlung mit Kettenfließfett.

○○●○○○○ **5 Min.** ★★★ **Bike-Pack**

Kette — Vernieten und markieren

Ein gerissenes Glied zu markieren erspart den nächsten Riss und/oder hilft bei dessen Analyse: Ist das gerissene Glied etwa markiert, so sollte man es nie (!) wieder aufnieten, denn jedes Nieten schwächt! Glied entfetten, lackieren, fetten, fertig!

○○●○○○○ **5 Min.** ★ **Standard**

Pechvogel

Kette — Verschlissen und kein Ersatz

Ist die Kette so lang, dass sie über die Ritzel zu springen beginnt und kein Ersatz ist parat, dann kann die Rettung darin bestehen, die Kette zu öffnen und zu drehen, damit die obere Seite nun nach unten schaut. Jetzt wieder einnieten und auf den nächsten Bikeshop hoffen.

○○○○●○○ **15 Min.** ★★ **Bike-Pack**

Kette — Ölen bei Rost oder Dreck

Ist die Kette extrem verdreckt, sehr trocken gelaufen (ohne Öl) und anschließend angerostet, sprühen Sie die Kette zuerst mit WD40 oder einem anderen Mittel mit extremer Kriechfähigkeit ein, fahren sie wieder trocken (oder wischen sie nach einigen Stunden Einwirkzeit trocken) und ölen sie erst danach.

○○○○○●○ **15 Min.** ★ **Standard**

Kette — Putzen

Kettenschäden sind der Hauptgrund für DNFs (Did not finish), deshalb die Kette entweder im Rahmen säubern oder mit einem Chain-Link versehen, um die Kette durch das (unnötige) Öffnen beim Putzen nicht zu schwächen.

○○○○○●○ **10 Min.** ★★ **Bike-Pack**

Kette — Säubern, aber richtig

Groben Matsch und Dreck entfernt man von der Kette durch ausrangierte Handbürsten oder einen Schrubber. Nun einen dicken Lappen nehmen, um die Kette greifen und die Kurbel rückwärts drehen. Heben und senken Sie die Hand, so dass die Kette auch an den Oberkanten gesäubert wird. Nun Ölen und Sprühwachsen wie gewohnt.

○○○○○●○ **15 Min.** ★ **Standard**

Kette — Säubern mit Werkzeug

Zum Reinigen der Kette im Rahmen bietet es sich an, eine alte Nabe mit einem modifizierten Ritzel ohne Laufrad in den Hinterbau zu montieren. Montieren Sie auf die Nabe ein Ritzel in mittlerer Position und flankieren Sie es mit Abstandsringen und je einem mindestens 4 Zähne größeren Ritzel. Füllen Sie die Kassette beliebig auf, damit die Ritzel festsitzen. Nun können Sie die Kurbel drehen und dennoch von allen Seiten die Kette säubern. Der Rahmen erhält keine Kratzer dabei!

○○○○○●○ **15 Min.** ★★ **Heimwerkstatt**

Kette — Wann ist sie zu alt?

Erreicht der Abstand zwischen 10 Nietbolzen 256 mm, dann gehört die Kette in die Altmetallkiste. Am praktischsten beim Messen ist ein durchsichtiges klares Lineal. Die Firma Rohloff bietet ein cleveres Messwerkzeug an. 50

4 Min. ★ **Standard**

Kette — Zum Ölen der letzte Hinweis

Ölen Sie die Kette nicht zu oft, aber auch nicht zu selten. Die Kette sollte leise laufen und keine Flecken hinterlassen, wenn das Rad über Nacht steht. Ölen Sie stets die innere Seite der Kette, von oben geschaut die obere Seite der unteren Kette. Öl aus dem Kännchen oder der Flasche ist preiswert, lässt sich gut dosieren und kann meist nachgefüllt werden. Sprühöl ist out! 20

15 Min. **Standard**

Kettenreiniger — Lagern und Nutzen

Optimal sind flache Gläser mit großem Durchmesser (Sülze oder Hering), weil die Kette sich schön einlegen lässt. Gebrauchten Kettenreiniger sollte man lange stehen lassen, dann setzt sich der Dreck ab. Durch einen Kaffee-Filter gegossen, lässt sich der Reiniger mehrfach verwenden.

10 Min. ★ **Standard**

Kurbel — Evolution beachten

Mountain-biker

Die Normen sind aufgeweicht! In den vergangenen 6 Jahren hat es folgende Wechsel gegeben: Kettenblattlochkreise verkleinert, Kröpfung erhöht, Innenlager verschmälert, Vierkant gegen Vielzahl getauscht und schmalere Kettenblatt-Aufnahmen für neunfach Schaltung. Stellen Sie also sicher, dass Sie gleichen Ersatz erhalten, halten Sie Rücksprache, sonst ist auch ein neues Innenlager fällig.

15 Min. ★★ **Heimwerkstatt**

Kurbeln — Abziehen – Sonderfälle

Schrauben Sie den Kurbelabzieher stets mit einigen Tropfen Öl ein. Sollte sich die Kurbel nicht abziehen lassen, legen Sie eine 10-12 mm große Stahlkugel zwischen Abzieher und Achsgewinde, um dieses zu schützen. Löst sich die Kurbel immer noch nicht, dann hilft es meist, sie mit einer Lötlampe vorsichtig zu erhitzen. 20

20 Min. ★★★★ **Heimwerkstatt**

Kurbeln — Anzugsmoment

Kurbelschrauben sind stramm anzuziehen – das ist mehr als handfest: 40 Nm lassen sich nur mit einem Drehmomentschlüssel genau erreichen! Deshalb gilt: Immer vom Fachgeschäft machen oder zumindest kontrollieren lassen! 20

5 Min. ★★★★ **Profiwerkstatt**

Kurbeln — Dauerhaft festziehen

Kurbelvierkant säubern, mit mittelfestem Schraubenkleber bestreichen, einige Minuten warten, Kurbel aufdrücken, überschüssige Schraubensicherung wegwischen, Kurbel mit auf dem Gewinde gefetteten Schrauben festziehen (Drehmomentangaben beachten) und anschließend erneut abwischen. Eine Stunde warten und wieder auf Tour gehen.

20 Min. ★★ **Bike-Pack**

Kurbelschrauben — Tuningschrauben montieren

20

Die Diät der Kurbelschrauben nur bei festgezogenen Kurbeln beginnen. Wer seine (teuren) Leichtgewichte schonen und sich das Nachschneiden der Gewindegänge im Tretlager ersparen will, der zieht die Kurbel mit guten alten und schweren Stahlschrauben fest und wechselt anschließend lediglich die schweren Schrauben gegen die Tuningparts, um durch kurzes Nachziehen die Belastung gering zu halten. Während die Gewindegänge gefettet sein sollten, benötigen die Flanken des Achsvierkants kein Schmiermittel. Ausnahme: Titan. Ist dieser Werkstoff in Achse oder Kurbel vertreten, dann benötigt man einen Spezialschmierstoff.

10 Min. ★★ **Bike-Pack**

Kurbelschrauben — Spezielle Modelle sparen den Abzieher

150

Kurbelschrauben für Vierkant-Technologie lassen sich durch Modelle ersetzen, die zum einen die Kurbel klemmen, zum anderen die Kurbel abziehen. Die kanadische Firma »Syncros« offeriert Edelmodelle für 100 Mark, bei Sugino gibt's die gleiche Technologie mit etwas Mehrgewicht unter dem Namen »Outex« für 20 DM. Beim Einschrauben der Kappen sollte man diese mit einem Tropfen Loctite sichern, da ihr Verlust gleichbedeutend dem Verlust der Abzieherfunktion ist. Zum ausreichenden Anziehen der Schrauben ist ein 6 mm Inbus mit langem Hebel vonnöten. Improvisieren Sie sich eine Hebelverlängerung für Ihren Inbus oder ergänzen Sie Ihr Werkzeug-Set entsprechend.

15 Min. ★★ **Bike-Pack**

PECHVOGEL

Kurbelvierkant »rund« — Erst prosten, dann helfen

20

In der Praxis haben Vierkantkurbeln zwei Nachteile. Zieht man die Kurbel öfter ab, dann weitet sich der Vierkant. Schlimmer noch: Wenn man die Kurbel mehrmals »lose tritt«, dann »nudelt« der Vierkant aus. In beiden Fällen ist der Kurbel ein schnelles Ende beschieden: Entweder der Vierkant ist rund oder die Kurbelschraube setzt auf dem Vierkant auf, ohne die Kurbel zu klemmen. Ist Ersatz nicht zu bekommen, greift man zur Getränkedose, trinkt sie aus (vor der getanen Arbeit), schneidet ein rechteckiges Blech heraus (Schweizermesser durchsticht die Dose mühelos). Das Blech sollte den Vierkant einmal umwickeln und vom Rahmen gesehen die Tretlagerachse um mindestens 7 Millimeter überstehen. Ziehen Sie die Kurbel nun vorsichtig mit der zwischenliegenden Schicht auf. Zeichnet sich ab, dass das Blech nicht reicht, stoppen Sie, ziehen Sie die Kurbel wieder ab und legen Sie entweder eine zweite Banderole aus Blech auf oder falten Sie vier kleine Blechbalken, die auf den planen Vierkantflächen unter der Blechbanderole positioniert werden. Ziehen Sie die Kurbel so fest Sie können. Wer langfristig reparieren muss, sollte alle Bleche, den Vierkant und die Kurbelflächen fettfrei säubern und alle Flächen mit Loctite (Schraubensicherung) bestreichen.

30 Min. ★★ **Bike-Pack**

Pedale — SPD-Koalitionspartner

500

Nicht überall, wo SPD draufsteht, ist auch noch SPD drinnen. Das gilt auch bei Schuhsystemen. Die Flut der verschiedenen Sohlen, Schuhplatten und Pedalhersteller sorgt für Vielfalt, doch nicht alle sind wirklich kompatibel. Testen Sie vor dem Kauf, ob Ihre gewünschte Kombination funktioniert. Bisweilen genügt es, die

Schuhsohlen ein wenig zu beschneiden, so dass Pedale und Platte ausreichend Raum haben. Manchmal kann auch ein zu weicher Schuh Ursache des Koalitionsstreites sein.

●○○○○○○ **15 Min.** ✶ **Standard**

Pedale — Abschrauben, welche Richtung?

Den Kurbelarm des zu lösenden Pedals in Fahrtrichtung waagerecht nach vorne stellen und nun den Schlüssel so ansetzen, dass er gegen die Fahrtrichtung zeigt. Nun den Schlüssel nach unten drücken. Die Ausrichtung ist für beide Pedale gleich, weil die Gewinde verschieden sind. Sollen die Pedale montiert werden, dreht man den Kurbelarm einfach nach hinten und setzt den Schlüssel so an, dass er sich nach unten führend Richtung Tretlager bewegt. Ruckartiges Drücken sprengt übrigens meist nur den Schlüssel. Besser ist es, langsam den Druck auf das Pedalgewinde zu steigern.

○●○○○○○ **5 Min.** ✶ **Standard**

Pedale — Schuhplatten wechseln

Bevor Sie die alten Platten demontieren, ziehen Sie einen Lackstift entlang der Platte, so dass sich ihre Form auf dem Schuh abzeichnet. Die neue Platte können Sie dann einfach anhand der Zeichnung ausrichten und fahren sofort wieder ergonomisch optimal!

○●○○○○○ **2 Min.** ✶ **Standard**

Pedale — Haken entschärfen

Umwickeln Sie die Bügel der Pedalhaken mit einer dünnen Bahn Schaumstoff und gaffern Sie diese unter leichtem Druck fest. So schneidet der Metallhaken nicht mehr in Ihre Lederschuhe ein. 20

○○●○○○○ **15 Min.** ✶ **Standard**

Pedale — Hakengröße anpassen

Sollte der Pedalhaken nicht Ihrer Schuhgröße entsprechen, kaufen Sie die kleinere Größe und bauen Sie mittels Unterlegscheiben beim Anschrauben die fehlenden Millimeter auf. Haben Sie bereits die größeren gekauft, so erhöhen Sie mit Schaumstoff an den Stegen (mit Gaffa verkleben) deren Durchmesser, so rücken Sie den Fuß näher zur Pedalachse. 20

○○●○○○○ **10 Min.** ✶✶ **Bike-Pack**

Pedale — Platten optimal einstellen

Fahren Sie mit lediglich leicht angezogenen Schuhplatten (Pedalhaken und Systempedale) eine Runde, bis die Füße die Pedale in eine natürliche und komfortable Position gerückt haben. Dann halten Sie an, indem Sie sich an einer Laterne festhalten, ein Freund zeichnet nun die Pedalumrisse mit einem Lackstift auf der Schuhsohle nach. Dann können Sie ausklinken, die Platten festziehen und ohne Fuß einklinken die exakte Position festlegen.

○○●○○○○ **15 Min.** ✶ **Bike-Pack**

Pedale — Sicher montieren

TA aus Frankreich liefert die Unterlegscheiben nach wie vor: Diese werden zwischen Pedal und Kurbel eingeschraubt und sichern auch nach langer Zeit leichtes Ausschrauben der Pedale. Fett auf dem Gewinde schadet natürlich nie... 20

○○●○○○○ **5 Min.** ✶ **Standard**

Pedale-Auslösehärte — *Harmonisieren*

Bei beidseitigen Klickpedalen alle Mechanismen identisch stramm einstellen, andernfalls drohen böse Überraschungen. Anfangs sehr lose einstellen und nach Gewöhnung und Bedarf später nachstellen.

●○○○○○○ **15 Min.** ★ ***Standard***

Pedale — *SPD perfekt einstellen*

Nehmen Sie eine Federwaage, einen Pedalriemen und einen Freund. Setzen Sie sich nun auf Ihr Rad und bestimmen Sie an einem Pedal und auf nur einer Pedalseite Ihre optimale Auslösehärte. Der Freund kann beim schnellen Einstellen der Federhärte helfen. Anschließend befestigen Sie im Fersenbereich des – ausgezogenen – Schuhs einen Pedalriemen und klinken den Schuh ein. Haken Sie nun die Federwaage ein und lösen Sie mit ihr den Schuh aus, lesen Sie dabei die Anzeige ab. Wiederholen Sie den Vorgang, bis Sie einen verlässlichen Wert haben. Nun stellen Sie mit der gleichen Verfahrensweise die andere Pedale ein.

○○●○○○○ **15 Min.** ★★ ***Heimwerkstatt***

Pedale — *SPD winterfest*

20

Bindespray aus dem Skibereich sorgt für einwandfreien Betrieb der Klickpedale auch bei arktischen Temperaturen.

○○●○○○○ **5 Min.** ★ ***Standard***

Pedale — *TIME-Einstieg vereinfachen*

Rennrad-fahrer

Reibt man die Einstiegskanten der Time-Pedale mit Wachs ein, so erleichtert das den Einstieg kolossal. Kerzenwachs ist preiswert und ausreichend. Ein Brocken lässt sich sogar im Werkzeugset für unterwegs mitnehmen.

○○●○○○○ **10 Min.** ★ ***Standard***

Pedale — *Welches Gewindemaß?*

50

Pedalgewinde sind knifflig: Es handelt sich um Links- und Rechtsgewinde im Maß 9/16 Zoll. Die hat der Baumarkt nicht, aber z.B. Parktool für etwa 100 DM. Da zahlt man lieber beim Fachhändler für die Reparatur.

○○○○●○○ **15 Min.** ★★ ***Profiwerkstatt***

Ritzel — *Wie ermittle ich Entfaltung usw.*

Allem voran müssen Sie den Umfang Ihres Laufrades bestimmen sowie die Zähnezahlen der Ritzel und der Kettenblätter auszählen. Entfaltung: Kettenblatt durch Ritzel teilen und mit dem Laufradumfang in Metern multiplizieren. Multiplizieren Sie dies mit Ihrer Trittfrequenz und nehmen es mal sechzig, so erhalten Sie ihre Geschwindigkeit in km/h.

●○○○○○○ **15 Min.** ★★

Ritzel — *Sorgfalt bei der Montage*

Wer seinen Kassettenkörper mit Sprühwachs einsprüht und es abtrocknen lässt, der stellt sicher, dass der Kassettenkörper die Kassette immer wieder problemlos freigibt.

○●○○○○○ **5 Min.** ✶ ***Bike-Pack***

Schalthebel — *Winkelstellung*

Stellen Sie den linken Unterrohrschalthebel vor dem Festziehen des Schaltkabels so ein, dass er über das Unterrohr hinaus ragt. Dann lässt er sich auch von rechts bedienen und beim Heraufschalten können Sie leichter »überschalten« und damit den Schaltvorgang präziser und schneller ausführen.

○○●○○○○ **5 Min.** ✶ ***Bike-Pack***

Schaltung — *1-Gang starr*

Starr bedeutet, dass das Ritzel fest mit der Nabe verbunden ist. Dreht sich das Rad, dreht sich auch das Pedal. Für Rennfahrer optimal, für Pendler sehr gefährlich. Es gibt spezielle Bahnnaben (zu schmal) oder man besorgt sich eine alte Schraubkranznabe und dreht ein Bahnritzel drauf, das sich mit einem Konterring eines BSA-Tretlagers (linke Seite – hat das gleiche Gewinde) sichern lässt. Anschließend muss die Kettenlinie kontrolliert werden! Um die Kette spannen zu können, muss der Rahmen waagerechte Ausfallenden haben. Heutzutage nicht einfach zu bekommen!

●○○○○○○ **2 Std.** ✶✶✶ ***Bike-Pack***

Schaltung — *1-Gang mit Freilauf installieren*

Hier bieten sich mehrere Möglichkeiten. Eine Nabe für BMX- oder Bahnfahrer kann mit einem einzelnen Freilaufritzel ausgestattet werden. Diese gibt es von Shimano in verschiedenen Größen in Deore-DX-Güte. Achten Sie darauf, dass Sie eine Kette in der notwendigen Breite verbauen! Oder Sie bestücken eine Kassettennabe mit einem Ritzel, das Sie rechts und links mit je einem Abstandsring und einem mindestes 4 Zähne größeren Ritzel flankieren. Der verbleibende Raum auf der Kassette kann mit Abstandsringen oder mit alten Ritzeln aufgestockt werden. Hierbei können Sie die Kettenlinie exakt anpassen, indem Sie die Abstände zum Ausfallende und der Nabenmitte variieren. Bei den drei Maßnahmen gilt: waagerechtes Ausfallende ist Pflicht, um die Kette spannen zu können.

○●○○○○○ **60 Min.** ✶✶✶✶ ***Profiwerkstatt***

Schaltung — *Individuelle Übersetzung*

Individuelle Übersetzungen sind sinnvoll, können aber an den Schaltkapazitäten der Umwerfer scheitern. Kaum ein Umwerfer schafft mehr als 20 Zähne auf einen Streich und selten mehr als 35 in der Summe. Die Schaltwerke streiken bei etwa 10 Zähnen Differenz zwischen benachbarten Ritzeln. Lesen Sie die Herstellerangaben und lassen Sie es auf einen Versuch ankommen.

●○○○○○○ **15 Min.** ✶✶ ***Bike-Pack***

Schaltung — ***Probleme***

Der Teufel steckt im Detail: Vom Schaltauge am Ausfallende muss der Nabenmittelpunkt in der Höhe zwischen 23 und 28 mm entfernt sein. Die Nabenmitte darf sich maximal 12 mm vor der Mitte des Schaltauges (in Fahrtrichtung) befinden. Korrigieren Sie die Einstellungen gegebenenfalls und die Schaltung hat optimale Voraussetzungen.

○○●○○○○ ***15 Min.*** ★★ ***Bike-Pack***

Schaltung — ***Runter ungleich hoch!***

Schaltet es sich gut hoch in die leichten Gänge, aber schlecht runter in die schweren Gänge, dann ist Dreck in den Zügen die Ursache – säubern oder wechseln! Bei Inverse-Schaltungen gilt die Regel umgekehrt!

○○●○○○○ ***15 Min.*** ★★ ***Bike-Pack***

Schaltung — ***Umwerfer richtig ausrichten***

Der Umwerfer muss exakt parallel zur Kettenlinie stehen! Richten Sie ihn entsprechend aus. Berührt er dabei beim Treten den Schenkel der Kurbel, dann muss eine Kurbel mit größerer Kröpfung her. Doch vorher mit Zange und Hammer Korrekturversuche starten – spart Geld!

○○●○○○○ ***15 Min.*** ★★ ***Bike-Pack***

Schaltung — ***Umwerferhöhe bestimmen***

1-3 mm Höhe sollte der Abstand zwischen der Unterkante des äußeren Umwerferbleches und der Spitze der Kettenblattzähne betragen, dann ist der Umwerfer in seiner Höhe richtig eingestellt.

○○●○○○○ ***5 Min.*** ★★ ***Bike-Pack***

Schaltwerk — ***Anlenkung optimieren***

Die Schaltzuführung am Schaltwerk lässt sich durch einen Alu-zugbogen, wie er bei Shimano V-Brakes beiliegt, verbessern. Bauen Sie diesen ans Ende der Außenhülle und führen Sie ihn in die Anschlagschraube des Schaltwerkes ein. Kürzen Sie die Außenhülle entsprechend und versehen Sie die abschließende Kappe des Zugbogens mit einem Streifen Silikon aus der Tube.

○○●○○○○ ***20 Min.*** ★★ ***Bike-Pack***

Pechvogel ***Schaltwerk*** — ***Bruch***

Reparieren geht mit Bordmitteln nur selten. Zur Schadensbegrenzung ist es praktisch, wenn man ein altes Ritzelpaket hat, dessen Ritzel sich mehrheitlich beliebig anordnen lassen. Bauen Sie das Schaltwerk komplett aus, kürzen Sie die Kette, so dass sie auf ein mittleres Ritzel passt. Nun ordnen Sie die Ritzel auf dem Freilauf so an, dass das mittlere Ritzel in idealer Kettenlinie liegt und auf jeder Seite von einem möglichst großen Ritzel flankiert wird. Auf diese Weise kann die Kette nicht mehr abspringen.

○○○○●○○ ***20 Min.*** ★★★ ***Heimwerkstatt***

Schaltwerk — ***Dämpfen***

20

Ein Stück Gummi am Schaltwerkkörper durch einen Kabelbinder gesichert verhindert Anschlaggeräusche am Rahmen. Einfach das Gummi (am besten Schlauch mit dicker Wandstärke) abschneiden und Kabelbinder durchführen.

○○●○○○○ ***15 Min.*** ★★ ***Standard***

Schaltwerkröllchen — *Verlust*

PECHVOGEL

Das verbliebene Schaltwerkröllchen auf die untere Position montieren. Die Kette einlegen und anschließend kürzen, um sie unter Spannung zu bringen. Fahren Sie nun sehr vorsichtig nach Hause.

○○○○●○○ **25 Min.** ✶✶

Schaltzug — *Schaltzugbogen am Schaltwerk bestimmen*

Haben Sie kein Schaltwerk, das den Seilzug umlenkt oder in einem günstigen Winkel aufnimmt, so achten Sie auf die richtige Größe des Bogens. Auf dem mittleren Ritzel geschaltet, sollte der Bogen einen Durchmesser von 10 cm aufweisen.

○●○○○○○ **15 Min.** ✶✶ ***Bike-Pack***

Schaltzug — *Schaltungszug »strecken«*

Bevor Sie die Schaltung endgültig einstellen: Haken Sie Ihre Finger unter den Schaltzug am Oberrohr und heben Sie das Rad an. Auf diese Weise »setzen« sich die Züge und die Schaltung funktioniert bereits nach der ersten Einstellung perfekt. Zeit gespart. Verfahren Sie mit Schaltwerk und Umwerfer so.

○○●○○○○ **2 Min.** ✶

Schaltzug gerissen — *Was früher gut war, funktioniert heute nicht mehr*

PECHVOGEL

Wenn sie keinen Ersatzzug dabei haben, stehen die Chancen schlecht, den Heimweg mit gewohntem Schaltkomfort zu bestreiten. Das Schaltkabel am Riss mit Hilfe einer Cola Dose zu flicken, ist ein Ratschlag aus der Steinzeit der Schaltungstechnik, als es noch keine Index-Schaltung gab oder jedes Index-System noch abschaltbar war. Einen STI-Hebel unserer Tage bekommen Sie damit nicht zum Laufen. Alle Maßnahmen beschränken sich deshalb darauf, die Kette auf einem mittleren Ritzel zu fixieren und anschließend einzig mit dem Umwerfer drei Gänge (sprich die Kettenblätter) zu verwalten. Die einfachste Methode ist es, jene Schraube am Schaltwerk, die den Schwenkbereich des Schaltwerks in Richtung des Rahmens begrenzt möglichst tief einzuschrauben. Bei modernen Schaltungen reicht dies bis in den fünften oder vierten Gang.

○○○○●○○ **5 Min.** ✶ ***Bike-Pack***

Schaltzug gerissen — *Flasche hilft*

PECHVOGEL

Ist der Zug nahe am Schalthebel gerissen, so fädelt man ihn aus der Außenhülle am Hebel aus, öffnet eine Befestigungsschraube des Flaschenhalters und windet den Zug einmal herum. Nun den Zug so unter Spannung bringen, dass der gewünschte Gang geschaltet wird. Anschließend die Flaschenhalterschraube wieder festziehen und mit der Schaltwerkschraube die Feineinstellung vornehmen.

○○○○●○○ **10 Min.** ✶✶ ***Bike-Pack***

Schaltzug gerissen — *Holz hilft*

PECHVOGEL

Ein Holzstückchen (oder in extrem kalten Zeiten auch ein Stück Energieriegel) so anpassen, dass es im Scherengelenk des Umwerfers einklemmt und diesen auf das mittlere Blatt fixiert. Daraufhin mit Gaffa oder Kabelbinder fixieren. Gleiches funktioniert auch beim Schaltwerk.

○○○○●○○ **15 Min.** ✶✶ ***Standard***

PECHVOGEL

Schaltzug gerissen — *Riss direkt am Schaltwerk*

Ist der Zug direkt am Schaltwerk gerissen oder gar die Außenhülle am Schaltwerk geplatzt, so dreht man zuerst die Anschlagschraube der Außenhülle am Schaltwerk völlig hinein (im Uhrzeigersinn). Nun den Schnellspanner am Hinterrad öffnen und das verbliebene Zugende so fest wie möglich drei bis vier Mal um die Schnellspannerachse wickeln. Den Schnellspanner schließen und die Anschlagschraube herausdrehen, bis ein komfortabler Gang geschaltet ist. Gute Heimfahrt!

○○○○●○○ **15 Min.** ★★ ***Bike-Pack***

Sound — *Check*

Macht der Antrieb Geräusche, dann ziehen Sie alle Schrauben an den Kettenblättern, dem Umwerfer und dem Schaltwerk nach. Überprüfen Sie die Verschraubung der Kassette. Nun schauen Sie sich die Zähne der Kettenblätter und Ritzel an: Laufen sie alle in Linie, sind Grate zu sehen, sind die Zähne abgenutzt?

○○●○○○○ **45 Min.** ★★ ***Bike-Pack***

PECHVOGEL

Sperrklinken — *Gebrochen, kein Ersatz parat*

Glücklich der, der noch mit Pedalriemen fährt! Diese machen nämlich eine gute Figur, wenn man sie zwischen den Rippen des größten Ritzels und den Speichen hindurch fädelt. Alternativ helfen auch Kabelbinder oder Draht. Ordentlich festzurren und vorsichtig nach Hause fahren. Doch Achtung: Das Rad hat nun eine starre Nabe – statt Freilauf muss man nun immer(!) mittreten. Gewöhnungsbedürftig!

○○○○●○○ **35 Min.** ★★ ***Standard***

Sperrklinken — *Vorsicht beim Fetten*

Alle Mechanismen mit Sperrklinken sollten Sie sehr vorsichtig fetten, denn das Fett kann die »Handlungsfähigkeit« der Sperrklinken reduzieren und zu Defekten führen. Lesen Sie auf jeden Fall die Herstelleranleitung auf entsprechende Hinweise durch. Wenn Sie Öl verwenden, sollte dieses wiederum nicht zu dünnflüssig sein.

○○○○○●○ **1 Std.** ★★★★ ***Profiwerkstatt***

MOUNTAIN-BIKER

20

Umwerfer — *Chain-Guard*

Ein Stück Elastomer so anpassen, dass es in die Oberkante des Umwerferkäfigs passt. Nun mit einem Kabelbinder sichern und den Umwerfer etwas niedriger stellen. Die Kette kann zwar noch schaukeln, aber nicht mehr abspringen.

○○●○○○○ **15 Min.** ★★ ***1***

MOUNTAIN-BIKER

Umwerfer Spritzschutz — *Einfach und preiswert*

Der Umwerfer lässt sich ohne großen Aufwand schützen. Aus Pappe eine Schablone schneiden, die in der Bohrung des Kettenstrebenstegs beginnt und etwa 2 Zentimeter über die Höhe des großen Kettenblattes reicht. Die Pappe sollte je Seite etwa 1,5 cm über das Sitzrohr hinausragen und ein Loch für den Schaltzug des Umwerfers besitzen. Achten Sie zudem darauf, dass der Umwerfer durch den Spritzschutz nicht in seiner Funktion beeinflusst wird. Nun legen Sie die Pappe auf ein Stück Plastik (zum Beispiel den Deckel eines Einweg-Farbeimers, der nicht mehr benötigt wird) und schneiden das Original. Einmal eingesetzt ist der Umwerfer vor Spritzern vom Hinterrad geschützt.

○○●○○○○ **20 Min.** ★★ ***Standard***

Zahnkranz-Kompatibilität — Auf die Abstände kommt es an

Wer alte Naben und Schalthebel fährt oder verschiedene Firmen kombinieren möchte, der hat Schaltgeräusche als ständige Begleiter. Schluss damit! Es gibt Distanzringe aller erdenklichen Stärken ab 0,1 mm (z.B. bei »Cutting Crew«). Messen Sie also die Abstände der Ritzel Ihrer Original-Ausstattung und gleichen Sie Unterschiede entsprechend aus. Achten Sie aber darauf, dass manche modernen Ritzelpakete sich nicht mehr öffnen lassen.

○○●○○○○ **30 Min.** ★★ **Heimwerkstatt**

Bremsen

Bremsflanken — Bitte steinfrei!

Untersuchen Sie mindestens alle drei Wochen die Bremsklötze auf kleine Steinchen, diese schaben auf der Felge = Verschleiß ohne Bremswirkung! Die Steinchen lassen sich mit einem Uhrmacherschraubenzieher einfach entfernen.

○○○○○●○ **5 Min.** ★ **Standard**

Bremshebel — Hebelverhältnisse tunen

Die Übersetzungsverhältnisse der Bremsen lassen sich mittlerweile an vielen Bremshebeln einstellen. Seien Sie vorsichtig und testen Sie erst, bevor es in die freie Wildbahn geht.

○○●○○○○ **15 Min.** ★ **Bike-Pack**

Bremsklotz — Ersetzen

PECHVOGEL

Ist der Bremsklotz heruntergebremst und Metall schabt direkt auf der Felge, dann müssen Sie eingreifen, um größere Schäden zu verhindern! Wenn Ersatz nicht zu beschaffen ist, dann raspeln oder schnitzen Sie einen Holzklotz, der U-förmig den Bremskörper umschlingt und zur Felge hin die Form eines Bremsklotzes einnimmt. Sicher, keine gute Bremsleistung, aber besser als nichts und besser als eine durchgebremste Felge, oder?

○○○○●○○ **20 Min.** ★★★ **Bike-Pack**

Bremsschuhe — Einstellen

Alter Trick, noch heute hoch im Kurs: Justieren Sie die Bremsschuhe so, dass sie 0,5 bis 1 mm schräg stehen und vorne (in Fahrtrichtung) zuerst aufsetzen. Einstellung ist kniffelig, aber die Arbeit wert!

○○●○○○○ **15 Min.** ★★ **Bike-Pack**

Bremssockel — Kippbewegungen reduzieren

Die Kippbewegungen der Cantilever- und V-Brakes lassen sich durch Einlegen einer Kunststoffscheibe reduzieren. Vergessen Sie aber nicht, die Original-Metallscheibe wieder dazu zu legen.

○○●○○○○ **10 Min.** ★★ **Bike-Pack**

Bremswirkung — ***Erhalten***

20

Stahlwolle – vorsichtig angewendet – säubert die Flanken der Felgen und schützt so vor übereiltem Wechsel der Bremsklötze, sobald die Leistung der Bremsen ein wenig nachlässt. Wer Keramik beschichtete Felgen hat, der sollte diesen Tipp schnell vergessen oder einmalig feinstes Schmirgelpapier (1600er) verwenden!

5 Min. ★ ***Standard***

Magura — ***Entlüftung preiswert***

20

Entlüftungssets für Magura lassen sich preiswert selber bauen: Die Spritze (20 ccm) gibt es in der Apotheke zu einer Mark. Weiterhin sind 50 cm Kunststoffschlauch mit 6 mm Außendurchmesser vonnöten (im Baumarkt für eine Mark). »Gardena Micro Drip System« Verbinder (Art. Nr. 1337-20) im 10er Pack zu 4,50 DM müssen lediglich von ihrem schrägen Stutzen befreit werden, dann passen sie in die Öl-Nachfüllöffnung der Maguras. Schlauch drauf, Spritze dran und: »Öl Marsch!«

30 Min. ★★★ ***Bike-Pack***

Magura — ***Sichere Montage***

20

Eventuell müssen Kabelführungen am Rahmen für Magura-Leitungen aufgebohrt werden. Biegen Sie sich ein Blech rund, das Sie um das Rahmenrohr legen können, damit es keinen Schaden durch das rotierende Bohrfutter nimmt.

20 Min. ★★ ***Heimwerkstatt***

Magura — ***Entlüftung optimieren***

Beim Entlüften der Magura-Bremsen einfach die Öl-Auffang-Flasche am Lenker festkleben und den Schlauch mit Gaffa fixieren. Das spart eine dritte Hand und Ölflecken auf Kleidung und Boden.

5 Min. ★ ***Bike-Pack***

RENNRAD-FAHRER

Rennbremsen — ***Achtung: Unterschiedliche Längen***

Rennbremsen werden in verschiedenen Größen gebaut. Gemessen wird von der Mitte der Aufnahmeschraube bis zur Mitte der Bremsschuheinstellung. Es gibt kurze (um 39 mm) und lange (um 49 mm) Bremsen.

5 Min. ★★ ***Bike-Pack***

Tandems — ***Aufnahme fehlt***

150

Keinen Anlöter für eine Trommelbremse am Tandem? Zum Beispiel Tandem East (86 Gwynwood Dr. Pittsgrove, NJ 08318, USA Fax 0011 609 453 8626) bietet ein CNC-gefrästes Aluteil für die entsprechende Montage!

60 Min. ★★ ***Bike-Pack***

V-Brakes — ***Optimal einstellen 1***

V-Brakes müssen absolut parallel stehen und im 90 Grad Winkel zum Boden. Passen Sie die Unterlegscheiben an den Bremsklötzen entsprechend an. Erst dann arbeiten sie perfekt.

15 Min. ★★ ***Bike-Pack***

V-Brakes — **Optimal einstellen 2**

Selbst Shimano bietet vier verschiedene Sockelschrauben für V-Brakes (zwischen 15 und 30 mm). Nehmen Sie die längste oder ersetzen Sie Ihre durch möglichst lange Schrauben, damit erhöhen Sie die Sicherheit und die Dosierbarkeit, gleichzeitig reduzieren sich die Vibrationen. 20

○○●○○○○ **15 Min.** ★ **Bike-Pack**

V-Brakes — **Optimal einstellen 3**

Die Schenkel der V-Brake müssen einen Mindestabstand zueinander aufweisen. Er beträgt bei Shimano-Bremsen 38 mm und wird vom Ende des gewinkelten Kabelstoppers zum inneren Rand des anderen Schenkels gemessen.

○○●○○○○ **15 Min.** ★★ **Bike-Pack**

Federung

Ansprechverhalten — **Kleines Spray – große Wirkung**

Das ist sogar offiziell: Rock Shox empfiehlt für die Pflege »Brunox« Spray. Einfach die Faltenbälge anheben und kräftig sprühen. Hält die Federung sauber und das Ansprechverhalten geschmeidig. 20

○○○○○●○ **2 Min.** ★

Auslaufmodelle der Federgabeln — **doppelt gut für alte Hardtails** — MOUNTAIN-BIKER

Auslaufmodelle der Federgabeln haben meist weniger Federweg als die neuere Generation und passen deshalb besser zum Hardtail, dessen Geometrie eigentlich keine Federgabel vorsieht. Obendrein lässt sich Geld sparen! 500

●○○○○○○ **60 Min.** ★★★ **Profiwerkstatt**

Brakebooster — **Druckpunkt genauer**

Brakebooster haben an der Federgabel einen Stammplatz. Ob sie die Gabel versteifen, ist nach wie vor umstritten, aber in jedem Falle definieren sie den Druckpunkt der Bremsen besser und steigern deren Leistung. 150

○○●○○○○ **30 Min.** ★★ **Bike-Pack**

Doppelbrücken-Gabel — **Muss nicht sein**

Doppelbrücken-Gabeln sind nur was für die harten Fahrer. Vorteile wie großer Federweg, hohe Steifigkeit und extreme Lenkpräzision wiegen für den Normalo die Nachteile, wie eingeschränkten Lenkeinschlag und begrenzte Kniefreiheit sowie hohes Gewicht und hohen Preis, nicht auf. Lassen Sie diese Mode an sich vorbeiziehen, oder warten Sie, bis es preislich interessanter wird.

●○○○○○○

Einstellen — **Mit System vorgehen**

Nur wer mit System vorgeht, kann die ideale Abstimmung schnell finden. Verändern Sie zwischen den Testfahrten stets nur eine Einstellung, sonst können Sie nicht mehr nachvollziehen, welche Veränderung den Effekt brachte. Der Clou bei der Federung besteht darin, Federung und Dämpfung perfekt auszubalancieren.

○○●○○○○ **60 Min.** ★★★ **Bike-Pack**

MOUNTAIN-BIKER

Elastomer — Unterschiede

Ziehen Sie Mikrozellular-Elastomere vor, die halten länger und haben mehr Eigendämpfung. Sie sind auch weniger temperaturempfindlich. Genauer gesagt müssen es »NDI« sein, das steht für Naphtylendiisocyanat. »MDI« (Diphenylmenthandiisocyanat) ist nur von ausreichender Güte!

Elastomer-Gabeln — Ansprechverhalten verbessern

20

Fetten Sie die Elastomere in der Gabel, das reduziert die Widerstände und verbessert das Ansprechverhalten der Gabel. Achten Sie auf empfohlene Mittel des Herstellers.

20 Min. ★★★ **Bike-Pack**

Elastomer-Gabeln — Einstellen

150

Elastomere verlieren unter hoher Vorspannung an Dämpfung, sie federn schneller aus. Statt Festziehen lieber härtere Elastomere beschaffen. Hersteller haben entsprechende Sets – zu mitunter gesalzenen Preisen – im Angebot!

50 Min. ★★★ **Bike-Pack**

MOUNTAIN-BIKER

Elastomer-Gabeln — Tunen

150

Alte Elastomer Gabeln lassen sich durch Stahlfedern tunen, doch achten Sie auf Kompatibilität. Etwaige Dämpferkartuschen passen meist nicht mehr hinein. Der Fachhandel hält – teure – Sondermodelle parat. All dies beendet die Herstellergarantie!

60 Min. ★★★ **Profiwerkstatt**

Elstomer — Pflege

20

Elastomer-Gabeln sind nicht wartungsfrei: Einmal im Jahr müssen Sie die Elastomere säubern und gut gefettet wieder einbauen. Auch die »Kanäle«, in denen die Elastomere arbeiten, müssen gesäubert werden!

30 Min. ★★★ **Bike-Pack**

MOUNTAIN-BIKER

Fahrwerksanalyse

Wird die Gabel bei hohen Geschwindigkeiten unruhig, ist die Dämpfung zu schwach – einstellen!

5 Min. ★★★ **Bike-Pack**

Faltenbälge — Sichern

Sichern Sie die Faltenbälge oben mit einem festen Kabelbinder gegen unkontrolliertes Verrutschen! Wiegt nichts, bringt viel!

5 Min. ★
Standard

Feder-Elemente — *Schützen*

Der Balg von Cannondales Headshok gibt auch einen idealen Balg für andere Federelemente ab. Probieren Sie es einfach: Auf Fox-Luftdämpfern sitzt er wie angegossen und andere Modelle lassen sich ebenfalls prima vor Dreck schützen. Die »Verhüterli« kosten kaum 20 DM, sind in 75 und 90 mm Länge erhältlich und mit einem Kabelbinder schnell installiert.

20

30 Min. ★★ ***Bike-Pack***

Federbein — *Durchschlagen*

MOUNTAIN-BIKER

Ändert sich die Fahrcharakteristik des Rades urplötzlich, dann ist das kein gutes Zeichen: Elastomere sind geplatzt, Federn gebrochen oder geschlossene Systeme (Luft/Öl) sind leckgeschlagen. Vorsichtig nach Hause rollen.

500

50 Min. ★★★ ***Bike-Pack***

Federelemente — *Druckablassen vor der Demontage*

Lassen Sie von Federgabel und -elementen stets den Druck ab, beziehungsweise reduzieren Sie die Vorspannung, bevor Sie sie zu Pflegezwecken auseinandernehmen, ansonsten fliegen Ihnen die Teile im wahrsten Sinne des Wortes um die Ohren.

5 Min. ★★★ ***Bike-Pack***

Federelemente und Gabeln — *Fetten, Fetten, Fetten*

Alles in der Gabel kann Fett vertragen: Stahlfedern, Schrauben, Kartuschen (Außenseite) und Nabenaufnahme. Nur bei Gabeln mit offenem Ölbad ist die Schmierung bereits »integriert«.

20

50 Min. ★★★ ***Bike-Pack***

Federgabel — *Nachrüsten*

Federgabeln nachzurüsten kann daneben gehen. Stellen Sie sicher, dass der Rahmen für die größere Bauhöhe der Gabel ausgelegt ist, sonst ist die Geometrie dahin und das Rad fährt sich unausgewogen.

20 Min. ★★★ ***Profiwerkstatt***

Federgabel — *Pflegen*

Sprühwachs ist das Mittel gegen Korrosion an der Federgabel: Einfach komplett »einnebeln« und warten, bis sich der Dampf verzogen hat. Dr. Wack F 100 arbeitet am besten!

20

5 Min. ★

Federgabeln nachrüsten — *Steuerkopfwinkel ausgleichen*

Bauen Sie am Hinterrad einen hohen Reifen ein. Er hilft, den Steuerkopfwinkel zurück in den »grünen Bereich« zu bringen. Achtung: Die Tretlagerhöhe steigt dadurch!

150

30 Min. ★ ***Bike-Pack***

Federkennlinie — *Anpassen 1*

Ist der Negativfederweg (Weg des Eintauchens beim Aufsitzen) korrekt, die Federung schlägt aber extrem schnell durch, so ist die Federkennlinie (Verlauf der Verhärtung der Federung) zu linear. Lassen Sie bei hydraulischen Gabeln einfach den Ölpegelstand erhöhen, das sorgt für die gewünschte Progression im System.

40 Min. ★★★ ***Bike-Pack***

Federkennlinie — *Anpassen 2*

Wenn die Gabel beim Aufsitzen bereits deutlich eintaucht, sie aber trotzdem nicht durchschlägt, dann ist die Federkennlinie zu progressiv. Lassen Sie Öl ab!

○○●○○○○ **40 Min.** ★★★ ***Bike-Pack***

Federungen — *Lassen es knacken*

Das Tückische an Federungen ist, dass der Fahrer nicht mehr alle Vibrationen mitbekommt, die die Schwingen auffangen. Doch wer Schutzbleche und Lampen an Gabelstandrohre oder Hinterbauschwinge montiert, wird von der Halbwertzeit dieser Bauteile überrascht sein.

●○○○○○○

Federweg der Gabel — *Austesten*

Einen straffen Kabelbinder um ein Tauchrohr der Federgabel ziehen und ab auf eine harte Runde Mountainbiken. Danach messen Sie den Abstand zwischen dem Kabelbinder und der Oberkante des Standrohres. Ist der Wert kleiner als die Werksangaben für den maximalen Federweg, dann nichts wie zum Händler und weichere Federn eingebaut!

○○○●○○○ **5 Min.** ★ ***Standard***

MOUNTAIN-BIKER

Federwege — *Harmonisch erhalten*

Die Federgabel sollte möglichst genauso viel Federweg haben wie die hintere Feder. Ab 20 Prozent Unterschied wird das Fahrverhalten unausgewogen.

○○●○○○○ **10 Min.** ★★ ***Bike-Pack***

Fehleranalyse

Macht das Fully in den Kurven »Faxen« und verliert an Spurtreue, dann sind die Lager dahin! Kontrollieren Sie sie, eventuell müssen sie ersetzt werden. Zuvor Reifendruck kontrollieren.

●○○○○○○ **50 Min.** ★★★ ***Bike-Pack***

Feinabstimmung — *Notieren*

Fahrwerksabstimmung ist eine Fleißarbeit. Haben Sie Ihre ideale Abstimmung gefunden, so schreiben Sie sich die Einstellungen mit einem Lackstift direkt auf das Federelement und die Federbeine. Dann werden Sie sie nicht vergessen und auch Ihr Fahrradladen weiß beim Check, wie Sie es am liebsten haben.

○○○○○○● **5 Min.** ★★ ***Standard***

Gabeldruck — *Muss symmetrisch sein*

Für Funktion und Sicherheit der hydraulischen Gabeln ist es zwingend notwendig, dass die beiden Gabelholme identischen Druck aufweisen, kontrollieren Sie dies wöchentlich.

○○●○○○○ **40 Min.** ★★★ ***Bike-Pack***

MOUNTAIN-BIKER

Gelenke — *Versiegeln*

Die Gelenke eines mehrgelenkigen Mountainbike-Hinterbaus lassen sich effektiv schützen: Bauen Sie den Hinterbau auseinander. Ziehen Sie ein Stück Fahrradschlauch über die Streben. Verschließen Sie den Hinterbau und ziehen Sie das Schlauchstück über das Gelenk. Verkleben Sie den Schlauch mit Silikon auf den Streben und sichern Sie diese Verbindung mit einem Kabelbinder.

○○●○○○○ **30 Min.** ★★★ ***Bike-Pack***

Grundeinstellung — *Anpassen 1*

Die Federung spricht schlecht an und der Federweg bleibt ungenutzt! Vorspannung reduzieren (Stahl/Elastomer) oder weichere Feder/Elastomere einbauen, beziehungsweise Druck reduzieren (Luft).

○○●○○○○ **15 Min.** ✶✶✶ ***Bike-Pack***

Grundeinstellung — *Anpassen 2*

Wenn die Federung bei langen Bodenwellen perfekt arbeitet, aber bei kurzen schnellen Schlägen verhärtet, dann muss die Druckstufendämpfung angepasst werden. Und zwar ist sie zu hart eingestellt. Justageschraube etwas herausdrehen.

○●○○○○○ **20 Min.** ✶✶✶ ***Bike-Pack***

Grundeinstellung — *Anpassen 3*

Wenn der Hinterbau alles »glattbügelt«, vorne aber Nervosität vorherrscht, dann sind die beiden Systeme nicht optimal aufeinander abgestimmt. Meist müssen vorne einige Millimeter Federweg ergänzt werden. Das heißt »Long-Travel-Kit« einbauen, sofern er für Ihre Gabel erhältlich ist oder neue Gabel besorgen. Wenn das Portemonnaie mit entscheidet, wirkt die Unruhe vorn gleich weniger schlimm.

○●○○○○○ **50 Min.** ✶✶✶ ***Bike-Pack***

Grundeinstellung — *Anpassen 4*

Wenn das Heck bei schnellen Schlägen immer weiter eintaucht und nicht zügig genug ausfedert, ist die Zugstufendämpfung zu straff. Drehen Sie die Einstellschraube leicht heraus.

○○●○○○○ **20 Min.** ✶✶✶ ***Bike-Pack***

Grundeinstellung — *Anpassen 5*

Taucht die Feder beim Aufsteigen stark ein und das Rad schlägt auf der Piste oft durch, ist die Federung zu weich eingestellt. Entweder Druck (Luftgabeln) oder Vorspannung (Stahl/Elastomer) erhöhen, beziehungsweise härtere Feder einbauen.

○○●○○○○ **20 Min.** ✶✶✶ ***Bike-Pack***

Grundeinstellung — *Anpassen 6*

Wird das Rad bei schneller Fahrt hinten unruhig, müssen Sie die Zugstufendämpfung härter stellen, damit der Hinterbau nicht zu schnell ausfedert. Also das entsprechende Rädchen hineindrehen.

○○●○○○○ **20 Min.** ✶✶✶ ***Bike-Pack***

Lagerungstypen — *Hinterbau*

Mountain-Biker

Wälzlager (meist Industrielager genannt) sind schwer und teuer, überzeugen jedoch durch hohe Lebensdauer und gute Dichtung. Sie bleiben zumeist länger spielfrei. Gleitlager bestehen aus Sintermetall oder Verbundwerkstoffen. Sie sind leicht, wartungsarm und kostengünstig. Auf der Kehrseite der Gleitlager findet sich die hohe Verschmutzungsgefahr und ein damit verbundener schlechterer Lauf – Folge ist Spiel oder schlechteres Ansprechverhalten.

●○○○○○○

Luft-Federung — *Spezial-Pumpe verlangt*

150

Sobald Luft im Spiel ist, sollten Sie mit dem Händler klären, welche Pumpe die notwendigen Drücke aufbringt und was diese Pumpe kostet. Ohne diese werden Sie nicht auskommen, da sie für die wöchentliche Wartung notwendig ist. Im Preisvergleich der Systeme müssen Sie diese Kosten einbeziehen.

15 Min. ★★★

Öl ist nicht gleich Öl

50

Ölgedämpfte Gabeln horchen bei dem Begriff »SAE« auf. Das ist der »Standard of Automotive Engineering«. Öle mit der Bezeichnung »SAE 10« sind beispielsweise zähflüssiger als jene mit der »SAE 5« Kategorie. Vor dem Tuning unbedingt die Angaben des Gabelherstellers beachten. Nicht jede Gabel akzeptiert jedes Öl.

Öl-Luft-Gabel — *Durchschlagen*

Schlägt die Öl-Luft-Gabel durch, erhöhen Sie den Ölpegel. Dabei ergeben 10 Prozent mehr Öl etwa eine 30 Prozent höhere Progression in der Federkennlinie.

30 Min. ★★★ ***Bike-Pack***

MOUNTAIN-BIKER

Sattelstütze — *Risiko*

Freistehende Sattelaufhängungen am Fully haben ihre Tücken: Die Sattelstütze darf nicht unbegrenzt versenkt werden. Kontrollieren Sie dies. Kürzen Sie lieber die Stütze, als zu stürzen!

5 Min. ★ ***Bike-Pack***

MOUNTAIN-BIKER

SID-Gabel — *Pflege*

20

Seine SID-Gabel pflegt man neben dem üblichen Service nach jeder Fahrt mit ein paar Tropfen Teflon-Öl auf den Dichtungen.

1 Min. ★ ***Bike-Pack***

MOUNTAIN-BIKER

Spezielle Nabe — *Sinnvoll bei Federgabeln*

500

Wenn Sie vorne gefedert fahren möchten, dann sollten Sie dies nicht auf Kosten der Sicherheit tun. Ihre Vorderradnabe muss mächtig einstecken, weil ihr die Führung einer starren Gabel fehlt. Spezielle Naben für Federgabeln sind leider kein Marketinggag, sondern absolute Pflicht bei schweren und/oder harten Fahrern.

60 Min. ★★★★ ***Profiwerkstatt***

Vollfederung — *Und jetzt ist es kaputt*

Wer das erste Mal mit einem Fully unterwegs ist, der kann böse Überraschungen erleben. Fullys bringen zwar Sicherheit, verlangen aber eine bestimmte Fahrweise. Verlagern Sie Ihr Gewicht bei Abfahrten weiter nach hinten. Das »Bremstauchen« am Vorderrad lässt den Schwerpunkt sonst gefährlich nach vorne wandern.

Vollfederung — *Warum eigentlich?*

Wenn Sie gefederte Räder nicht mögen, dann bleibt Ihnen dafür das Argument der Ökonomie nur beim Rennrad und reinen Bergaufrennen. Ansonsten ist belegt: Fullys fahren ökonomischer. In Sachen Sicherheit, Komfort und Gesundheit haben Fullys – bei entsprechender Konstruktion – ohnehin die Nase vorn. Nur beim Preis und Gewicht liegen sie hinten, doch das ist nicht alles!

Vorspannung — *Erhöhen*

Wer die Vorspannung erhöht, ändert nichts an der Federcharakteristik, sondern verschlechtert eher das Ansprechverhalten der Federung. Ist die Feder bereits weit vorgespannt, hilft nur noch der Wechsel: Dann muss eine härtere Feder her.

150

15 Min. ★★ **Bike-Pack**

Laufrad

Alte Reifen — *Was tun damit?*

Alte Reifen gehören nicht in den Müll, sondern aufbewahrt. Im Winter erleiden sie den ehrenhaften Tod auf der Rolle! Und wer selbst keinen Heimtrainer für das Wintertraining hat, der schenkt die ausrangierten Reifen einfach einem trainingsstarken Freund. Gibt's keinen solchen Freund, dann kann man die Reifen beim Fahrradhändler fachgerecht entsorgen (evtl. gebührenpflichtig).

10 Min. ★

Aluminiumnippel — *Zweischneidig*

Speichennippel aus Aluminium sind ein idealer Werkstoff für leichte Laufräder. Sie reduzieren das dynamische Gewicht um etwa 100 Gramm pro Laufradsatz. Auf der Kehrseite stehen die weichere Oberfläche (Vorsicht beim Spannen der Speichen) und im Winter eine erhöhte Gefahr »festzufressen«.

50

30 Min. ★★★★ **Bike-Pack**

Bereifung — *Faltreifen bringen es*

TEMPOMACHER

Wenn Sie die Wahl haben, dann kaufen Sie stets einen Faltreifen. Diese Reifen sind leichter und damit lässt sich das Rad besser beschleunigen. Zudem kann man den Reifen auch einfacher transportieren. Der Mehrpreis lohnt sich!

150

Bereifung — *Lohnt sich ein Reifenlager?*

Reifen müssen heute nicht mehr gelagert werden, das schadet ihnen nur. Wenn es aber dennoch geschehen soll, dann bewahren Sie sie an einem trockenen und dunklen Platz auf. Optimal: Sie ziehen die Reifen auf ein altes Laufrad und pumpen Sie leicht auf.

15 Min. ★ **Bike-Pack**

Bereifung — *Reifenwahl*

MOUNTAIN-BIKER

Vor allem im Winter ist es ratsam, vorne einen breiteren Reifen zu montieren, das sorgt für ordentlichen Grip in allen Fahrsituationen.

150

20 Min. ★★ **Bike-Pack**

Bereifung — *Richtige Reifenbreite*

Montieren Sie niemals einen Reifen, der schmaler als die Felge ist. Er wird bei hohem Druck abspringen und kann die Felge nicht hinreichend schützen.

150

30 Min. ★ **Bike-Pack**

TEMPOMACHER

50

Bereifung — *Latex-Schläuche sind die Renner*

Tuning am Laufradäußeren ist am effektivsten, deshalb sind Latex-Schläuche kein Schnickschnack, sondern sinnvoll. Sie sind leichter, beschleunigen damit besser und haben einen geringeren Rollwiderstand. Zudem haben Sie mit einem hochwertigen Latex-Schlauch die pannensicherste Schlauchart gewählt. Noch Fragen? Austauschen bei nächster Gelegenheit!

○○●○○○○ **30 Min.** ★★ ***Bike-Pack***

TEMPOMACHER

150

Bereifung — *Tunen Sie die Reifen*

Leichte Reifen sind der beste Weg, um Gewicht zu sparen und der sinnvollste Ort für Tuning, weil leichte Laufräder schneller beschleunigen. Auch ist ihr »Preis-Gewichts-Verhältnis« sehr gut: Für vergleichsweise wenig Geld geht's deutlich leichter voran!

○○●○○○○ **30 Min.** ★★ ***Bike-Pack***

Bereifung — *Reifen leben länger ...*

Reifen leben länger, wenn Sie alle 1500 km den Vorder- und Hinterreifen vertauschen, denn sie nutzen sich unterschiedlich ab.

○○○●○○○ **30 Min.** ★★ ***Bike-Pack***

MOUNTAIN-BIKER

150

Bereifung — *Semislicks sind besser!*

Profil sieht cool aus, aber bei 75 Prozent aller Fahrten ist der Semislick die bessere Wahl, weil er leichter ist, besser abrollt und sehr gute Haftung aufweist. Steigen Sie um und Sie liegen bald vorne.

○○○●○○○ **30 Min.** ★★ ***Bike-Pack***

Bereifung — *Sonne schadet*

Ihre Reifen leben länger, wenn Sie sie möglichst nicht in der Sonne parken. Continental spricht von ozonbedingten Rissen in Reifen... Vorsicht!

○○○●○○○ ★

Bremsflanken — *Minimum der Wandstärke*

Bei Felgen gilt 1 mm als »Schmerzgrenze«: Darunter wird es riskant!

○○○○○●○ **15 Min.** ★

Felge — *Verschleiß-Schnelltest*

Stellen Sie die Bremse so knapp ein, dass das Laufrad sich noch gerade drehen lässt. Erhöhen Sie nun den Reifendruck um einen Bar. Schleift das Laufrad nun, muss die Felge gewechselt werden!

○○○●○○○ **5 Min.** ★★ ***Bike-Pack***

Felge — *Fakten 1*

Je bunter die Eloxierung der Felgen, desto minderwertiger das Material. Der Stoß muss geschweißt sein, gesteckte Felgen sind »Steinzeit-Technik«.

●○○○○○○

Felge — *Fakten 2*

Felgenringe im Aerodesign sind schwerer und fahren sich meist unkomfortabel, da sie vertikal weniger flexibel sind. Felgen sind von Haus aus unrund. Geöste Felgen lassen sich einfacher zentrieren.

●○○○○○○

Felge — Vorbereitung 1

Mit einem »Dreikantschaber« können Sie die Innenkanten der Felgenlöcher entgraten. Das schützt vor Überraschungen.

○●○○○○○ **15 Min.** ★★ **Heimwerkstatt**

Felge — Vorbereitung 2

Entgraten Sie die Felge vor dem Einspeichen auch am Ventilloch.

○●○○○○○ **30 Min.** ★★ **Heimwerkstatt**

Felge verbeult — Richten

PECHVOGEL

Felge in die Hand nehmen und über den Kopf halten, so dass die Beule oben steht und nach vorne zeigt. Schwung holen und die Felge auf den Boden / einen Baumstumpf hauen. Ist die Felge ausgebeult, Reifen montieren und nach Hause radeln. Sie können das Rad auch in ein Langlochgully oder die Zwischenräume einer Parkbank einlegen und geradebiegen.

○○○○●○○ **20 Min.** ★★ **Standard**

Felgenband von der Rolle — Montieren

Kleben Sie das Felgenband kurz vor dem Ventilloch beginnend eine Runde und lassen Sie es mindestens 7 cm überlappen.

○●○○○○○ **15 Min.** ★★

Felgenband von der Rolle — Ventilloch

Mit einer glühenden Speiche oder einem Nagel das Ventilloch durchstechen.

○●○○○○○ **15 Min.** ★★ **Standard**

Felge — Säubern

20

Verschmutzte Felgen lassen sich leicht mit Sprühwachs reinigen. Das Wachs konserviert auch die Felge. Vorsicht im Bereich der Bremsflächen.

○○○○○●○ **10 Min.** ★

Laufradbau
Empfehlungen einholen 1

Fragen Sie einen schwereren (und schnellen) Fahrer, wo er seine Laufräder hat bauen lassen. Was »den« aushält, das ruinieren auch Sie nicht.

●○○○○○○

Laufradbau
Empfehlungen einholen 2

Laufräder zu spannen ist eine Kunst. Gute Laufradbauer versehen die Laufräder mit ihrem Namen (meist Aufkleber). Achten Sie auf diese, nicht selten geht mit ihnen eine Garantie einher!

●○○○○○○

Laufradunwucht — *Rahmenflattern*

50 Das Flattern im Rahmen ist nicht selten durch eine Unwucht im Vorderrad verursacht. Zentrieren! Bringt dies nicht die gewünschte Wirkung, kann es sich um eine gesteckte Felge handeln, die ein »Ausgleichsgewicht« am Ventil verlangt, um rund zu laufen.

○○●○○○○ **10 Min.** ★★ ***Bike-Pack***

Naben — *Schmieren, aber richtig*

Die Lagerkäfige der Naben blasen Sie am besten mit Pressluft heraus. Anschließend sollten Sie die Nabenlaufflächen säubern und »überschmieren« (zu deutsch: viel Fett viel Nutzen). Bauen Sie alle Konen und Kappen ein, das überschüssige Fett quillt heraus und bildet einen weiteren Schutz gegen Dreck und Wasser. Mit Ölbohrungen sollten Sie vorsichtig sein, weil zuviel Öl die Fettschmierung verdünnt.

○○○○○●○ **30 Min.** ★★★★ ***Profiwerkstatt***

Nabenlager — *Zu fest?*

Zu feste Lager an den Naben erkennen Sie so: Öffnen Sie den Schnellspanner der Nabe, bringen Sie das Laufrad in Schwung und schließen Sie den Spanner. Verlangsamt sich das Laufrad dabei, dann ist das Lager zu fest eingestellt.

○○●○○○○ **5 Min.** ★★

Nabenschäden — *Diagnose*

Wenn Sie einen Schraubenzieher auf die Achse der Nabe halten und an diesem horchen, lassen ungleichmäßige Mahlgeräusche auf einen Lagerschaden schließen.

○○○○○●○ **5 Min.** ★★ ***Standard***

Platten — *Dreck als Ursache*

Achten Sie bei Montagen in der freien Wildbahn darauf, dass zwischen Reifen und Schlauch keine Schmutzpartikel gelangen. Diese sorgen für den Platten von morgen!

●○○○○○○ **4 Min.** ★

Platten — *Watte statt Blut*

20 Alte Hasen fahren mit den Fingern entlang der Innenseite des Mantels, um den Verursacher des Plattens ausfindig zu machen. Das kann erfolgreich, aber auch blutig enden! Seien Sie schlauer. Stecken Sie sich Wattekugeln in eine Filmdose. Statt nun mit den Fingern durch den Mantel zu fahren, zupfen Sie eine Kugel auf und führen diese durch den Mantel. Einige Flusen verheddern sich am »Fremdkörper« und er ist entdeckt. Je luftiger und weicher die Watte, desto besser funktioniert's!

○●○○○○○ **10 Min.** ★ ***Standard***

Platten — *Anpressdruck zählt*

Flicken halten umso besser, je fester der Flicken auf den Schlauch gedrückt wird. Legen Sie den Schlauch um den Griff Ihrer Pumpe. So können Sie den Flicken mit großem Druck auflegen und mit beiden Händen fixieren. Warten Sie jedoch damit bis der »Kleber« matt geworden ist.

○○●○○○○ **10 Min.** ★★ ***Bike-Pack***

Platten — *Flicken ohne Flicken*

PECHVOGEL

20

Es muss ohne Flickzeug geflickt werden? Aufrauen, Pattex aufbringen, 10 Minuten warten. Dies einige Male wiederholen, dann einen Leinenstreifen ebenfalls mit Pattex tränken und 10 Minuten warten. Beides kräftig zusammendrücken. Jetzt ohne Kontrollpumpen in den Reifen einlegen und behutsam aufpumpen.

25 Min. ★★★ ***Bike-Pack***

Platten — *Kein Flickzeug*

PECHVOGEL

Schlauch aufpumpen, Loch durch Hören ermitteln oder in einer Pfütze aufspüren. Nun durch einen möglichst nahe am Loch gemachten Schlaufenknoten vom intakten Bereich des Schlauches separieren. Je fester der Knoten, desto dichter der Schlauch! Also fest zerren! Daraufhin den Schlauch wie gewohnt montieren und auf Unwucht durch den Knoten achten.

20 Min ★★ ***Standard***

Platten — *Improvisieren*

Löffel zu Reifenhebern ist das Motto. Ist kein Reifenheber zu finden, tut es auch ein sanft geformter Löffel. Doch seien Sie vorsichtig, Risse im Schlauch müssen Sie allein auslöffeln.

10 Min. ★★★

Platten — *Keinen Mantelheber*

PECHVOGEL

Hier nun ein Lob auf die alten und schweren Schnellspanner von Shimano, Campagnolo und Co. Sie machen im Notfall einen guten Mantelheber aus. Doch Vorsicht: Mantel, Schlauch und Felge können leicht Schäden durch den Metallhebel erfahren. Also vorsichtig ansetzen und behutsam hebeln.

5 Min. ★★

Platten — *Pannenfrei ist keine Zauberei 1*

Wer seinen Reifen einmal wöchentlich inspiziert und alle Splitter mit einem schmalen Schraubenzieher beseitigt, der beugt vielen Platten vor.

5 Min. ★ ***Standard***

Platten — *Pannenfrei ist keine Zauberei 2*

Wer vom Plattenteufel verfolgt scheint, der sollte auf seinen Reifendruck achten. Je weniger Druck der Reifen hat, desto mehr walkt er, das erhöht nicht nur den Widerstand, sondern auch das Plattenrisiko, weil sich Scherben und Splitter schneller durch den Reifen arbeiten. Außerdem senkt hoher Luftdruck das Durchschlagsrisiko an Kanten oder bei Sprüngen.

5 Min. ★ ***Standard***

Platten — *Pannenfrei ist keine Zauberei 3*

20

Wer auf gut geklebtes Textil- oder festes Kunststoff-Felgenband achtet, der hat weniger Platten.

5 Min. ★ ***Standard***

Reifenbreite — *Auswahl*

150

Nur wer auf der Piste überwiegend die 30 km/h auf dem Tacho hat, braucht einen schmalen Reifen. Denn der Rollwiderstand des Reifens ist bei gleicher Konstruktion geringer und weil der Rollwiderstand linear zur Fahrgeschwindigkeit steigt, ist er bis Tempo 25 km/h der größte Feind. Achten Sie aber auf leichte Reifen, die lassen sich einfacher beschleunigen, das ist in der Innenstadt beim Stop and Go wichtig!

60 Min. ★ ***Standard***

Reifen — *Aufpumpen*

Beim Aufpumpen des Reifens gilt es, nach einigen Hüben innezuhalten: Drücken Sie das Ventil bei noch geringem Luftdruck in den Reifen hinein, so verhindern Sie, dass ein eingeklemmter Schlauch den Reifen über die Felge drückt.

1 Min. ★ ***Bike-Pack***

Reifenmontage — *Talkum*

20

Die Erstmontage sollte stets mit Talkum erfolgen, erhältlich im Supermarkt, Drogerien und Apotheken.

5 Min. ★ ***Bike-Pack***

Reifenmontage — *Optimieren*

20

In traditionellen Rennställen ist das Reifenlogo stets am Ventil montiert. Nicht nur Ästheten begeistern sich dafür. Wer einen Platten hat und das Loch im Schlauch gefunden hat, kann den Schlauch (Ventil) und Reifen (am Logo) ausrichten. So ist klar, in welchem Bereich des Reifens nach Splittern zu suchen ist, auch wenn sich der Reifen bei der Demontage auf der Felge verschoben haben sollte. Hat der Reifen kein Logo, malen Sie (Edding oder Tipp-Ex) eines!

15 Min. ★★ ***Bike-Pack***

PECHVOGEL

Reifenpanne — *Kein Ersatz parat*

Besser als nichts (aber nur sehr wenig besser) ist es, den Reifen mit Gras oder Stroh zu füllen. Besser ist es, den Schlauch abzuknoten. Ist der Reifen kaputt – etwa an der Flanke gerissen – so sollte man die Folie eines Energieriegels, ein ausgeschnittenes Stück Plastikflasche oder einen Geldschein (sehr zäh!) großflächig über den Riss legen und anschließend innen wie außen mit mehreren Bahnen Gaffa überkleben. Bis 2,5 bar aufpumpen und vorsichtig zurück in die Zivilisation radeln.

30 Min. ★★★ ***Standard***

RENNRAD-FAHRER

Rennradschlauch — *Was tun mit alten?*

Alte Schläuche vom Rennrad machen in Stücke geschnitten gute Gummiunterlegscheiben.

10 Min. ★ ***Standard***

MOUNTAIN-BIKER

Schläuche — *Sind auch nur Gummis!*

Mountainbikeschläuche sind ideale Überzieher für Federelemente und schützen vor Schlamm und Wasser. Das Montageprinzip ist aus der Familienplanung bekannt... Silikon und Kabelbinder sichern zudem!

10 Min. ★ ***Standard***

Schnellspanner — **Brauche ich sie?**

150

Schnellspanner erlauben die schnelle Demontage der Räder, darüber freuen sich aber auch Langfinger. Deshalb sichern Sie die Schnellspanner oder ersetzen Sie sie durch spezielle Systeme (z.B. PITLOCK). Sichern wie folgt: Rahmenrohre direkt neben dem Hebel mit Gaffa gegen Verkratzen sichern und anschließend eine Schlauchschelle um Spannhebel und Rohr montieren.

20 Min. ✶✶ **Standard**

Schnellspanner — **Mit Fett montieren**

Vor der ersten Montage der Schnellspanner viel Fett auf Gewinde und Stange auftragen.

10 Min. ✶ **Standard**

Schnellspanner — **Optimal montieren 1**

Schnellspanner werden immer auf der linken Seite gehebelt. Vorne wird er auf die Gabelscheide gefaltet. Am Hinterrad sollte er zwischen Ketten und Sitzstreben gehebelt werden, wobei er so steil als möglich stehen sollte. Damit ist gewährleistet, dass kein Vorderrad eines Windschattenfahrers aus Versehen den QR (engl. Quick Release) öffnet. Auch vermindert die Position die Verletzungsgefahr bei Stürzen.

10 Min. ✶ **Standard**

Schnellspanner — **Optimal montieren 2**

Vorsicht bei Leichtbau-Spannern, sie verlangen mitunter, dass die Hebel auf eine Strebe münden, da sie 360 Grad frei beweglich sind. Dies verhindert unplanmäßiges Öffnen der Spanner.

10 Min. ✶ **Standard**

Schnellspanner — **Ausrichten**

MOUNTAIN-BIKER

Schnellspanner werden am Hinterrad des Mountainbikes nicht nach vorne ausgerichtet, sondern nach hinten, weil sie sich so schneller öffnen lassen und sich nicht in Ästen verfangen können.

5 Min. ✶ **Bike-Pack**

Schnellspanner — **Dichten**

20

Schnellspanner werden bei Regen von innen geflutet. Ein aneinander geklebtes Paar Lochringverstärker (aus dem Schreibwarenladen) auf die Achse gesteckt, wird durch die Feder in die Spannerkörper gedrückt und dichtet wirkungsvoll ab.

5 Min. ✶ **Standard**

Schnellspanner — **Ersetzen**

PECHVOGEL

20

Schnellspanner lassen sich im Notfall durch eine dünne Gewindestange ersetzen, die man auf 145 mm kürzt, beidseitig mit Unterlegscheiben versehen durch die Nabe steckt und ordentlich verschraubt. Kontern Sie mit je einer zweiten Mutter.

20 Min. ✶✶ **Bike-Pack**

Speichen — ***Qualität***

Speichen sind ein sensibles und wichtiges Bauteil am Rad. Mindestanforderungen wie folgt: 1. Edelstahl oder Titan als Werkstoff 2. DD oder 3-D Speichen sind Grundstock eines soliden Laufrades 2,3 mm ist der ideale Durchmesser am Speichenbogen.

●○○○○○○

Speichen — ***Spannung bringt's***

Ein hohe Vorspannung der Speichen sorgt für eine gleichmäßigere Verteilung der Last auf mehrere Speichen.

●○○○○○○

Speichen — ***Bruch vorbeugen***

20 Speichen brechen leichter, wenn sie zu locker im Laufrad sitzen. Die gleichmäßige Speichenspannung ist von höchster Bedeutung.

○●○○○○○ ***5 Min.*** ★★ ***Bike-Pack***

Speichen — ***Stellung beachten***

Schaut man vom Kranz aus auf die Nabe, so müssen die Rückenspeichen (man sieht den Bogen, aber nicht den Kopf) nach hinten zeigen und die Kopfspeichen auf der Zahnkranzseite in die Fahrtrichtung gewinkelt sein.

○●○○○○○ ***5 Min.*** ★

Speichen — ***Stabilität***

50 Achten Sie auf Spiel im Speichenloch der Nabe. Es ist durch kleine Unterlegscheiben zu beheben (z.B. von DT).

○○●○○○○ ***45 Min.*** ★★★★ ***Profiwerkstatt***

PECHVOGEL ***Speichen*** — ***Zu lang***

Biegen Sie den Speichen starke Wellen. Das verkürzt sie und erlaubt so ihre Montage. Das Prinzip entspricht der »Rödel«-Speiche, die Anfang der neunziger Jahre auf den Markt kam. Allerdings sollten Sie beim Einspeichen vorsichtig sein und keinesfalls eine zur hohe Speichenspannung einbringen, diese »längt« die Speiche nämlich wieder.

○○○○●○○ ***15 Min.*** ★★★ ***Bike-Pack***

Speichen — ***Spannung checken***

Auf langen Reisen öfters die Speichenspannung kontrollieren: Ähnlich einem Harfenspieler die Speichen zupfen – ist der Ton hoch, ist die Spannung hoch; ist der Ton dumpf oder die Speiche bleibt lautlos, so fehlt's an Spannung.

○○○○○●○ ***5 Min.*** ★★ ***Standard***

Speichen — ***Länge notieren statt kalkulieren***

Wenn Sie ein neues Laufrad montieren, schreiben Sie die Speichenlängen mit Lackstift innen nahe dem Ventil auf die Felge und an gleicher Stelle auf das Felgenband. Sollten Sie einmal eine neue Speiche benötigen, haben Sie alle Informationen parat.

○○○○○○● ***2 Min.*** ★ ***Standard***

Speichen — ***Recyceln?***

150 Gefahrene Speichen und Nippel kein zweites Mal verwenden, die Qualitätseinbußen stehen in keinem Verhältnis zur Geldersparnis!

○○○○○○● ***Bike-Pack***

Speichen: Einspeichen — **Alunippel einsprühen**

Wenn Sie Alunippel verwenden möchten, sprühen Sie sie vor dem Spannen außen mit Öl ein.

○○●○○○○ **5 Min.** ★

Speichen: Einspeichen — **Vorbereitung**

Die Nippellöcher an der Felge müssen 4,3 mm Durchmesser haben, bohren Sie gegebenenfalls entsprechend auf.

○○●○○○○ **30 Min.** ★★ **Heimwerkstatt**

Speichen: Einspeichen — **Vorbereitung**

Wenn Titanspeichen mit Aluminium kombiniert werden, dann ist ein Anti-Seize-Compound (gibt's im Fahrradladen) vonnöten.

○○●○○○○ **10 Min.** ★

Speichen: Binden und verlöten 1 — **Geschichte**

Auf der Bahn gehörte dies einst zum guten Ton, heute ist es in Vergessenheit geraten. Die Stabilität wird dabei durch die Spannung beim Wickeln und nicht durch das Verlöten erzielt.

●○○○○○○ ★★★★

Speichen: Binden und verlöten 2 — **Zutaten**

Die Zutaten: Bindedraht (gibt es über DT in der Schweiz), Lötwasser (Zentrierguru Gerd Schraner empfiehlt S39, Goes NL), Elektro-Lötkolben mit ca. 100 Watt oder Propangas-Lötgerät, Hobby-Lötdraht mit etwa 1 mm Durchmesser, Messing-Drahtbürste.

○○●○○○○ **Heimwerkstatt**

Speichen: Binden und Verlöten 3 — **Binden**

Im ersten Schritt legen Sie ein 5 mm Drahtende von hinten durch die Speichenkreuzung und »fangen« durch sieben Wicklungen um die Kreuzung das Ende ein. Anschließend stoßen Sie mit einem Schraubenzieher (mittel), den Sie durch die Speichen stecken und an beiden Seiten festhalten, die Windungen fest ineinander. Nun wickeln Sie zwei- bis dreimal in radialer Speichenrichtung um die umwickelte Kreuzung und reißen den Draht zur Nabe hin (!) ab.

○●○○○○○ **30 Min.** ★★★ **Standard**

Speichen: Binden und verlöten 4 — **Verlöten**

Beim Verlöten ist Vorsicht geboten. Erwärmen Sie die gewickelte Kreuzung langsam. Sobald das auf dem Bindedraht aufgebrachte Zinn zu fließen beginnt, haben Sie die richtige Temperatur erreicht. Wärme etwas wegnehmen und Lötzinn beigeben. Seien Sie sparsam, aber nicht geizig! Mit dem Griff eines großen Schraubenziehers können Sie nun gegen die Lötung schlagen, so tropft das überflüssige Zinn ab. Die Windungen des Drahtes sollten gut sichtbar sein. Da die Lötung im Betrieb rotierende Massen sind, können sie Unwucht erzeugen!

○●○○○○○ **20 Min.** ★★★ **Heimwerkstatt**

Speichen: Binden und Verlöten 5 — **Nacharbeit**

Lassen Sie das Laufrad nun abkühlen und säubern Sie es eine Stunde später mit Wasser und der Messingbürste. Warten Sie einen Tag, bis das Laufrad getrocknet ist. Nun sollten Sie mit einem Tropfen Öl jede Kreuzung nachpolieren. Fertig!

○●○○○○○ **10 Min.** ★★ **Heimwerkstatt**

Speichenradial — Tabu

Radiale Einspeichung funktioniert nur bei Felgen gebremsten Laufrädern. Sie sollte sich auf das Vorderrad und die linke Seite des Hinterrades beschränken. Vorsicht: Viele Hersteller gewähren keine Garantie bei radialer Einspeichung.

●○○○○○○

Speichenradial — Naben feilen

Aerospeichen »rutschen« nicht durch die Speichenlöcher der Nabe, feilen Sie die entsprechenden Löcher immer radial – also als Verlängerung der Speiche zur Nabenmitte. Beachten Sie, dass die Garantie der Nabe dabei verfällt. Feilen Sie nur Niederflanschnaben mit weniger als 32 Loch (also 12- 28 Loch).

○○●○○○○ **60 Min.** ★★★ **Heimwerkstatt**

Speichenradial — Einspeichen

Radial eingespeichte Laufräder sind im Trend, sie sind leicht und aerodynamisch. Doch wer selbst einspeicht, sollte Rücksprache mit dem Nabenhersteller halten. Weil nicht jede Nabe den Belastungen der direkt laufenden Speichen gewachsen ist, kann unter Umständen der Flansch ausreißen!

●○○○○○○ ★

Mountain-Biker

20

Ventile — Ausrichten und sichern

Wer hart im Gelände unterwegs ist, der sollte seine Ventil (besonders, wenn es sich um Autoventile handelt) gegen Verrutschen auf der Felge sichern. Einen Kabelbinder um das Ventil und die rechtsliegende Speiche, einen weiteren um das Ventil und die sich links befindende Speiche ziehen und gegeneinander abspannen, so dass das Ventil gerade steht. Fertig!

○○●○○○○ **10 Min.** ★ **Standard**

Lenkung

50

Aheadset — Krallen-Werkzeug

Die Kralle des Aheadset Steuersatzes in die Gabel einzutreiben ist eine Arbeit, die Fingerspitzengefühl verlangt. Bauen Sie sich ein Werkzeug. Kaufen Sie eine Schraube, die ein etwa 40 mm längeres Gewinde hat und einen 40 mm langen Holzstab mit 20 mm Durchmesser. Bohren Sie mittig in den Stab ein Loch hinein, so dass sich die Schraube durchstecken lässt. Nun mit Gaffa eine Bahn um das Holz wickeln, damit es gut in den Gabelschaft passt. Stecken Sie die Schraube durch das Holz und schrauben Sie die Kralle fest. Hämmern Sie nun die Kralle mit der Holzführung vorsichtig in die Gabel. Das Holz führt die Klemme mittig. Achten Sie darauf, dass die Schraube auf dem kompletten Gewinde in der Kralle sitzt, sonst kann dieses Schäden vom Einschlagen davon tragen.

○●○○○○○ **30 Min.** ★★★★ **Heimwerkstatt**

20

Barends — Am Leichtlenker

Barends an ultraleichten Lenkern zu montieren ist gefährlich, diese können Schäden davontragen. Shogun bietet für unter 10 DM Adapter an, die den Lenker von innen abstützen und damit für ausreichende Stabilität sorgen.

○●○○○○○ **10 Min.** ★ **Standard**

Barends **Richtig montieren**

Richten Sie Lenkerhörnchen niemals nach hinten oder steiler als 25 Grad nach oben aus. Bei Stürzen können die kleinen Helfer sonst Ihre Leber durchbohren. Wenn's anders nicht reicht, dann kaufen Sie lieber einen höheren Vorbau. Vergessen Sie die Gummistopfen nicht!

150

○●○○○○○ **15 Min.** ★★ **Bike-Pack**

Bremshebel **Richtige Position**

TEMPOMACHER

Die richtige Position der Bremshebel am Rennrad kontrolliert man so: Ein Lineal als Verlängerung des flachen unteren Bereichs des Lenkers ansetzen. Dieses muss exakt die untere Kante des Bremshebels berühren. Schaut der Hebel unter dem Lineal hervor, so muss er höher montiert werden. Tut sich ein Abstand zwischen Lineal und Hebel auf, ist der Hebel abzusenken.

○●○○○○○ **5 Min.** ★ **Standard**

Ergopower-Gummis & Co. **Bewegung**

Die Bremshebelgummis moderner Rennhebel neigen dazu, sich auf dem Aluminiumsockel zu verschieben. Heben Sie das Gummi an und stecken Sie mittels eines Schraubenziehers kleine Helmpads unter das Gummi – verhindert das Rutschen und erhöht den Komfort.

○○●○○○○ **15 Min.** ★ **Standard**

Gabel **Gewindegabeln nie als Aheadset verbauen**

Auch in der größten Not sollten Sie niemals eine herkömmliche Gabel als Aheadset-Gabel auf das Gewinde klemmen, sonst wird Ihnen die Versicherung unangenehme Fragen stellen: »Können Sie die Anleitung nicht lesen?«

○●○○○○○

Gabel **Immer mit Reserve absägen**

Wenn der Aheadset zum ersten Mal montiert wird, bei der Gabel unbedingt einen Spacer (dicke Unterlegscheibe) einplanen. Der sichert Spielraum beim Wechsel des Vorbaus oder Steuersatzes. Es gilt das alte Motto: »Dransägen geht nicht!«

50

○●○○○○○ **5 Min.** ★ **Bike-Pack**

Gabel **Riss lässt sich vorhersehen**

Knackt es aus Richtung Steuerkopf und Gabel, sollten Sie das sehr ernst nehmen. Gehen Sie am Gabelkopf und den Scheiden auf die Suche. Risse bedeuten den Tod der Gabel! Da gibt es keine Ausnahmen. Durch Stürze oder Unfälle verformte Gabeln gehören ebenfalls auf den Schrott. Wird eine Gabel plötzlich elastischer, ist sie unter Umständen angerissen, danach kann es schnell gehen! Haarrisse in Lack und Chrom sind Vorboten des Risses.

○○●○○○○ **30 Min.** ★★ **Bike-Pack**

Gabel — *Schaftgewinde kürzen*

Wenn das Gabelschaftrohr zu kürzen ist, drehen Sie eine alte Steuerkopfmutter auf das Gewinde und nutzen Sie diese als Anschlag zum Sägen. So wird der Schnitt gerade! Nach dem Sägen kann man die Mutter herunterdrehen und schneidet damit gleich das Gewinde nach.

○○●○○○○ **15 Min.** ★★ ***Heimwerkstatt***

PECHVOGEL

Gabel — *Richten*

Vorderrad herausnehmen, Pullover ausziehen, Ärmel des Pullovers mehrfach umschlagen, nun je einen Pulloverärmel über eine Gabelscheide ziehen und anschließend die Gabelscheiden in einen Gully mit Langlöchern stecken. Jetzt mit Vorsicht durch Hebeln am Rahmen die Gabel zurückbiegen.

○○○○●○○ **30 Min.** ★★★★ ***Standard***

PECHVOGEL

Gabelkonus — *Halt verschaffen*

Wackelt der Gabelkonus auf der Gabel (Achtung! 2 Standards: 26,4 und 27,0 mm), gibt es eine Lösung: Legen Sie die Gabel auf ein Holzbrett und hämmern Sie mit einem Körner leichte Einschläge auf die Sitzfläche des Konus rund um das Gabelschaftrohr. Am Rand der Einschläge wird Material aufgeworfen, das dem Konus besseren Halt gibt.

○○○○●○○ **20 Min.** ★★★ ***Heimwerkstatt***

Geräusche — *Abhilfe*

20

Knackt es im Lenkradbereich, dann gilt es mit System vorzugehen: Ist der Lenker mit dem Vorbau verklebt, die Schraube ausreichend festgezogen? Weitersuchen: Nehmen Sie den Vorbau heraus, fetten Sie ihn! Nicht behoben? Schnellspanner und Vorderrad (Speichenspannung und Nabenspiel) testen! Immer noch Geräusche? Nun müssen Sie testen, ob die Lagerschalen des Steuersatzes Spiel im Rahmen haben! Wenn ja, können Sie sie mit Spezialkleber von Loctite einkleben. Hat dies nicht die gewünschte Wirkung, dann kontrollieren Sie, ob der Lagerring auf dem Gabelkopf richtig sitzt. Sollte es immer noch Geräusche geben, kann die Gabel einen Riss haben, Austausch ist besser als Krankenhaus...

○○●○○○○ **45 Min.** ★★★★ ***Bike-Pack***

Griffe — *Leicht und sicher montieren 1*

20

Fahrradgriffe flutschen problemlos auf den Lenker, reibt man sie von innen mit Feuerzeugbenzin oder Aftershave ein. Beides verfliegt schnell und klebt den Griff fest. Noch fester hält Spezialkleber (z.B. Loctite 19837).

○●○○○○○ **10 Min.** ★ ***Standard***

Griffe — *Leicht und sicher montieren 2*

Hardcore-Mountainbiker umwickeln den Griff an beiden Enden mit einer Drahtschlaufe, die sie mittels einer Zange fest verdrehen.

○●○○○○○ **10 Min.** ★ ***Standard***

Griffe — *Montage-Tuning*

Um schmerzhaften Unfallschäden vorzubeugen, sollte man am Lenkerende eine Groschen-Münze (1 Schilling/10 Räppli) einlegen. Dann bohrt sich der Lenker bei Stürzen nicht durch den Griff und in ...

○○●○○○○ **10 Min.** ★ ***Standard***

Griffe — *Problemlos demontieren 1*

20

Den Griff vom Lenkerinneren aus nach außen einige Zentimeter einrollen, dann Papier um das nun freiliegende Stück Lenker wickeln. Nach dem Zurückrollen kann der Griff einfach abgezogen werden.

○○○○○●○ **10 Min.** ★ **Bike-Pack**

Griffe — *Problemlos demontieren 2*

Hat der Griff ein offenes Ende, so steckt man einfach einen dünnen langen Inbus unter den Griff und dreht ihn um seine eigene Achse; er wandert dann um den Lenker und löst den Griff.

○○○○○●○ **10 Min.** ★ **Bike-Pack**

Griffe — *Problemlos demontieren 3*

20

Gummiprofis haben eine Spritze mit stabiler Nadel parat. Spiritus zwischen Lenker und Griff injizieren, dann lässt sich dieser einfach abziehen. Spiritus verfliegt binnen weniger Sekunden. Wasser geht auch, aber dann müssen die Griffe ausgiebig abgetrocknet werden.

○○○○○●○ **10 Min.** ★ **Bike-Pack**

Handschmerzen — *Abhilfe*

50

Der Rennlenker bietet durch seine vielen Griffpositionen die Möglichkeit, die Belastungen zu wechseln. Dickeres und weiches Lenkerband (z.B. »Cork Ribbon« von »Cinelli« oder »Grab On«) sorgt ebenfalls für Abhilfe. Spezielle Handschuhe schützen die eigene Haut nicht nur bei Stürzen, sondern federn auch Fahrbahnunebenheiten ab.

○○●○○○○ **20 Min.** ★★ **Bike-Pack**

Headshok — *Öl*

Mountain-Biker

Headshoks von Cannondale lieben am oberen Steuerlager von Zeit zu Zeit etwas herkömmliches Kettenöl. Einfach eine Bahn herumziehen und einwirken lassen.

○○○○○●○ **10 Min.** ★ **Bike-Pack**

Hebel-Montage — *Niemals bombenfest*

Brems- und Schalthebel lediglich derart festziehen, dass die Hebel ihre Position halten, sich aber unter großer Kraftanwendung weiterhin bewegen lassen. So verdrehen sich die Hebel bei einem Sturz, statt zu brechen.

○●○○○○○ **5 Min.** ★ **Standard**

Industrielager — *Korrosion*

Industriegelagerte Steuersätze sind noch immer in der Minderheit. Das ist – bis auf wenige Ausnahmen – auch gut so, denn sie haben oft ein Korrosionsproblem. Bleiben Sie bei traditionellen Bauprinzipien! Das spart Geld und Arbeit!

●○○○○○○ ★

Lenker — *Der Bruch beginnt im Detail 1*

Achtung: Vermeiden Sie Material-Mix von Vorbau und Lenker (Stahl kann Aluminium und Carbon beschädigen).

●○○○○○○ **10 Min.** ★★ **Bike-Pack**

Lenker ***Der Bruch beginnt im Detail 2***

Ein kaputter Lenker lenkt Sie vielleicht in den Tod. Regelmäßiges Kontrollieren schützt. Schrauben Sie die Vorbauklemmung auf und ziehen Sie den Lenker zu einer Seite heraus. Jetzt können Sie den gefährdeten Klemmbereich einsehen. Tauschen Sie grob verkratzte und/oder verbogene Lenker sofort aus! Leichtbau-Modelle sollten alle 2 Jahre gewechselt werden. Wer schwer ist oder extrem hart fährt, der sollte jährlich wechseln.

●○○○○○○ ***10 Min.*** ★★ ***Bike-Pack***

Lenker ***Der Bruch beginnt im Detail 3***

Wenn Sie den Lenker einschlagen und die Berührungspunkte am Rahmen markieren, zeigen sich Verbiegungen sofort. Unbedingt witterungsbeständigen Lackstift benutzen.

○○●○○○○ ***10 Min.*** ★★ ***Bike-Pack***

Lenker ***Festschrauben***

Hat der Vorbau mehr als eine Schraube, so zieht man die Schrauben grundsätzlich abwechselnd schrittweise fest. Sind es gar vier Schrauben, so muss oben rechts – unten links – oben links – unten rechts festgezogen werden.

○●○○○○○ ***5 Min.*** ★★ ***Bike-Pack***

Lenker ***Mit Vorbau verkleben***

20 Haben Sie die genaue Winkelstellung Ihres Lenkers herausgefunden, so sollten Sie den Lenker im Vorbau verkleben, um die Belastung der Schrauben zu reduzieren. Entfetten Sie die Vorbauschelle und den Klemmbereich des Lenkers und tragen Sie Schraubensicherung auf. Klemmen Sie nun den Lenker wieder.

○●○○○○○ ***5 Min.*** ★ ***Bike-Pack***

Lenker ***Montage bei stark gebogenen Lenkern***

Hat der Lenker Biegungen, die ihm den Weg durch die Vorbauklemmung vermiesen, dann können Sie die Klemmung entweder mit einem Schraubenzieher vorsichtig aufhebeln oder – deutlich eleganter und sicherer – die Klemmschraube herausdrehen und von der Rückseite eindrehen. Legen Sie nun zwischen das herausstehende Gewinde und den »leeren« Teil der Vorbauklemme eine Münze. Wenn Sie die Schraube nun weiter hineindrehen, wird sie die Klemmung durch die Münze aufbiegen. Millimetergenau!

○●○○○○○ ***10 Min.*** ★★ ***Standard***

Lenker ***Barend-Bezug preiswert***

Bar-Ends lassen sich sehr gut mit einem Stück alten Fahrradschlauchs überziehen. Das ist griffig, kostet nichts und kann leicht ersetzt werden.

○○●○○○○ ***5 Min.*** ★★ ***Standard***

Lenker ***Nicht anbohren!***

Kaufen Sie einen Lenker, der Rinnen für die Zugverlegung hat. Das Anbohren des Lenkers, um die Züge innen verlegen zu können, ist fahrlässig!

○○●○○○○

Lenker — Sicherheitsmaßnahmen bei der Montage

Markieren Sie bei der Montage des Lenker seine Stellung, so können Sie Verwindungen leichter feststellen: Mit einem Strich quer über die Lenkerseiten und die Klemmschelle wird sofort sichtbar, wenn der Lenker sich im Vorbau verdreht hat.

○○●○○○○ **5 Min.** ★ **Standard**

Lenker — Bruch schienen

PECHVOGEL

Ist der Lenker gebrochen, so kann man einen Stock in beide Stücke stecken und beide anschließend miteinander verbinden. Von außen kann man mit weiteren Stöcken oder Metallstücken (auch Reifenheber eignen sich) bandagieren. Kabelbinder, Rohrschellen oder Gaffa sorgen für die benötigte Spannung. Kleber zwischen den verschiedenen Schichten der Schienung erhöht die Stabilität.

○○○○●○○ **30 Min.** ★★★ **Standard**

Lenkerband — Lederband preiswerter

RENNRADFAHRER

Stil, Eleganz und einen Hauch aus den frühen Jahren des Radsportes bringt ein mit Leder überzogener Rennlenker. Wer Kosten scheut und handwerklich begabt ist, der kann Ledergriffe von Golfschlägern umrüsten. Je einer reicht von der Vorbauklemmung bis zum Bremshebel und von diesem bis zum Lenkerende. Achten Sie auf den richtigen Griffdurchmesser!

●○○○○○○ ★

Lenkerband — Wickeln mit Köpfchen 1

TEMPOMACHER

Die Gummiüberzüge des Rennbremshebel müssen bei der Lenkerbandmontage zurückgeklappt werden. Wer Sie zuvor mit Silikonspray einsprüht und dieses einwirken lässt, der verhindert Risse im Gummi.

●○○○○○○ **4 Min.** ★ **Bike-Pack**

Lenkerband — Wickeln mit Köpfchen 2

TEMPOMACHER

Vor dem Wickeln ein Reißtest machen, weil beim Wickeln das Band unter Spannung gezogen werden muss.

●○○○○○○ **5 Min.** ★★ **Standard**

Lenkerband — Wickeln mit Köpfchen 3

TEMPOMACHER

Das Lenkerband wickelt man meist, wenn man zuvor einige Montagearbeiten erledigt hat. Dann besteht hohes Risiko, das Band bereits bei der Montage zu verdrecken. Legen Sie sich ein paar Einweghandschuhe parat, die Sie nur zur Lenkerbandmontage anziehen. So lacht Sie nach getaner Arbeit ein sauberes Band an!

○●○○○○○ **10 Min.** ★ **Standard**

Lenkerband — Wickeln mit Köpfchen 4

TEMPOMACHER

Beim Wickeln auf den Abstand der Windungen achten, denn die Klebefolie muss stets auf dem Metall sein.

○●○○○○○ **5 Min.** ★★ **Standard**

Lenkerband — Wickeln mit Köpfchen 5

TEMPOMACHER

Azeton (o.ä.) entfettet vor dem eigentlichen Wickeln den Lenker. In der Bogeninnenseite eine extra Bahn vorkleben und eine Bahn um die Bremshebelschelle legen. Auch sollten etwaig unter dem Lenkerband verlegte Züge zuvor mit Gaffa fixiert werden.

○●○○○○○ **5 Min.** ★★ **Standard**

Tempomacher

Lenkerband — **Wickeln mit Köpfchen 6**

Wer auf Nummer sicher gehen will, der schreibt mit Lackstift seinen Namen auf den blanken Lenker, dann kann man im Zweifelsfall seinen Besitzanspruch beweisen.

○○●○○○○ **5 Min.** ★★ **Standard**

Rennradfahrer

Lenkerband — **Wickeln mit Köpfchen 7**

Ergopower-Hebel von Campa bilden zwischen den beiden heraustretenden Zügen ein Tal, das sich nach langem Fahren schmerzhaft in den Händen abbildet. Füllen Sie den Raum vor dem Wickeln mit einem exakt passenden Streifen Hartgummi.

○○●○○○○ **15 Min.** ★ **Bike-Pack**

Rennradfahrer

Lenkerband — **Wickeln mit Köpfchen 8**

Auf dem oberen Bereich des Lenkers löst sich das Lenkerband gerne. Darum kleben Sie am besten einen Streifen Teppichklebeband auf den Lenker. Das Lenkerband greift so noch viel besser.

○○●○○○○ **15 Min.** ★ **Bike-Pack**

Lenkerband — **Wickeln mit Köpfchen 9**

Die mitgelieferten Klebestreifen sind meist nicht zufriedenstellend, weil sie sich beim Kleben nicht dehnen lassen. Gaffa kommt auch nicht in Frage, weil es für den Lenker zu hässlich ist. Deshalb nehmen Sie einen alten Schlauch, dessen Breite in etwa dem Durchmesser des Lenkers entspricht. Schneiden Sie einen 5 cm langen Streifen ab und ziehen Sie diesen bis zur Vorbauklemmung hoch. Dafür müssen Sie die Bremshebel demontieren. Sie sollten ihre genaue Position markieren, in dem Sie mit einem Lackstift entlang der Oberkante der Schelle auf dem Lenker schreiben. Jetzt wickeln Sie wie gewohnt das Lenkerband, bis Sie die Hälfte des Schlauches mit eingewickelt haben. Klappen Sie nun die andere Hälfte des Schlauches zurück, sodass das Lenkerband zwischen den beiden Lagen des Schlauches eingeklemmt ist.

○○●○○○○ **15 Min.** ★★ **Standard**

Lenkerband — **Wiederverwenden**

Meist versagt die Klebefläche oder das Band reißt. Im zweiten Falle kann man das Band wegschmeißen. Im erster Fall braucht man lediglich Sekunden-Kleber. Man beginnt wie gewohnt zu wickeln und sichert das Band alle drei bis fünf Umwicklungen mit einem Tropfen Kleber. Übrigens kann man das Lenkerband auch vor dem Wickeln mit Wasser und Seife waschen, dann sieht es aus wie neu.

○○○○○○● **20 Min.** ★★ **Standard**

Lenkerinneres — **Verkanntes Materiallager**

Ein Ersatzzug lässt sich vorsichtig gefaltet im Lenkerende verstauen, ebenso ein wasserdicht verpackter Geldschein und einige Kabelbinder. Sollte die Ladung klappern einfach einen kleinen Putzlappen ergänzen.

○○●○○○○ **15 Min.** ★ **Standard**

Rennlenker — **Unterschiedliche Messmethoden**

Achten Sie auf die Angaben der Lenkerhersteller: Einige messen von Außenkante zu Außenkante, andere von Mitte zu Mitte. Daraus ergeben sich schnell jene 2 cm Unterschied, um deretwillen eigentlich ein Lenker vermessen wird.

●○○○○○○ **5 Min.** ★

Steuersatz — Spiel

Eine große Ausfahrt mit Spiel im Steuersatz kann dessen Ende bedeuten. Checken Sie den Steuersatz vor jeder Fahrt. Das kostet wenige Sekunden und spart viel Geld. Zum Checken einfach die Bremse ziehen und den Lenker 90 Grad verdrehen. Wenn Sie nun das Rad vor- und zurück bewegen, darf sich außer der Walkarbeit des Reifens keine Bewegung ergeben. Klackt oder holpert es, dann hat der Steuersatz Spiel. Oder greifen Sie beim Vor- und Zurückschieben mit Zeigefinger und Daumen an die obere Lagerschale ist zu spüren, dass sich die beiden Lager gegeneinander bewegen, dann ist Justage notwendig!

●○○○○○○ **30 Min.** ★★★ ***Profiwerkstatt***

Steuersatz — Maße

1 Zoll ist Standard. Der Gabelschaft hat 25,4 mm Durchmesser, der Gabelkonus misst 26,4 (oder 27,0 JIS) mm, die Lagerschalen haben einen 30,2 mm Durchmesser und der Gabelschaft misst innen 22,2 mm (bei Aluminium unter Umständen 19,0 mm). Seltene Gabeln im französischen Stil haben 22,0 mm. Der 11/8 Zoll Gabelschaft misst 28,6 mm, der Konus 30,0 mm, die Schalen 34,2 und der Gabelschaft (innen) 25,4 (24,9 Alu) mm. Das seltene 1 1/4 (alte Fisher-Räder, Tandems und Edelfalträder) hat die Werte: Gabelschaft 31,8 mm, der Konus 33,0 mm, die Lagerschalen 37 mm und das Innere des Gabelschafts 28,6 mm (Alu 25,4 mm).

●○○○○○○ **5 Min.** ★★ ***Heimwerkstatt***

Steuersatz — Demontage-Werkzeug bauen

Ein Alurohr (3 cm Durchmesser und 50 cm Länge) auf der Länge von 150 mm zweimal längs einsägen und leicht aufbiegen. Nun kann man es durch das Steuerkopfrohr stecken und es setzt an den Kanten der Lagerschale an. Schlagen Sie zweimal beherzt darauf und die Schale fliegt heraus – am besten in den bereitgelegten Putzlappen.

○●○○○○○ **60 Min.** ★★★ ***Heimwerkstatt***

Steuersatz — Klemmung

Probleme mit dem Steuersatz erledigen sich durch eine Kontermutter mit integrierter Sicherungsschraube. Gibt's von Point und anderen. Kostet nicht die Welt und bringt den Steuersatz in dauerhaften Halt. Achten Sie darauf, dass das Modell in seiner Bauhöhe der Originalmutter ähnelt.

○○●○○○○ **20 Min.** ★★ ***Bike-Pack***

Steuersatz — Leben verlängern

Öffnen Sie den Steuersatz, nehmen Sie die Kugeln aus dem Haltering heraus und legen Sie sie mit viel Fett und einer ergänzenden neuen Kugel (achten Sie auf die richtige Größe) wieder ein. Nun können die Kugeln nicht mehr in die »ausgeschlagenen« Löcher rutschen und der Steuersatz läuft wieder. Optimal ist es, wenn Sie gleichzeitig die Steuersatzschalen verdrehen. Oben 45 Grad nach rechts und unten 45 Grad nach links.

○○●○○○○ **60 Min.** ★★★★ ***Profiwerkstatt***

Steuersatz — Rettet die Gabel

Ein Grund mehr, seinen Steuersatz zu pflegen: Um das Leben der Gabel zu verlängern, fahren Sie nie mit losem Steuerkopflager.

○○●○○○○ **20 Min.** ★★ ***Bike-Pack***

PECHVOGEL

Steuersatz — Retten

20

Ist der Steuersatz hin, lässt er sich wiederbeleben, in dem man ihm minimal kleinere Kugeln »füttert«. Sie laufen in anderen Bahnen und so lassen sich weitere Betriebsstunden herausschinden.

60 Min. ★★★ **Profiwerkstatt**

PECHVOGEL

Steuersatz festziehen — Schraubenschlüssel fehlt

Die obere Lagerschale lässt sich mit einem zweifach herumgewickelten Pedalriemen festziehen. Ein Tipp für ältere Bikes, denn wer hat heute noch Pedalriemen?

15 Min. ★★ **Standard**

Vorbau — Unterschiedliche Klemmen

150

Beim Mountainbike sind es 25,4 mm, mancher BMXer hat 22,2 mm und beim Rennrad wird es kompliziert: Sakae und ITM haben standardmäßig 25,4 und 25,8 mm, 3ttt und Modolo setzen auf 26,0 mm und Cinelli gar auf 26,4 mm. Messen Sie lieber genau nach und wählen Sie keine Kombination, die mehr als 0,1 mm Unterschied aufweist.

10 Min. ★★ **Heimwerkstatt**

PECHVOGEL

Vorbau — Festgefressen

20

Demontieren Sie die Vorderradbremse, raspeln Sie zwei Holzblöcke so, dass sie exakt formschlüssig auf die Gabelscheiden und über den Gabelkopf passen. Nun klemmen Sie die Gabel mit den angehaltenen Hölzern in einen Schraubstock. Jetzt kommt Gewalt ins Spiel: Greifen Sie den Lenker an beiden Enden und zerren Sie ruckartig. Der Vorbau sollte nun aufgeben. Für die Zukunft gilt: Vorbau mit viel Fett montieren! Spart Arbeit...

1 Std. ★★★ **Heimwerkstatt**

Vorbauklemmung — Entschärfen

Der Lenkerklemmbereich des Vorbaus sollte aufwendig entgratet werden, kostet wenig Zeit und schützt vor Brüchen Arbeit.

10 Min. ★★ **Bike-Pack**

Rahmen

Anlöter für Schutzbleche — Fehlen

50

Hat Ihr Rahmen keine Gewindeaugen für Schutzbleche oder Gepäckträger, so lassen sich diese nachrüsten. Proline und Blackburn liefern Sets für Rahmen und Gabel.

30 Min. ★★ **Bike-Pack**

Außenhüllenrieb — Schutz

20

Am Steuerkopfrohr scheuern die Außenhüllen gern den Lack ab, ein Aufkleber hilft. Wer es cool mag, für den hält der Markt kleine (und teure) Carbonsticker parat.

5 Min. ★ **Bike-Pack**

Chrom-Glanz — Wie neu

20

Für Chrom gibt es Chrompolitur. Was dann noch fehlt ist Handarbeit. Das kann mitunter lange dauern! Ist der Rost vertrieben und das Chrom glänzt wieder, dann muss eine sichernde Wachsschicht drüber, siehe Rahmenpflege.

15 Min. ★ **Bike-Pack**

Kettenstrebenschutz — Selbstgemacht

Ob ausrangierter Gartenschlauch oder ein längliches Stück Neopren (Schwimmanzug oder Überschuhe): Auf die Kettenstrebe legen, zurechtschneiden und mit KBs sichern. Wer Gaffa aufklebt, spart Gewicht und KBs.

15 Min. ✶ **Standard**

Kettenstrebenschutz — Preiswert und cool

Drei Kabelbinder und ein Stück alter Reifen geben einen guten und coolen Kettenstrebenschutz. Ein 30 cm langes Stück Lauffläche aus dem Reifen schneiden und mit Kabelbindern sichern.

15 Min. ✶ **Standard**

Kleine frische Kratzer — Beseitigen

Entfernen Sie die losen Lackabsplitterungen im Umfeld, säubern Sie den Bereich mit Alkohol und tragen Sie eine erste Lackschicht auf. Ergänzen Sie so viele Schichten, bis das Niveau der Umgebung erreicht ist. Bei Metalllacken ist eine letzte Schicht mit klarem Lack anzuraten. Perfekt wird die Maßnahme durch eine Schleifpartie mit Nassschleifpapier 800-1000. Anschließend polieren wie bekannt

40 Min. ✶✶ **Bike-Pack**

Lackierung — Pflegen

Machen Sie den Rahmen sauber, reiben Sie den Rahmen druckvoll mit Politur oder Lackkur ein. Dabei gilt: Je schlechter der Rahmen, desto mehr Arbeit! Geht es großflächig zur Sache, legen Sie an Ihrer Flex oder Bohrmaschine eine Schwabbelscheibe auf. Nun wachsen Sie den Rahmen mit einem flüssigen Hartwachs ein. Lassen Sie diesen Ablüften und polieren Sie erneut mit einem sauberen und weichen Lappen. Der Rahmen glänzt, der Regen perlt ab!

30 Min. ✶✶ **Bike-Pack**

Lackschäden — Effektiv & preiswert ausbessern

Lackschäden werden erst so richtig hässlich, wenn Sie durch einen unpassenden Lackstift ausgebessert wurden. Klarer Nagellack ist besser: Er haftet gut, ist elastisch und schützt den Rahmen vor Rost. Zuvor leicht anschmirgeln und mit Azeton entfetten. Nur zur Vorsicht: Vor dem wahllosen Griff in den Kosmetikschrank der besseren Hälfte lieber Rückfrage halten. Verglichen mit manchen der kleinen Fläschchen sind Edel-Schnellspanner wirklich preiswert.

15 Min. ✶ **Standard**

Rahmen — Zähes Fett hilft dauerhaft

Vorbauten und Sattelstützen sollten mit besonders zähem Fett versehen werden, weil sie nur selten herausgenommen werden. Wischen Sie überschüssiges Fett so ab, dass eine kleine »Schutzwulst« bleibt.

15 Min. ✶✶ **Bike-Pack**

Rahmen — *Knacken vertreiben*

Knackt es im Rahmen, dann treten Sie von links und einmal von rechts oben auf das Tretlagergehäuse. Knackt es, so könnte ein Riss im Kettenstrebenbereich der Grund sein, schauen Sie genauer hin! Bei geklebten und laminierten Rahmen ist auf die eingesetzten Tretlagergehäuse zu achten.

○○●○○○○ **60 Min.** ★★ ***Bike-Pack***

Rahmen — *Schutz bei freilaufenden Zügen*

20

Wer seinen Kultrahmen vor Kratzern durch aufschlagende freilaufende Züge schützen möchte, sollte entweder aufschiebbare Gummiringe aus dem Fachhandel beziehen oder sich einen Pneumatikschlauch besorgen. Dieser schützt auch bei Hardcore-Einsätzen.

○○●○○○○ **20 Min.** ★★ ***Standard***

Rahmen — *Vermessen*

Einfach einen Zwirn am Ausfallende montieren, um das Steuerkopfrohr führen und anschließend am anderen hinteren Ausfaller verknoten. Nun die seitlichen Abstände zwischen Rahmen und Faden am Sitzrohr messen. Ergeben sich zwei verschiedene Werte, so muss der Rahmen auf die Richtbank.

○○○○○●○ **25 Min.** ★★ ***Standard***

Rahmen polieren — *Preiswerte Mittel*

20

Kleine Kratzer und matte Schattierungen entfernt man vom Bike wie vom Möbel – einfach Möbelpolitur gemäß der Anleitung verwenden und schon erfährt der Rahmen eine Verjüngungskur. Achten Sie darauf, dass das Produkt auf Wachsbasis beruht.

●○○○○○○ **15 Min.** ★

Rahmen-Aufkleber — *Entfernen 1*

Aufkleber auf dem Rahmen sind nicht jedermanns Freud. Sie abzulösen ist nicht immer möglich! Sind die Aufkleber mit der letzten Klarlackschicht überlackiert, dann lassen sie sich mit der Zerstörung dieser Lackschicht entfernen. Davon sollte man absehen und lieber überkleben. Ob die Aufkleber überlackiert sind, merken Sie ganz einfach, wenn Sie mit Ihrem Fingernagel über den Rahmen fahren. Bleibt er spürbar am Beginn des Aufkleber hängen, so können Sie diesen abziehen oder Stück für Stück abpulen. Kleberrückstände mit WD-40 einsprühen und wegpolieren.

○○●○○○○ **30 Min.** ★★ ***Bike-Pack***

Rahmen-Aufkleber — *Entfernen 2*

Rahmenaufkleber lösen sich leichter ab, wenn man sie mit einem Fön erwärmt. Damit lassen sich beschädigte Kleber beseitigen: Der Rahmen ist »nackt«, aber wieder schick!

○○●○○○○ **20 Min.** ★★ ***Standard***

Pechvogel — *Rahmenbruch* — *Flicken ohne Schweißen*

50

Nur für Hardcore-Anwender und extreme Notlagen!

Mit einem Stock im Inneren und mindestens 5 Lagen Dosenblech außen das Rohr schienen. Die Bleche mit Kabelbindern oder Rohrschellen sichern. Muss die Reparatur einige Zeit halten, so sollten die Blechlagen mit Zwei-Komponenten-Kleber aufgetragen werden. Befindet sich der Riss im Zugbereich (z.B. Unterrohr), so ist es ratsam, die Zugbelastung der Schiene zu reduzieren: (Stahl-)Seil oder dicken Stoff am Tretlager befestigen, um das Steuerkopfrohr

herumführen und wiederum Im Tretlagerbereich befestigen. Eventuell mehrere solcher Schlingen möglichst stramm ziehen. Nun mit einem Schraubenzieher, einer Eisenstange oder einem Zelthering das Seil in der Mitte zwischen Tret- und Steuerkopflager verdrehen. Ist das Seilwerk ausreichend fest, um Zuglast aufzunehmen, muss der »Propeller« gegen Aufdrehen gesichert werden. Dafür bietet es sich an, ihn am Flaschenhalter zu verkeilen oder eventuell an der Pumpenspitze zu stoppen. Auf jeden Fall mit einer Rohrschelle oder mehreren Kabelbindern sichern, da er unter großem Druck steht. Passen Sie Ihren Fahrstil dem Rahmenzustand an und verzichten Sie auf Wiegetritt und Sprints!

○○○○●○○ **2 Std.** ★★★★

Rahmenhöhen — Messmethoden

Wird der Rahmen »deutsch« gemessen, gilt das Maß von der Mitte des Tretlagers bis zur Oberkante des Sitzrohres. Gibt der Hersteller »italienische« Daten an, so hat er von der Mitte des Tretlagers bis zur Mitte des Oberrohrs gemessen.

●○○○○○○ **10 Min.** ★ **Standard**

Rahmennummer — Wo sie zu finden ist!

Sie finden die Rahmennummer an verschiedenen Stellen des Rahmens. Die gängigsten sind: Im Bereich der Steuerkopfverstärkungen, am hinteren Ausfallende, auf dem Sitzrohr im oberen Drittel, auf der Tretlagerhülle oder am Sitzrohr direkt am Tretlager. Sehr häufig ist die Nummer auch auf Ihrer Rechnung zu finden, vorausgesetzt, Sie haben das Rad in einem Fachgeschäft gekauft.

●○○○○○○ **10 Min.** **Standard**

Rostige Kratzer — Entfernen

Bei alten (bereits rostigen) Kratzern gilt: Mit einem Rostradierer (Glasfasermine) allen Rost entfernen und eine Grundierung auftragen. Nun Fortfahren wie bei frischen Kratzern. 20

○○○○○●○ **40 Min.** ★★ **Bike-Pack**

Rostschutz — Gabelschaftrohr

Zuerst das Gabelschaftrohr von innen mit Fett einstreichen. Dann einen Korken oder ein Stück Schaumstoff zurechtschneiden. Diesen Stopfen von unten in den Gabelschaft hineindrücken. 20

○○●○○○○ **10 Min.** ★ **Standard**

Schaltauge — Verbogen

PECHVOGEL

Alte Konustechnik der Naben ist hier von Vorteil: Das Hinterradachsgewinde entspricht dem Gewinde des Schaltauges. Deshalb einfach ein zweites Hinterrad ins das Auge eindrehen (mittels Konusschlüssel) und anschließend die Abstände der Felge an mindestens vier Punkten (Felge als Zifferblatt betrachten und auf der Position von 12, 3, 6 und 9 Uhr) vermessen. Nun das eingeschraubte Hinterrad als Hebel zum Ausrichten des Auges nutzen. Niemals bei dieser Methode das Rad aus dem Hinterbau nehmen!

○○○○●○○ **20 Min.** ★★ **Standard**

Stahlrahmen — Rostschutz

Es ist ratsam, dem Rahmen in die Unterseite des Tretlagergehäuses ein kleines Loch zu bohren (Feuchtigkeitsabzug). Achten Sie darauf, dass Sie nicht ins Tretlager bohren.

○○●○○○○ **15 Min.** ★★★ **Heimwerkstatt**

Stahlrahmen — *Rostschutz*

50

Stahlrahmen rosten meist von innen her durch. Eine Lösung besteht darin, alle Löcher zu schließen (an der Sattelstützenklemme ein Stück alten Schlauch überziehen und andere Löcher mit Silikon verschließen). Zudem sollte ein »Frame Saver« verwendet werden. Das Spray (nur draußen verwenden), wird in die Rohre gesprüht und schützt den Rahmen anschließend. Hohlraumschutz aus dem Autozubehörbereich tut's auch.

○○○○○●○ **1 Std/24 Std** ★★★ ***Bike-Pack***

Sitzplatz

Geräusche — *Bekämpfen*

Fahren Sie stehend. Ist das Geräusch weg, muss die Sattelpartie inspiziert werden: Fetten Sie die Sattelstütze im Rahmen, den Sattelklemmbolzen und sprühen Sie das Sattelgestell und die Einzelteile der Sattelklemmung an der Sattelstütze ein. Haben all diese Maßnahmen nicht geholfen, so kann eventuell ein Haarriss im Sattelstützenbereich des Rahmens die Ursache sein, machen Sie sich auf die Suche! Immer noch nichts gefunden? Dann ist es eventuell der Antrieb!

○○●○○○○ **45 Min.** ★★ ***Bike-Pack***

Kernledersattel — *Backen 1*

Ledersättel lassen sich schneller einfahren, wenn sie erhitzt und mit Fett versehen werden (»Backen«). Den Sattel vor dem Backen probemontieren und das Rad an eine Wand lehnen. So können Sie die exakte Position an der Wand markieren und sparen so wertvolle Zeit beim Montieren des heißen Sattels.

●○○○○○○ **10 Min.** ★★ ***Bike-Pack***

Kernledersattel — *Backen 2*

20

Wärmen Sie den Backofen mindestens 15 Minuten auf 150 °C vor. Erwärmen Sie das Spezialfett (beispielsweise von Brooks) und tragen Sie es dick (wirklich sehr dick) von beiden Seiten auf. Mit Hilfe einer alten Zahnbürste kommen Sie auch in die Ecken am Gestell hinein.

○○●○○○○ **20 Min.** ★★ ***Standard***

Kernledersattel — *Backen 3*

Stellen Sie den Backofen auf 120 Grad herunter und legen den Sattel mittig auf ein Gitter. Vergessen Sie nicht, eine Lage Backpapier darunterzulegen. Nach etwa 15 Minuten Ofen ausstellen und den Sattel durch die Scheibe auf braune »Brandspuren« an den Kanten untersuchen. Sofern er »brennt« sofort herausnehmen und montieren.

○○●○○○○ **20 Min.** ★★

Kernledersattel — *Backen 4*

Ziehen Sie sich mindestens zwei Radlerhosen an und dicke Handschuhe, um den Sattel ohne Verbrennungen montieren zu können. Das sollten Sie nach 20 Minuten »Backzeit« tun.

○○○●○○○ **5 Min.** ★★ ***Standard***

Kernledersattel — *Backen 5*

Den Sattel festschrauben, Fett auf der Oberseite abwischen und sofort auf eine 1-2 stündige Tour gehen. Dabei so selten wie möglich aus dem Sattel gehen. Sie werden leiden, aber es lohnt sich.

○○○●○○○ **2 Std.** ★★ ***Bike-Pack***

Kernledersattel — *Im Alltag*

Ein Kernledersattel mag weder den erfrischenden Regen, noch die wärmende Sonne, deshalb sollten Sie ihm eine Plastiktüte überziehen, sobald Ihr Allerwertester nicht darauf ruht. Die Tüte kann für die Fahrt einfach in das Gestell des Sattels geklemmt werden.

○○○●○○○ **2 Min.** ★ ***Standard***

Kernledersattel — *Pflege*

Ledersättel sind im Jahresrhythmus nachzuspannen, nie mehr als eine Umdrehung auf einmal. Stets direkt nach einer Ausfahrt spannen, dann ist der Sattel warm und flexibler. Fetten Sie Ihren Sattel sparsam auf der Innen- und Außenseite. Geben Sie etwas Öl auf die Nieten und das Gestell. Alle Schrauben, die der Sattel hat, sind gelegentlich nachzuziehen.

○○○○○●○ **5 Min.** ★★ ***Bike-Pack***

Sattel — *Auf den Schlitten achten*

Sattel ist nicht gleich Sattel. Der Teufel steckt im Detail. Achten Sie auf die Ausführung des Schlittens. Beispielsweise glänzt der SDG-Rennradsattel durch einen extrem nach hinten verlagerten Einstellbereich, während der Brooks Swift für viele Rennradfahrer ausscheidet, weil er sich nicht weit genug nach hinten verstellen lässt. Stimmen Sie den Sattel mit dem Klemmkopf Ihrer Sattelstütze ab, dann werden Sie immer optimal sitzen können.

●○○○○○○ **10 Min.** ***Bike-Pack***

Sattel — *Problemursache: Druck*

Gegen den Druck hilft eine andere Formgebung, Härte und Stellung des Sattels.

●○○○○○○

Sattel — *Druckstellen lokalisieren*

Wenn Sie zur benötigten Sattelform genaue Forschungen und Vergleiche anstellen wollen, dann legen Sie ein Kohlblatt zwischen zwei weiße Blatt Papier und legen Sie dieses Sandwich zwischen Sattel und Po. Die Druckstellen zeichnen sich exakt ab. Auf diese Weise können Sie verschiedene Sättel exakt vergleichen.

○○●○○○○ **10 Min.** ★★ ***Standard***

Sattel — *Leihen, dann kaufen*

Suchen Sie einen Händler Ihres Vertrauens, der Ihnen einen Probesattel auch mal für eine Tour übers Wochenende leiht.

○○●○○○○ ★★ ***Standard***

Sattel — *Klemmbolzen verlangt Pflege*

Sattelklemmbolzen sind sehr empfindlich. Fetten Sie sie ordentlich und achten Sie darauf, dass 30 bis 35 Nm Anzugsmoment gebraucht werden. Wird der Sattel mit zwei Schrauben befestigt, genügt weniger Anzugsmoment. Beide Schrauben gleich stark angeziehen!

○○○○○●○ **5 Min.** ★ ***Bike-Pack***

Sattel — Lederüberzug pflegen

20

Sättel mit Lederüberzug, die matt geworden sind, erhalten neue Frische durch eine Portion Body-Lotion.

○○○○○●○ **5 Min.** ★ **Standard**

Pechvogel

Sattelklemme — Bruch

20

Ist die Sattelklemmschraube oder der Schnellspanner gebrochen, können Sie Ihren Ersatzschlauch brauchen: Wickeln Sie das Oberrohr im direkten Bereich um die Sattelstützenaufnahme ab und »legen« Sie den Sattel darauf ab. Anschließend sichern Sie mit dem verbliebenen Stück Schlauch den Sattel auf dem Oberrohr. Ergonomisch nicht mehr optimal, aber besser als stehend nach Hause zu kurbeln!

○○○○●○○ **15 Min.** ★★ **Bike-Pack**

Sattelklemmung — Abdichten mit altem Schlauch

20

Die Sattelklemmung lässt Wasser in den Rahmen gelangen. Verhindern Sie dies, indem Sie vor der Montage ein 5 cm langes Stück alten Schlauchs auf die Sattelstütze ziehen, die ideale Höhe einstellen und das Stück Schlauch über die Klemmung herunterziehen.

○○●○○○○ **15 Min.** ★★ **Bike-Pack**

Sattelschnellspanner — Gummi statt Kratzer

20

Bügelflaschen liefern die Antwort: Das Gummi vom Keramikdeckel abziehen, mit der Schere beschneiden und rechts und links zwischen Schnellspanner und Rahmen einsetzen.

○○●○○○○ **10 Min.** ★ **Standard**

Sattelstütze — Beeinflusst Sattelposition

Form und Ausrichtung der Klemmköpfe unterscheiden sich mitunter gewaltig. Achten Sie beim Neukauf darauf, dass die Stütze Ihre gewohnte Sattelposition erlaubt.

●○○○○○○ **5 Min.**

Sattelstütze — Drehmoment nicht übertreiben

Achten Sie beim Einschrauben der Sattelstütze darauf, dass Sie das Sattelrohr nicht zu stark klemmen. Verjüngt sich der Klemmschlitz nach oben hin, droht ein Rahmenbruch.

○●○○○○○ **5 Min.** ★ **Bike-Pack**

Sattelstütze — Richtig kürzen 1

Vor dem Kürzen müssen Sie den vorgeschriebenen Mindesteinschub der Stütze ermitteln und entsprechend von der Kürzung ausnehmen. Sattelstützen können sonst abknicken und Sie und auch den Rahmen beschädigen. Hat Ihr Rahmen ein Sitzrohr, das deutlich über die Sitzstreben und das Oberrohr hinausragt, dann sollten Sie je Zentimeter 5 mm zum Mindesteinschub addieren.

○●○○○○○ **15 Min.** ★★ **Heimwerkstatt**

Sattelstütze — Richtig kürzen 2

Sattelstützen lassen sich einfach mit der Säge kürzen. Tun Sie dies belastungsgerecht: Sägen Sie schräg, so dass die Stütze vorne (Fahrtrichtung) länger ist. Ein 45 Grad Winkel ist gut. Entgraten Sie gründlich mit einer Schlüsselfeile und Schmirgelpapier. Wischen Sie alle Späne mit einem Lappen weg.

○●○○○○○ **20 Min.** ★★ **Heimwerkstatt**

Sattelstütze — *Sicherheitsdepot*

20

Kopien der wichtigsten Dokumente, zusammengerollte Geldscheine, ein Kartenchip fürs Handy und ein am Griff schmal gefeilter Ersatzschlüssel für's Schloss finden in der Sattelstütze Platz. Packen Sie die Utensilien wasserdicht ein, stecken Sie die Rolle in die Sattelstütze und drücken Sie einen Korken hinein. Dieser sollte konisch abgeschnitten sein und an der Schmalseite eine durchgängig gefeilte Rinne aufweisen, damit etwaig eindringendes Wasser ablaufen kann.

15 Min. ★ ***Standard***

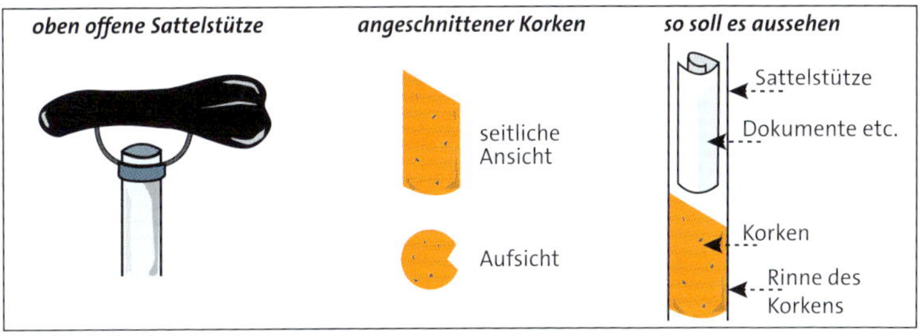

Sattelstütze — *Bruch schienen*

Pechvogel

20

Ist die Sattelstütze gebrochen, so kann man einen Stock in beide Stücke stecken und sie anschließend möglichst weit zusammenschieben. Von außen kann man mit weiteren Stöcken oder Metallstücken (auch Reifenheber eignen sich) bandagieren. Kabelbinder, Rohrschellen oder Gaffa sorgen für die benötigte Spannung. Diese Konstruktion eignet sich nur zum gelegentlichen Setzen, Pedalieren im Stehen! Nur für Notfälle.

30 Min. ★★★ ***Standard***

Sattelstütze festgefressen — *Die letzte Chance*

Pechvogel

50

Ist die Sattelstütze auch mit Cola und grobem Krafteinsatz im Schraubstock nicht zu entfernen, so bauen Sie das Tretlager aus und bohren ein Loch ins Tretlagergehäuse. Anschließend können Sie hier einen Rundstahl hindurchstecken und die Sattelstütze auszuhämmern versuchen.

1 Std. ★★★ ***Heimwerkstatt***

Sattelstütze gebrochen — *Kein Ersatz*

Pechvogel

50

Wie bei einem Rahmenbruch verfahren oder Sattelstütze demontieren. Einen Lappen auf das Oberrohr im Bereich der Sattelmuffe auflegen und anschließend den Sattel. Sichern Sie ihn zudem mit einigen Kabelbindern. Die Ergonomie Ihrer Haltung ist jetzt dahin, aber Sie können ein wenig sitzen.

20 Min. ★★★ ***Bike-Pack***

Sattelstützen — *Vorsicht bei Ultralight-Modellen*

Sattelstützen sind beim Tuning beliebt, doch für schwere Fahrer oder Tourenfahrer mit Rucksack ist dies ein schlechter Ansatz: Abgebrochene Stützen sind schmerzhaft... Also Finger weg vom Leichtbau. CroMo-Stützen sind nur etwa 100 Gramm schwerer und wahre Lastenwunder. Und dies über lange Jahre, wenn Aluminium bereits ermüdet.

20 Min. ★★ ***Bike-Pack***

WERKZEUG UND ZUBEHÖR

Licht

Ausstattung — *Hat ihren Preis*

500+

Bei Lichtanlagen gilt der allseits bekannte Spruch: Erwarte nur soviel, wie Du auch bezahlt hast – gute Leuchten kosten gutes Geld! Dass gut in diesem Falle nicht unbedingt gesetzeskonform ist, muss man dazu in Kauf nehmen. Doch Vorsicht vor Bauernfängerei. Mancher Hersteller proklamiert Standards der Technik zum Hightech!

●○○○○○○ **20 Min.** ★

Batterie oder Dynamo — *Auswahl*

500+

Für eine Dynamoanlage spricht ihre Zuverlässigkeit. Batterien haben im Winter eine verringerte Leistung, die für »teure« Ausfahrten sorgen.

●○○○○○○ **15 Min.** ★

Batterielicht — *Kein Kauf ohne Test 1*

500+

Kaufen Sie nie, was der Laden hat, sondern was Sie brauchen. Wenn der Laden eine teure Lichtanlage nicht testen lässt, dann kann sie ihr Geld auch nicht wert sein! Verlassen Sie sich lieber auf die Aussagen von Freunden oder Bekannten, die eine bestimmte Lichtanlage haben und zufrieden sind.

●○○○○○○ **20 Min.** ★ ***Standard***

Batterielicht — *Kein Kauf ohne Test 2*

500+

Vergleichen Sie verschiedene Systeme direkt miteinander, denn leuchten tun sie alle. Erst im Vergleich offenbaren sich die Fehler und Vorzüge der Modelle.

●○○○○○○ **60 Min.** ★ ***Standard***

Diodenlicht — *Kauf*

20

Das Licht sollte mehrere Funktionen haben (Fest- und Blinklicht) und einen sehr soliden Schalter, den man nicht aus Versehen betätigt, etwa beim Transport im Rucksack. Die Batteriegröße steht im direkten Verhältnis zu den Betriebskosten. Wählen Sie AA Zellen, die halten lange und sind damit am preiswertesten. Eine gute Gehäusedichtung des Lichts ist ebenfalls zwingend.

●○○○○○○ ★

Diodenlicht — *Warum?*

50

Praktisch – aber leider nur als »Körperbeleuchtung« erlaubt – sind blinkende Diodenrücklichter. Sie sind aus Sicht der Autofahrer nervig, schützen aber den Radler sehr effektiv.

●○○○○○○ **10 Min.** ★

Diodenlicht — *Wohin? 1*

Ist das Blinklicht fest am Rad, dann vergisst man es auch nicht! Wenn Sie häufig mit Gepäck fahren, sollte das Licht entweder am Körper oder an der äußersten hinteren Kante des Gepäckträgers befestigt werden können.

○●○○○○○

Diodenlicht — *Wohin? 2*

20

Batterienrücklichter lassen sich mit einer Schlauchschelle dauerhaft und stabil an der Sattelstütze befestigen. Achten Sie jedoch bitte darauf, dass der Schalter zugänglich bleibt, dass das Licht nicht vom Mantel oder anderen Kleidungsstücken verdeckt wird und dass die Spannung der Schlauchschelle die Dichtungen des Gehäuses nicht aufspreizt.

15 Min. ★★ ***Bike-Pack***

Dynamo — *Halterung fehlt*

20

Keine Dynamohalterung am Rad? Hat Ihr Rad eine Cantileverbremse, so empfiehlt sich der »Zinkens« (ca. 20 DM). Diese Halterung wird am Cantisockel und der Gabelscheide montiert und hält Ihren Dynamo dauerhaft fest.

20 Min. ★★ ***Bike-Pack***

Fehlersuche — *Mit System*

50

Eine Fehlersuche an der Dynamolichtanlage kann langwierig sein. Kontrollieren Sie die Birnen (durch Austausch geht's am schnellsten), die Verbindungen. Jetzt nicht lange lamentieren. Verlegen Sie neues (Koaxial)-Kabel zum Hinter- und Vorderlicht. So schließen Sie die Masse-Probleme und Kabelschäden aus. Immer noch dunkel? Innenleben der Lampen untersuchen und Dynamo im Radladen testen lassen. Defekte Teile austauschen.

40 Min. ★★ ***Bike-Pack***

Glühlampe — *Montage*

Achten Sie bei der Montage darauf, dass Sie die Halogenbirnen nicht direkt mit den Fingern anfassen. Fettspuren können die Birnen zerstören, beziehungsweise die Lebensdauer reduzieren. Nehmen Sie einen Stoffhandschuh oder ein Tempo, um die Glühlampe fettfrei zu montieren.

5 Min. ★ ***Bike-Pack***

Glühlampe — *Anpassen*

20

Es macht keinen Sinn, nur das Vorderlicht mit Strom zu speisen, wenn man nicht auch die Sicherung in der Glühlampe an die erhöhte »Stromration« angeglichen, also eine entsprechende Glühlampe gekauft hat.

10 Min. ★★ ***Heimwerkstatt***

Glühlampe — *Im Winter Ersatz mitnehmen*

20

Ergänzen Sie Ihr Flickzeug um Ersatzglühlampen. Sie wiegen nichts, gekauft werden müssen sie bei Defekt ohnehin. Nehmen Sie das einfach vorweg und Sie stehen nicht lange im Dunkeln.

15 Min. ★

Halterung — *Bruch*

Widerstehen Sie der Versuchung, die Lampe oder das Rücklicht direkt auf die Schwinge oder die Federgabel zu montieren. Dauervibrationen werden die Halterungen brechen lassen! Montieren Sie Lampen immer am Vorbau und Rücklichter am rahmenfesten Gepäckträger oder der Sattelstütze.

15 Min. ★★ ***Bike-Pack***

Lichtkabel — Effektive Verkabelung

20

Koaxial-Kabel oder dünnes Boxenkabel machen das beste Licht, auf Steckverbindungen weitgehend verzichten. Statt dessen lieber Löten oder Quetschen.

10 Min. **★★** **Heimwerkstatt**

Lichtkabel — sicher verlegt

20

Wirklich sicher verläuft das Kabel nicht im Rahmen, denn hier entzieht es sich den Kontrollblicken und dem Service. Muss es ersetzt werden, nimmt der Ärger seinen Lauf. Sicher ist das Kabel, wenn es entweder in einer Bowdenzughülle läuft (schwer) oder wenn es mittels Schrumpfschlauch am Brems- oder Schaltzug auf möglichst langer Strecke mitläuft. Schläuche gibt es im Elektrohandel.

20 Min. **★★★** **Bike-Pack**

Lichtkabel — Macht das Kabel heiß

Kabelverlegungen mit Kabelbinder und Schrumpfschlauch erhalten ihren stilvollen Abschluss durch spiralisierte Kabel am Lenker und anderen freilaufenden Passagen. Wickeln Sie das Kabel an den zu spiralisierenden Stellen um eine Speiche und erwärmen Sie es. Ziehen Sie die Speiche heraus und das Kabel bleibt »gewickelt«.

15 Min. **★★** **Bike-Pack**

Nabendynamo — Für wen?

500

Vielfahrern in der dunklen Jahrzeit ist ein Nabendynamo anzuraten. Der läuft sehr leicht (besonders der »SON«) und ist nahezu witterungsunempfindlich (rutscht nicht durch). Leider sind die Dynamos nicht billig (»SON« etwa 330 DM). Dazu muss das Vorderrad noch neu eingespeicht werden.

60 Min. **★★★** **Profiwerkstatt**

Notbeleuchtung — Signalstäbe sind universell nützlich

PECHVOGEL

50

Ob als Signalgeber, als Positionsleuchte (auch im Verkehr), oder zum Lesen der Karte, ein Einmal-Signalstab aus dem Trekkingladen kann Ihr Leben retten. Die Handhabung ist denkbar simpel. Stab auspacken und brechen, schon beginnt er zu leuchten. Er gibt eine vorzügliche Notbeleuchtung für das Rad ab.

★

Notbeleuchtung — Stablampe

PECHVOGEL

50

Zwei kleine Stablampen (z.B. Mag-Lite) geben eine gute Helmbeleuchtung ab. Die erste durch ein Einmachgummi stecken, dieses durch einen Lüftungsschlitz des Helms führen und in eine nächsten Schlitz durch die zweite oder einen Reifenheber sichern. Vorsicht: Die Anstellung der Lüftungslöcher bestimmt die Lage der Lampen, diese muss nicht ideal für die Navigation sein. Wer Marathons oder Brevets fährt, kann die Konstruktion als Leselampe für die Landkarte brauchen.

10 Min. **★** **Standard**

Reflektoren — Montagehöhe

Achtung Falt- und Liegeräder: Das Rücklicht muss mindestens 250 mm über dem Boden montiert sein. Umgekehrt darf der Pflichtreflektor nicht oberhalb von 600 mm installiert werden.

10 Min. **★** **Bike-Pack**

Wetterschutz

Fett — *Viel hilft viel*

20

In Sachen Fett hilft viel auch viel! Schmieren Sie die Hohlachsen, das untere Steuerkopflager und den Tretlagerbereich besonders dick bereits vor der ersten Fahrt ein.

15 Min. ★ **Standard**

Schutzblech — *Wenn schon, denn schon!*

50

Steckbleche sehen nett aus, bieten aber keinen Schutz. Wer im Regen fährt, der braucht große feste Bleche. Unter Umständen montieren Sie Bleche im Winter und nehmen sie im Frühjahr wieder ab! Bei 26” Rädern montieren Sie 28” Bleche, die schützen noch besser! Das sieht zwar »uncool« aus, aber Sie werden nicht so dreckig, Ihr Rad bleibt sauberer und Sie putzen Ihr Rad seltener!

30 Min. ★★ **Bike-Pack**

Schutzblech — *Federungen lassen es brechen*

20

Schutzbleche müssen mit mindestens drei Streben abgestützt oder durch ein Stahlblech verstärkt werden. Mit einer Lochzange und einer Poppnietenzange lassen sich die Löcher und die Nieten für die Halterungen anbringen. Auch ist es ratsam, die Verschraubungen durch Kunststoffscheiben zu unterstützen.

20 Min. ★★★ **Profiwerkstatt**

Schutzblech — *Strebenstopfen sichern*

20

Die Enden der Schutzblechstreben erhalten einen Gummistopfen. Der liegt den Schutzblechen bei, geht allerdings sehr schnell verloren. Ein Tropfen Sekundenkleber sichert ihn.

5 Min. ★ **Standard**

Schutzblechmontage — *Optimiert*

20

Kabelbinder sind ideale Schutzblechhalterungen an den Stegen im Hinterbau und der Gabelbrücke. Werden sie verwendet, so ist es ratsam, die Befestigungen an den Ausfallenden mit weichen Kunststoffunterlegscheiben statt mit eisernen auszuführen. So ist das gesamte Blech quasi »schwimmend« gelagert und bewegt sich, statt zu brechen.

15 Min. ★★ **Standard**

Zubehör

Camelbak — *Maß halten!*

20

Camelbak & Co. haben viel Platz für Flüssiges, mitunter sogar zuviel Platz! Bevor Sie Ihren Camelbak das erste Mal nutzen, besorgen Sie sich einen Messbecher und einen schwarzen Edding. Hängen Sie den Camelbak auf, halten Sie den Schlauch hoch und füllen Sie ein. Markieren Sie alle 0,2 Liter bis der Camelbak voll ist. Nun können Sie exakt soviel Getränk mitnehmen wie Sie benötigen. Schließlich ist extra Treibstoff auch immer extra Gewicht.

10 Min. ★ **Standard**

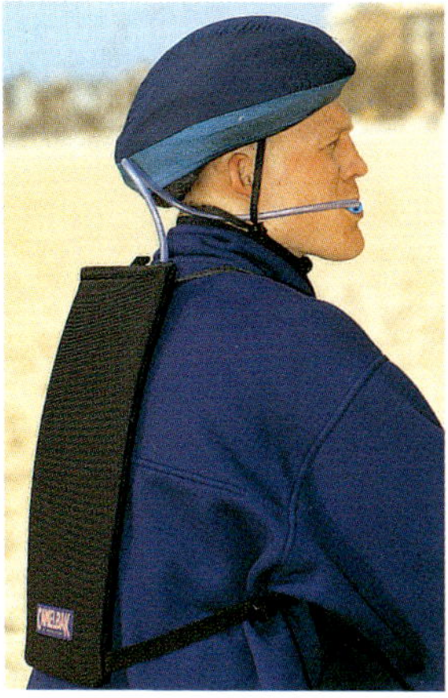

Camelbak — Trinkschlauch-Tuning

»Liftkartenaufroller« aus dem Winterurlaub an den Rucksack-Schultergurten befestigen. Der Haken, der eigentlich am Anorak sitzt, nimmt nun den Trinkschlauch auf. Sie greifen den Schlauch, trinken und anschließend »schnippt« der Schlauch zurück.

10 Min. ★ **Standard**

Camelbak — Säubern und trocknen

Ein Drahtkleiderbügel, wie es ihn in jeder Wäscherei gibt, lässt sich einfach verbiegen und dann durch die Öffnung fädeln. Einmal drinnen, kann der Bügel so gebogen werden, dass er den Camelbak lüftet. Vor dem Lüften sollte man mit einem Gebissreiniger für Sauberkeit sorgen. Für den Schlauch der Baks gibt es eine Bürste mit superlangem Stil.

5 Min. ★★ **Standard**

Camelbak — Schimmel entfernen

Waschen Sie den Camelbak aus, füllen Sie heißes Wasser mit etwas Essig ein, schütteln Sie den Bak einige Minuten lang. Dann spülen Sie nach und lassen einen Gebissreiniger einige Stunden im gefüllten Camelbak wirken. Auf Nummer Sicher geht, wer den Bak anschließend 24 Stunden (leer) ins Tiefkühlfach legt.

15 Min. ★ **Standard**

CO^2-Kartuschen — Im Gangsterstil montieren

Aus Actionfilmen lernen: Schnellfeuermagazine werden verkehrtherum aneinandergeklebt (Gaffa). So lässt sich schnell nachladen. Klappt auch bei CO^2-Kartuschen zum Reifenaufpumpen.

2 Min. ★ **Standard**

CO^2-Kartuschen — Wohin damit?

Wickeln Sie Ihre CO^2-Kartuschen in dünnen Stoff ein und stecken Sie sie einfach in das Ende des Lenkers, dann sind Sie stets parat.

10 Min. ★★ **Bike-Pack**

Computer — Abnehmermontage

Sollte der Computerabnehmer nicht um Ihre Gabel passen, befestigen Sie ihn mit Kabelbindern.

10 Min. ★ **Standard**

Computer — Montageabstände

Achten Sie auf die Montagehöhe, auf dem Sensor ist eine Kerbe zu finden, sie markiert den idealen Punkt für den Geber. Der Abstand sollte einen bis zwei Millimeter betragen, sonst »tickt's« im Wiegetritt oder der Compi bekommt keine Informationen. Ein Stück alten Schlauchs zwischen Gabelscheide und Sensor verringert den Abstand.

20 Min. ★ **Standard**

Computer — Sensor-Montage 1

Passt Ihr Sensor nicht ans Speziallaufrad, dann hilft nur der Sensor eines anderen Herstellers – meist gibt es keine Kompatibilitätsprobleme.

5 Min. ★ **Standard**

Computer — Sensor-Montage 2

Auf Kunststoffaerorädern den Geber einfach mit einer Bahn Gaffa aufkleben (darauf achten, dass das Gaffa glatt liegt, andernfalls gibt's Verwirbelungen).

10 Min. ★ **Standard**

Computer — Ablesen bei Dunkelheit

Hat Ihr Computer kein Nacht-Display, dann verändern Sie den Winkel am Lenker so, dass er etwa 5-10 Grad nach vorne geneigt ist. Sie können Ihn dann im Lichte der Straßenbeleuchtung oder bei Gegenverkehr stets gut ablesen.

1 Min. ★★ **Standard**

Computer — Einstellungen managen

20

Fahrradcomputer werden immer cleverer, da hält der Mensch nicht immer mit. Zum Beispiel lassen sich manche Modelle auf verschiedene Raddurchmesser einstellen, um sie auf verschiedenen Rädern verwenden zu können. Wechselt der Fahrer – samt Compi – das Rad, vergisst er nicht selten, den Durchmesser umzustellen. Wer auf der Computerhalterung die Nummer der entsprechenden Einstellung im Computer mit rot vermerkt, vergisst es nicht.

10 Min. ★ **Standard**

TEMPOMACHER

Computer — Laufrad exakt vermessen

Das sensorbestückte Laufrad mit dem Ventil auf dem Boden ausrichten und mit einem Kreidestrich den Aufstandspunkt markieren. Nun unter Belastung so lange vorwärts rollen, bis das Ventil exakt eine Drehung zurückgelegt hat. Ein erneuter Kreidestrich erlaubt eine genaue Bestimmung des Umfangs, aus dem sich alle anderen Werte ableiten lassen. Hatten Sie beim Messen auch den üblichen Druck im Reifen? Den Umfang mit Lackstift auf den Reifen oder die Computerhalterung schreiben, das spart Arbeit bei Datenverlust des Rechners.

10 Min. ★ **Standard**

TEMPOMACHER

Computer — Regenschutz 1

20

Fugensilikon aus dem Baumarkt dichtet jeden Fahrradcomputer ab. Einfach entlang der Rillen der Gehäusebauteile einen Streifen ziehen und anschließend einen Streifen zwischen Lenkerhalterung und Computer. Abschließend das Silikon in die Rillen drücken und überschüssiges wegwischen.

15 Min. ★ **Standard**

PECHVOGEL

Computer — Regenschutz 2

20

Wer sonst für alles gerüstet ist, aber mit seinem undichten Computer von einem Unwetter überrascht wurde, der kann einfach ein trockenes Kondom über den Rechner ziehen. Schützt relativ gut, erlaubt aber keinen Dauereinsatz – wie im richtigen Leben!

5 Min. ★ **Standard**

Computer
Batteriewechsel

Beim Batteriewechsel sollte der Computer einige Minuten ohne Energieversorgung liegen, so baut sich die Restspannung ab. Beim Einsetzen der Batterie hilft ein Streifen Silikon aus der Tube, um die Dichtigkeit des Deckels sicherzustellen.

10 Min. ★ *Standard*

Computer
Batteriewechsel ohne Verluste

Wer seine Daten auf dem Fahrradcomputer nicht verlieren möchte, der legt seinen Computer einige Stunden ins Eisfach und wechselt anschließend zügig die Batterie – nun auftauen lassen.

5 Min. ★ *Standard*

Pulsmesser
Batteriewechsel preiswert

TEMPOMACHER

Uhrmacher sind die Fachleute in Sachen Batterien – Ihr Pulsmesser wird hier mit neuer Stromquelle versorgt und zudem auch wasserdicht verschlossen. Billiger und viel schneller als jeder Versandservice.

20 Min. ★

Rahmenpumpe
Fetten

Fetten Sie Ihre Pumpe von Zeit zu Zeit. Ölen Sie sie niemals, da das Öl durch die Pumpe in den Schlauch gelangen kann.

5 Min. ★ *Bike-Pack*

Rahmenpumpe
Klappern

Das Klappern einer Rahmenpumpe kann durch einen Streifen Isolierband behoben werden. Schrauben Sie die Pumpe auf, nehmen Sie die Feder heraus und umwickeln Sie diese mit einem Streifen Gaffa. Schrauben Sie die Pumpe wieder zu. Die Pumpleistung wird durch diese Maßnahme nicht verringert.

10 Min. ★ *Standard*

Rahmenpumpe
Wetterfest

Ein Stück breiter Rennradschlauch (etwa 30 mm) lässt sich vorzüglich nutzen, um eine Fahrradpumpe abzudichten. Zuerst den Pumpengriff samt Kolben abschrauben, dann etwa 35 mm Schlauch auf den Pumpenkörper ziehen (evtl. mit Haarspray als Gleitmittel), anschließend Pumpengriff wieder aufschrauben und ein Ende des Schlauchstücks über den Griff stülpen.

15 Min. ★ *Standard*

Schloss
Schlüsselposition markieren

Schlüsselformen sind verschieden, die Zylinderstellungen und -winkel ebenso; kurz: Man kann dem Schloss nicht immer ansehen, wie genau der Schlüssel hinein muss – das nervt. Einige Hersteller haben ihre Schlösser so arrangiert, dass sich daraus vier verschiedene Einfuhrpositionen ergeben. Markieren Sie an Ihrem Schloss durch eine Kerbe oder einen Streifen Gaffa, wo exakt die Zacken des Schlüssels sein müssen. Das spart Zeit und Nerven. Haben Sie mehrere Schlüssel mit ähnlicher Optik, feilen Sie Erkennungsmerkmale in Schloss und Schlüssel oder nutzen Sie verschiedenfarbiges Isolierband.

5 Min. ★ *Standard*

Schloss — *Pflege*

Sprühen Sie den Schließmechanismus, alle zugänglichen beweglichen Teile und Aufnahmen des Bügels mindestens einmal im Jahr mit WD40 ein. Wer ganzjährig unterwegs ist, sollte im Winter Frostschutzmittel in das Schloss kippen, sonst kommt man eines Morgens unpünktlich zum Dienst.

5 Min. ★ ***Standard***

Schuhschützer — *Preiswert*

Einen vorzüglichen Schuhschutz für die Regenzeit baut man sich aus Gummistiefeln. Kaufen Sie diese 2-4 Nummern größer. Schneiden Sie nun die Stiefelspitze auf halber Länge des Spanns ab. Wenn Sie den Schuhspitzen nun zwei Löcher verpassen, können Sie diese direkt auf Ihre Pedale mit Kabelbindern montieren.

10 Min. ★★ ***Standard***

Schutzbleche — *Recyceln statt durchnässen*

Eine alte 1,5 l PET-Flasche senkrecht aufgeschnitten macht zwei gute Schutzbleche. Eines unter dem Unterrohr montiert (mit zwei Kabelbindern – Löcher vorher stechen) und eines unter dem hinteren Teil des Sattels mit Kabelbindern befestigt machen einen guten Regenschutz. Die Optik bleibt zwar auf der Strecke, aber der Fahrer sauber.

10 Min. ★★ ***Standard***

Stauraum auf dem Rad — *Tennisball-Dosen*

Tennisball-Dosen aus Kunststoff haben eine große Öffnung, sind leicht, preiswert und geräumig. Ideale Dosen für Flickzeug und Ausrüstung. Sie passen sehr gut in den Flaschenhalter.

5 Min. ★ ***Standard***

MOUNTAIN-BIKE

Tragehilfe — *Effektiv selbstgebaut*

Tragepassagen mit dem Mountainbike werden fast zur Wonne, wenn Sie die Unterseite der Sattelspitze mit einem Styropor-Keil versehen. Dieser wiegt und kostet nichts und ist sehr wirkungsvoll.

20 Min. ★★ ***Standard***

Trinkflasche — *Preiswerter*

Spülmittelfläschchen kosten nur einen Bruchteil (sogar mit Inhalt) und lassen sich lange Zeit ebenso gut und genauso dicht als Trinkflasche am Fahrrad verwenden.

Trinkflasche — Klemmt

Wenn der Saugverschluss der Trinkflasche muckt und sich nur schwer öffnen lässt, so helfen ein paar Tropfen Olivenöl. Zu schmecken sind sie kaum, »ölen« aber außerordentlich gut.

○○●○○○○ **1 Min.** ★

Trinkflasche — Schnell und keimfrei säubern

Eine Handvoll ungekochten Reis in der Flasche kräftig geschüttelt beseitigt den Dreck im Trinkbidon. Nachher noch eine Kukident-Tablette zum Nachspülen und die Flasche ist so gut wie neu.

○○○○○●○ **10 Min.** ★ **Standard**

Werkzeug

Qualität — Billiges taugt wenig

Auf dem Flohmarkt kann man Gummihammer und Schmirgelpapier kaufen, aber nicht mehr. Noch größer als die Preisunterschiede bei Werkzeug sind die Qualitätsunterschiede. Kaufen Sie sich Ihr Werkzeug lieber Stück für Stück zu stolzen Preisen, dann können Sie auch auf die Qualität stolz sein und vernünftig arbeiten. Schlechtes Fahrradmaterial lässt sich mit gutem Werkzeug durchaus »retten«. Andersherum gilt: Schlechtes Werkzeug versaut bestes Fahrradmaterial.

●○○○○○○ ★

Arbeitsumfeld — Optimieren 1

Ein Arbeitsplatz ist mehr als nur das Werkzeugbrett. Eine preiswerte Arbeitsfläche sind ausrangierte Küchenanrichten, schauen Sie dafür in die Anzeigen der Tageszeitung. Unter Regalen oder Hängeschränken lassen sich die Deckel von Marmeladengläsern befestigen. So kann man den Inhalt der eingeschraubten Gläser (Schrauben usw.) gut sehen und schnell erreichen.

○●○○○○○ **60 Min.** ★★ **Heimwerkstatt**

Arbeitsumfeld — Optimieren 2

Laufräder und Reifen können auf einem großen Regalwinkel weit oben an der Wand verstauen werden.

○●○○○○○ **30 Min.** ★★ **Heimwerkstatt**

Bremsflanken — Messgerät

Der Schieblehre steht das Felgenhorn entgegen, deshalb braucht's ein Spezialwerkzeug. Das gibt's im Dentaltechnikbedarf für etwa DM 35, es wird »Tasterzirkel« genannt. Der Zahnarzt benutzt es zum Messen der Materialstärke bei Kronen und Brücken.

●○○○○○○ **20 Min.** ★

Fett oder Spray — Was pflegt man womit?

Ungeachtet der vielen Pflegemittel am Markt gilt die Regel: Fett für die Lager und »dünnere« Schmierstoffe (mit höherer Viskosität) für alle (!) anderen Anwendungen. Hüten Sie sich davor, Fett an anderen Stellen einzusetzen, es schützt zwar, zieht den Dreck allerdings an. Und wer statt Fett Öle ins Lager kippt, der optimiert eventuell die Leichtläufigkeit des Lagers, reduziert seine Lebensdauer allerdings auf wenige Hundert Kilometer.

○○○○○●○

Fetttuben — *Optimal ausnutzen*

Wenn aus der Fetttube nichts mehr herauskommt, schneiden Sie sie in zwei Teile und holen Sie das Fett mit einer alten Zahnbürste oder einem Pinsel aus den Ecken.

○○●○○○○ **2 Min.** ★ ***Standard***

Flickzeug — *Wartung*

20 Der Pannenteufel hat Sie lange nicht mehr heimgesucht. Glück gehabt! Doch achten Sie auf Ihre Kleber. Einmal geöffnet sollten Sie die Tube nach einem Jahr austauschen. Nichts ist ärgerlicher, als sich gerüstet zu wähnen und dann doch nach Hause schieben zu müssen.

○○○○○●○ **1 Min.** ★

Gaffa — *Wohin?*

20 Tesafilm oder Isolierband wickelt man einfach um einen Kugelschreiber, der ja ohnehin fast immer mit von der Partie ist. Gaffa gehört um die Pumpe gewickelt, schließlich fährt man nur selten ohne diese. Ist die Pumpe nicht in der Trikottasche oder im Rucksack untergebracht, dann sollte man das aufgewickelte Gaffa mit einer Plastikfolie umwickeln und diese wiederum fest »gaffern« – So bleibt das Gaffa frisch, auch wenn man durch Matsch und Regen fährt.

○○●○○○○ **5 Min.** ★ ***Standard***

Gewindeschneider — *Benutzen*

Gewindeschneider freuen sich über diese Vorgehensweise: Eine Drehung vor und eine halbe zurück, um die Späne zu brechen. Es schont das Werkzeug! Beim Herausdrehen (links herum) ebenfalls 1:0,5-Prinzip beibehalten. Sogenannte Schneidöle sind dabei optimale Helfer.

○●○○○○○ **1 Min.** ★★★ ***Profiwerkstatt***

PECHVOGEL

Inbus — *Anpassen*

Ist der Inbus zu groß, feilen Sie ihn sich einfach passend. Bis zu 3 mm lassen sich so »herausholen«. Doch arbeiten Sie möglichst präzise, denn sonst vernudeln Sie die Inbusschrauben.

○○○○●○○ **20 Min.** ★★★ ***Heimwerkstatt***

Kabelbinder — *Sein unbekannter Bruder*

Kabelbinder sind schnell, leicht, flexibel und damit praktisch. Ihr einziger Haken: Sie lassen sich nur einmal verwenden. Hier ist der Beutelverschluss im Vorteil. Sein Aufbau mit einer Reihe von Langlöchern statt eines Schlittens, erlaubt beliebig häufige Verwendung. Dafür lässt er sich nicht so genau einstellen. Im Gummi- und Plastikhandel sind Beutelverschlüsse zu bekommen, sie kosten etwa dreimal soviel wie Kabelbinder. Auf Touren und im Dauereinsatz sind sie bestens zu gebrauchen.

●○○○○○○ ★

Kompakttools — *Auswahl*

Kerben und Schattierungen in der Oberfläche sind Anzeichen für schlechte Material- und Verarbeitungsqualität – solche scheiden für Sie sofort aus, weil Sie sich ja auf das Tool verlassen wollen! Wenn sich das Tool so ausklappt, dass die Kanten außen liegen, werden die Hände beim Zugreifen leiden... Gefährliche Werkzeu-

ge, wie Klingen und Sägen, müssen sich arretieren lassen. Am wichtigsten ist: 1000 Werkzeuge bringen nichts, Sie brauchen nur das, was Sie benötigen (könnten) und beherrschen. Qualität statt Quantität!

●○○○○○○ **5 Min.** ★

Kompakttools — Schrauben sichern

Die Verschraubungen der kompakten Werkzeuge sind nur selten gesichert. Schrauben Sie sie auf und geben Sie Schraubensicherung ein oder tauschen Sie die Muttern gegen selbstsichernde.

○○●○○○○ **5 Min.** ★ **Bike-Pack**

Kompakttools — Tunen

Die Gewinde der Kettennieter müssen beim Nieten leiden, wird die Spindel gefettet, geht es besser. Fetten Sie sie deshalb vor dem ersten Einsatz.

○○●○○○○ **4 Min.** ★

Kompakttools — Pflegen

Korrosionsschutz ist bei kompakten Tools meist nicht groß geschrieben. Sprühen Sie Ihr Tool mit Wachs ein und packen Sie es zum Trocknen nach jeder Fahrt aus.

○○○○○●○ **2 Min.** ★

Kompakttools — Ölen

Trockene Lagerung, Dreck und Sand fernhalten und grobe Zweckentfremdungen oder Überlastungen vermeiden. Zudem schadet dezentes Ölen nicht und lassen Sie die Klingen von Zeit zu Zeit schleifen. Geht's in die Tropen, dann hilft ein dünner Film Waffenöl (ist wirklich am besten!).

○○○○○●○ **15 Min.** ★ **Standard**

Kurbelstaubkappen — Gabeln statt fluchen

Gibt's in jeder Mensa oder auf dem Flohmarkt: Eine dünne Gabel. Die äußeren Zinken je um 90 Grad verbiegen. Nun kann man mit den Spitzen einfach in die Löcher der Kappe eindringen und diese gegen den Uhrzeigersinn herausdrehen.

○●○○○○○ **15 Min.** ★ **Heimwerkstatt**

Schraubenschlüssel — Lange Hebel sind gefährlich

Nehmen Sie sich in Acht vor Schraubenschlüsseln mit überlangen Hebeln! Diese verleiten dazu, Schrauben zu fest zu ziehen, Gewinde auszudrehen und Schraubenköpfe zu ruinieren.

○●○○○○○ ★ **Bike-Pack**

Minipumpen — *Im Vorteil*

50

Minipumpen sind ideal, sie verschwinden in der (Akten-, Kurier-, Trikot-) Tasche und bieten gute Leistungen. Vorausgesetzt, man hat das richtige Modell erwischt: Kaufen Sie keine Pumpe, ohne einmal Probe gestoßen zu haben. Fragen Sie sich: Wie wichtig sind Gewicht und Größe, wie oft werde ich die Pumpe verwenden, welche Ventile muss sie aufnehmen und benötige ich einen eingebauten Druckmesser?

★

Montageständer — *Preiswert und hängend*

50

Schrauben auf dem Boden, das schmerzt im Rücken und senkt die Qualität. Deshalb im Baumarkt zwei kunststoffbeschichtete Haken, 150cm Kette und zwei Deckenhaken kaufen. Die Deckenhaken mit 110 cm Abstand an der Decke anbringen, die Kette teilen und je eine Hälfte an jeden Haken hängen. Anschließend die S-Haken einsetzen und das Radel aufhängen. Wer es noch preiswerter mag, der hängt sich seinen Autoheckträger in den Keller. Unterwegs wird kurzerhand am Auto direkt montiert.

30 Min. ★★ **Heimwerkstatt**

Montageständer — *Preiswert und standfest*

50

Auf dem Boden montiert es sich schlecht: Wer einen festen Platz für seine Montage hat, der sollte sich dort einen Montageständer installieren. Statt teurer Ladenmodelle geht's auch preiswert: Wenn Sie eine Werkbank haben, bringen Sie an der rechten Kante ein senkrechtstehendes 80x60 mm Kantholz mit 40 cm Höhe (Winkel zur Versteifung nicht vergessen) an. Bohren Sie dort auf 33 cm Höhe ein 9 mm Loch und montieren Sie eine alte Vorderradhohlachse. Jetzt kann das Rad auf der Werkbank Platz nehmen und mittels Schnellspanner die Gabel am Holzblock fixiert werden. Zuvor das Vorderrad herausnehmen.

60 Min. ★★ **Heimwerkstatt**

Nietstifte — *Bevorraten*

20

Es gibt sie noch, die alten Shimano-Ketten, bei deren erneutem Vernieten ein neuer Stift gebraucht wird. Kaufen Sie sich zwei der Stifte und kleben Sie sich diese auf den Griff Ihres Kettennieters. So sind sie stets dort, wo sie gebraucht werden.

5 Min. ★ **Bike-Pack**

PECHVOGEL

Nippelspanner — *Selberbauen*

20

Einen Nippelspanner können Sie improvisieren. Feilen Sie einen Keil in eine Münze, der dem Maß des Nippels entspricht. Anschließend biegen Sie die Münze nach einem Drittel um 90 Grad um.

10 Min. ★★ **Heimwerkstatt**

PECHVOGEL

Öl — *In jeder Lebenslage*

Plötzlicher Regen hat der Kette die letzten Ölreserven geraubt und nun werden Geräuschkulisse und Widerstände höher. Tankstellen sind verpflichtet, leere Ölverpackungen zurückzunehmen. Nett gefragt bekommt man eine und gibt die im Inneren verbliebenen Tropfen auf die Kette: Tröpfchen für Tröpfchen... zurück zum besten Wirkungsgrad! Natürlich können Sie auch den Messstab jedes beliebigen Autos nehmen (vorher fragen!), um ihn an der Kette abzustreifen... hat den gleichen Effekt!

5 Min. ★

Ordnung — Haftmagnete für Kleinteile

Ordnung auf der Werkbank hält man nicht nur durch sofortiges Zurückhängen aller Werkzeuge, sondern auch durch ein »Magnetfeld« für Kleinteile. Dafür einfach einige Haftmagnete für die Kühlschranktür verkehrt herum an die Werkbank kleben. Diese halten nun Schrauben, Muttern und andere eiserne Kleinteile. Pech hat, wer mit Carbon und Alu arbeitet.

30 Min. ★★ **Heimwerkstatt** 50

Ordnung — Im Werkzeugkasten

Alle Werkzeuge, die ein Loch aufweisen, lassen sich sehr gut durch Beutelverschlüsse verbinden, etwa ein Satz Ringschlüssel oder Schraubenzieher mit Loch im Griff. Im Set sind sie übersichtlich im Werkzeugkasten und dank des Verschlusses kann man den benötigten Schlüssel einfach herausnehmen und nach Gebrauch wieder »einhängen«.

5 Min. ★ **Standard** 20

Ordnung — Arbeitsplatz

Schnelles und sauberes Schrauben geht nur mit ordentlichem Werkzeug: Legen Sie ein ausreichend großes Brett (mindestens 40 x 60 cm) auf den Küchentisch und bringen Sie Ihr Werkzeug in eine platzsparende und logische Ordnung – Werkzeug gleichen Typs in dieselbe Ecke und Werkzeuge eines bestimmten Arbeitsschrittes nahe zueinander. Anschließend markieren Sie mit einem Lackstift die Stellen, an denen ein Holzdübel (besser als Nagel) das Werkzeug im aufgehängten Zustand halten wird. Bohren Sie die Löcher und leimen Sie die Dübel ein. Seitlich lassen sich bei ausreichender Wandstärke des Brettes Löcher für Schraubenzieher und Steckschlüssel bohren (60 Grad Winkel zum Boden ist ideal). An den Oberkanten des Brettes kann man kleine Plastikschalen für Kleber, Isolierband, Kabelbinder und kleine, beziehungsweise selten gebrauchte Werkzeuge anbringen. Verschrauben Sie das Brett am Arbeitsplatz solide an der Wand.

60 Min. ★★ **Heimwerkstatt** 50

Pattex — Schraubensicherung

PECHVOGEL

In der Not ist Pattex auch ein Schraubenkleber. Schrauben einstreichen, 10 Minuten antrocknen lassen. Erneut einstreichen und sofort fest verschrauben.

15 Min. ★★ **Bike-Pack** 20

Platten — Die richtigen Flicken

So sehr sich die Marketingexperten bemüht haben, so wenig haben sie es geschafft: Selbstklebende Flicken sind nicht verbreitet! Recht so, denn sie taugen nicht viel! Material im traditionellen Stil (z.B. Tip-Top) ist besser!

20

Pumpe — Kontrollieren

Kontrollieren Sie den Druckmesser an einer älteren Pumpe mindestens einmal im Jahr. Alte Pumpen werden ungenau. Sie kontrollieren, indem Sie aufpumpen, den Druck notieren und direkt zum Fahrradladen fahren, um dort den Druck mit einer neuen Pumpe nachzumessen.

5 Min. ★ **Bike-Pack**

Pumpenadapter — *Aerowheels*

Ein Stück Hochdruckschlauch, zwei Rohrschellen, ein alter Schlauch und eine neue Pumpenspitze werden für den speziellen »Aero-Pumpen-Aufsatz« gebraucht. Schneiden Sie die Ventilaufnahme aus dem alten Schlauch heraus, setzen Sie sie an das eine Ende des Hochdruckschlauches und sichern Sie sie mit einer Rohrschelle. Setzen Sie die um 90 Grad gewinkelte Pumpenspitze in das andere Ende des Schlauches und verschrauben Sie diesen ebenfalls mit einer Rohrschelle. Nun können Sie flexibel das Ventil jedes Trispokes oder jedes Scheibenrades erreichen.

20 Min. ★★ ***Heimwerkstatt***

Reibahle — *Benutzen*

Reibahlen dürfen nur rechtsdrehend verwendet werden. Arbeiten Sie nie im Stil: Eine komplette Drehung vor, eine halbe zurück usw... Dann ist das Werkzeug kaputt. Beim Herausdrehen nach getaner Arbeit muss die Reibahle weiterhin rechts herum gedreht und dabei langsam heraus gezogen werden. Sogenannte Schneidöle sind optimale Helfer.

1 Min. ★★★ ***Profiwerkstatt***

Saubere Hände — *Vorsorge*

Händewaschen in Sekundenschnelle ist kein Wunder, sondern nur eine Frage der Vorbereitung. Reiben Sie sich die Hände mit Geschirrspülmittel ein. Wenn abzusehen ist, dass es extrem dreckig wird, können Sie ergänzend weiche Seife für die Nagelbetten verwenden. Nach der »Drecksarbeit« wäscht man sich mit eine Bürste die Hände und nimmt eventuell nochmals etwas Spülmittel hinzu!

5 Min. ★ ***Standard***

Saubere Hände — *Wie?*

Medizinische Einweghandschuhe sind dünn, leicht und man behält das Feingefühl. Deshalb sind sie ideal für unterwegs, um bei Reparaturen saubere Finger zu behalten. Nach der Montage beim Ausziehen einfach auf links drehen und in die Trikottasche stecken, um sie bei nächster Gelegenheit zu entsorgen.

★

Schrauben — *Wie herum soll ich drehen?*

Sind Sie sich auch nicht immer sicher, in welche Richtung die Schraube nun zu drehen ist? Halten Sie sich an den alten Daumentrick: Fingerhaltung wie beim Trampen. Nun den Daumen in die Richtung halten, in die auch die Schrauben sich bewegen sollen. Beim Rechtsgewinde entspricht die Drehrichtung der Richtung der Finger.

★ ***Standard***

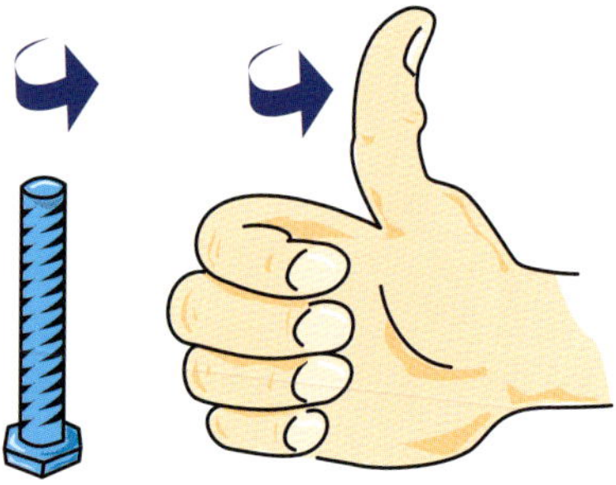

Schrauben — *Modifizieren Sie Ihr Werkzeug*

Ist Ihr Inbusschlüsselsatz vernudelt, dann sägen Sie die ersten 6 mm ab, dahinter ist der Inbussatz taufrisch. Bei Ringschlüsseln bietet es sich an, die Aufsteckfase glatt zu schleifen und damit die Auflagefläche zu erhöhen. Für Schlitzschrauben empfiehlt es sich, den Schraubendreher nächst größerer Größe spitzer zu feilen, damit er besser in die Schraubenköpfe passt.

15 Min. ★★ **Heimwerkstatt**

Schrauben anziehen — *Ohne Schraubendreher*

PECHVOGEL

Ein zuvor angefeilter Reißverschlussschlitten oder die Metallklemmer eines Pedalriemens geben einen guten »Notfall«-Schlitzschraubendreher ab.

1 Min. ★★

Schraubendreher — *Auswahl*

Schraubendreher mit einem Sechskant am Stiel haben den Vorteil, dass man zur Hebelverlängerung einen Ringschlüssel der entsprechenden Größe aufstecken kann. 50

5 Min. ★

Standpumpe — *Fetten*

Einmal im Jahr sollte die Pumpe zerlegt und in Seifenlauge gesäubert werden. Anschließend abtrocknen, fetten und zusammensetzen. Wenn die Pumpe dennoch streikt, dann sind die Dichtungen hin – ersetzen!

5 Min. ★ **Standard**

Steuersatzeinbau — *Ohne Spezialwerkzeug*

Logisch, der Steuersatz muss präzise eingebaut werden, doch es gibt Notsituationen, etwa auf Reisen. Eine Gewindestange (M10, etwa 100 mm länger als das Steuerkopfrohr), zwei entsprechende Unterlegscheiben und Muttern sowie zwei gebohrte Brettchen (mindestens 45x45x8 mm) machen ein gutes Werkzeug. Einfach die Stange durch den Rahmen stecken, nun die Lagerschalen einfädeln, die Holzstücke folgen und werden durch die U-Scheiben und Muttern gesichert. Nun langsam die Muttern festziehen und dabei den Sitz der Lagerschalen korrigieren. Fest eingeschraubt haben die Schalen eine vertretbaren Sitz. 20

30 Min. ★★★ **Heimwerkstatt**

Tretlagerschalen — *Werkzeug für Demontage*

Eine 20 Millimeter dicke Holzplatte (mindestens 50x50 mm Fläche, in der Mitte mit einem 16 mm Loch versehen) lässt sich auf die Tretlagerachse stecken und einschrauben. Sie klemmt den Schlüssel – zum Abschrauben der Schale – sicher ein und verhindert so gefährliches Abrutschen. Zudem lässt sich dieses Werkzeug zur Montage von Steuersätzen nutzen. 20

30 Min. ★★ **Heimwerkstatt**

Ventiladapter — *Bau*

Die Pumpe taugt für eine Autoventil und der Schlauch hat ein franz. Ventil – keine Sorge: Einfach das obere Drittel einer Ventilschutzkappe abschneiden und Resthülse umgedreht aufdrehen. Anschließend die Höhe so einstellen, dass die Pumpe exakt aufsitzt und im Handumdrehen ist der Reifen wieder voll.

10 Min. ★★ **Standard**

Werkstatt — *Bodenbelag*

Ein alter Teppich ist ein idealer Boden für die Werkstatt im Haus. Er nimmt Öl auf und verhindert, dass die heruntergefallenen Schrauben bis in die Ecken springen.

30 Min. ★ ***Standard***

Werkzeug — *Top-Ten*

Jeder, der in Sachen Rad reparieren etwas auf sich hält, sollte besitzen: 1. Flickzeug samt Reifenheber 2. Standpumpe 3. Inbusschlüssel-Werkzeug mit Kreuzschlitz- und Schlitzschraubendreher 4. Speichennippelschlüssel 5. Solider Kettennieter 6. Super Bowdenzugkneifzange 7. Stabiler 15 mm Maulschlüssel für Pedale 8. 8/10 mm Maulschlüssel-Kombination 9. Gute Wasserrohrzange. Bei Gewinde-Steuersatz ein Schlüsselsatz entsprechender Größe 10. Raspel-Feilen-Kombination.

★

Werkzeug — *Klappern ausschließen*

Alte Socken gehören nicht in den Müll, sondern in die Satteltasche. Packt man sein Werkzeug in eine alte – vorzugsweise gewaschene – Socke, so klappert es nicht mehr und die Socke dient bei Reparaturen als Handschuh oder Lappen.

3 Min. ★

PECHVOGEL

Werkzeug — *Beschaffen besser als improvisieren*

Generell gilt: Immer überlegen, ob man das Werkzeug nicht doch noch besorgen kann (Tankstelle, Bauernhof, Autofahrer oder anderer Biker). Einige Minuten zu warten ist meist besser, als eine improvisierte Reparatur zu beginnen.

30 Min. ***Profiwerkstatt***

Zahnkranz säubern — *Selbstgebautes Werkzeug*

Paketband oder andere fransige und dicke Schnüre sind ein ideales Werkzeug zum Zahnkranz-Säubern. Schneiden Sie 75 cm lange Stücke und zwar exakt eine weniger als die Anzahl Ihrer Ritzel, versehen Sie jedes Kordelende mit einem Knoten und legen Sie die Schnüre der Länge nach auf den Tisch. Um das Werkzeug fertigzustellen, brauchen Sie lediglich die Stücke an beiden Enden durch einen Kabelbinder zu verbinden. Sie fädeln nun jede Kordel zwischen ein Ritzelpaar und können spielend alle Ritzelabstände in einem Arbeitsgang reinigen.

15 Min. ★★ ***Standard***

Zahnkranzabzieher — *Mobiler*

Zahnkränze abzulösen, kann auf Touren zum Problem werden, der Hyper-Cracker ist die Lösung. Dieses kleine Bauteil erlaubt es, den Zahnkranz im Rahmen abzuziehen. Clever und leicht! Auf langen Reisen und in der Einsamkeit ein unverzichtbares Bauteil für Shimano-Fahrer.

★ ***Bike-Pack***

Zentrierständer — **Rolle nehmen**

Die Rolle bringt Sie im Winter in Form, das Hinterrad kann sie aber das ganze Jahr in Form bringen, denn die Rolle ist auch ein idealer Zentrierständer für die »schnelle Nummer« gegen die Acht.

30 Min. ★★ **Bike-Pack**

Standards aus der Trickkiste

Alu — **»Rostet« nicht, aber korrodiert!**

Aluminium rostet nicht, so heißt es. Das bedeutet aber nicht, dass Alu ohne jede Pflege auskommt. Sprühen Sie den Rahmen und alle Aluteile regelmäßig mit »A 1000 Korrosionsschutz Fluid« ein. Kunststoff sollte ebenfalls ein spezielles Pflegemittel erhalten. Achten Sie auf weiße Verfärbungen bei Aluminium, das kann der Anfang vom Ende sein. 20

10 Min. ★★ **Bike-Pack**

Außenhülle — **Kürzen ohne Beulen**

Wer seine Kabelaußenhülle kürzen möchte, der sollte stets einen alten Seilzug einziehen. Kneift man nun die Hülle entzwei, ist sie nicht gequetscht und behält die Form.

2 Min. ★ **Standard**

Außenhülle — **Hülsen passen an**

Haben Sie einen Rahmen mit übergroßen Kabelführungen, so können Sie mit variablen Hülsen Ihre herkömmliche Außenhülle in den Kabelführungen und Kabelstoppern fixieren.

15 Min. ★★ **Bike-Pack**

Außenhülle — **Optimieren**

Eine durchgehende Außenhülle an einer Seitenzugbremse oder V-Brake neigt dazu, sich stark zu bewegen. Ein Kabelbinder direkt hinter dem letzten Führungsanlöter um die Außenhülle gezogen unterbindet diese »Wanderungen«.

5 Min. ★ **Standard**

Außenhülle — **Optimieren mit Kabelbindern**

Schaben die Züge am Steuerkopfrohr, so machen drei Kabelbinder eine gute Zugführung. Legen Sie je einen Kabelbinder um den zu führenden Zug. Anschließend fädeln Sie durch diese einen weiteren Kabelbinder, den Sie um das Steuerkopfrohr selbst ziehen.

15 Min. ★★ **Bike-Pack**

Außenhülle — **Endkappen heiß machen**

Die Endkappen von Außenhüllen lassen sich einfach mit einer Zange abziehen, wenn man sie zuvor mit einem Feuerzeug erhitzt.

5 Min. ★ **Standard**

Außenhülle — **Pflege**

Außenhüllen können Sie mit dünnflüssigem Öl durchspülen, anschließend umfassend außen säubern und leicht gefettete Züge einziehen. Achten Sie darauf, dass einige Kunststoffhüllen allergisch reagieren und sich verformen können! Auch Innenzüge können durch Öl ihre Spezialbeschichtung verlieren...

15 Min. ★ **Bike-Pack**

Bowdenzüge — Welche Länge brauche ich?

Auf Touren stets nur lange Schalt- und Bremszüge mitnehmen: Dranschneiden geht nicht, abschneiden schon!

20 Min. ★ ***Bike-Pack***

Bowdenzüge — Schmieren

Schalt- und Bremszüge laufen in Öl leichter, müssen allerdings öfter gewartet werden als bei einer Fettschmierung. Fahren Sie nur bei schönem Wetter, dann ist Öl die richtige Wahl. Radeln Sie viel und bei jedem Wetter, dann sollten Sie fetten. Je kürzer die Züge, je flacher die Biegungen, desto geringer die Widerstände.

5 Min. ★ ***Bike-Pack***

Bowdenzugenden — Tropfen statt Kappe

Zugenden brauchen kein Hütchen aus Alu oder Plastik, sondern einen Tropfen Lötzinn oder – wer es einfacher mag – einen Tropfen Sekundenkleber. Das ist leichter, schöner und praktischer, denn die Züge lassen sich nach wie vor zur Reinigung entfernen.

20 Min. ★★

Bowdenzugenden — Zugenden abgefallen

Unterwegs hilft ein zusammengequetschter Speichennippel oder ein Stück Schrumpfschlauch.

20 Min. ★★ ***Standard***

Fahrrad — Entsorgen

Fahrräder werden immer gebraucht. Selbst wenn Ihr »Rad« eigentlich nicht mehr so genannt werden dürfte, wird es jemanden geben, der das »Restrad« brauchen könnte. Verkaufen Sie es nicht mehr, sofern es nicht mehr fahrbereit ist. Schrott hat in diesem Fall keinen Preis! Also verschenken Sie es an einen Bastler oder erkundigen Sie sich beim ADFC nach Selbsthilfe-Projekten, die alte Fahrrad(teile) nutzen können.

Fett hilft — Im Winter

Neil Young sang bereits »Rust never sleeps«. Sicher meinte er sein Fahrrad. Wenn Komponenten wie Schnellspanner, Gabelschaftrohr oder Tretlagerachse rosten, so sollte man sie mit Stahlwolle glänzend reiben und anschließend vor dem Einbau an den blanken Stellen großzügig mit Fett versehen. Übrigens bietet es sich bei dieser Gelegenheit an, vor dem Fetten auf dem Gabelschaft mit einem Faserstift Namen und Anschrift zu vermerken.

2 Std. ★★ ***Bike-Pack***

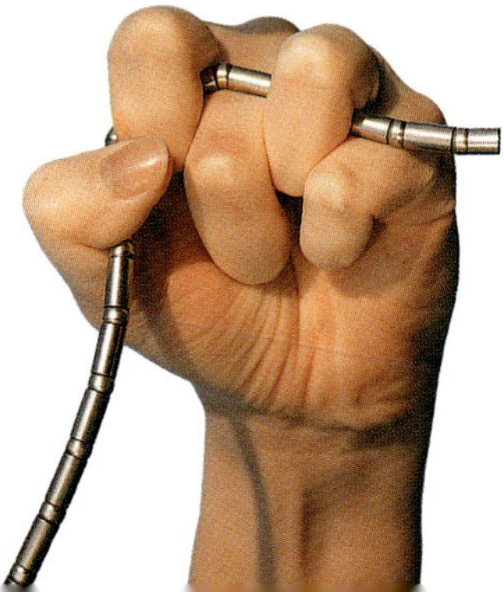

Get the grip — Schrumpfschlauch sorgt für Halt

Schalt- und Bremshebel können sehr rutschig werden, vor allem im Regen oder mit Handschuhen über den Fingern. Überziehen Sie die entsprechenden Bereiche einfach mit Schrumpfschlauch aus dem Elektrohandel und fönen (besser Feuerzeug oder Heißluftpistole) Sie ihn fest. Kaufen Sie einige Zentimeter mehr, Sie werden sie brauchen, weil es etwas Übung verlangt, den Schlauch ausreichend heiß zu machen, ohne ihn zu verbrennen.

15 Min. ★★ **Bike-Pack**

Hände — Waschen ohne Wasser

Hände säubern ohne Wasser: »BlooGoo!«-Gel (z.B. Globetrotter-Versand) ist der Insider-Tipp.

10 Min. ★

Hände säubern — Ohne Waschbecken

Gröbsten Dreck an den Händen einfach auf dem Gras oder vorsichtig auf dem trockenen Asphalt der Straße abreiben. Die Feinarbeit übernimmt entweder hundertprozentiger Orangensaft, er wirkt wie Zitrusreiniger. Klebrig wird's jedoch, wenn der Saft Zucker enthält. Oder: Viele Sonnencremes enthalten Lanolin, das reinigt auch gut und pflegt obendrein. Wer die Hände mit Sand wäscht, der geht grob, aber durchaus wirkungsvoll ans »Handwerk«.

5 Min. ★

Lagerkugeln — Suchen

PECHVOGEL

Sind die Kugeln eines Lagers heruntergefallen, ist Sucharbeit angesagt: Sofort alle Lichter ausmachen und eine Taschenlampe waagerecht am Boden halten, die kleinen Kugeln werfen nun lange Schatten und können sich nicht mehr verstecken.

2 Min. ★ **Standard**

Leder — Lesen Sie die Gebrauchsanweisung

Meist schaut man rein, wenn es schon zu spät ist. Lesen Sie die Gebrauchsanweisung vor der ersten Fahrt – oder jedenfalls kurz danach –, denn Hersteller geben dort eine Menge Tipps, die den Ärger von morgen vermeiden, wenn man heute danach handelt!

30 Min. ★★

Leder — Richtig imprägnieren

Ledersättel, Schuhe, Handschuhe und Ähnliches imprägniert man mit entsprechenden Mitteln aus dem Schuh- oder Outdoorhandel. Schichtweise auftragen, dazwischen sollte das Material komplett abtrocknen.

15 Min. ★ **Bike-Pack**

Leder — Richtig behandeln 1

Mit feuchtem Lappen und einem Schuss Spülmittel lassen sich Lederpartien an Rad und Kleidung problemlos reinigen.

15 Min. ★

Leder — Richtig behandeln 2

Fleckensprays können die Farbe aus dem Leder entfernen.

15 Min. ★

Leder — *Richtig behandeln 3*

Lassen Sie Leder nur an der Luft trocknen, nicht in der Sonne oder direkt an der Heizung!

15 Min. ★

Leder — *Richtig behandeln 4*

Kleine Risse einfach mit farbigem Fett/Schuhcreme kaschieren. Sind die Schäden schwerwiegender, dann muss die Spezialbürste zum Aufrauen herhalten.

15 Min. ★

Pumpen — *Leicht gemacht*

Statt mit der einen Hand das Laufrad zu halten und mit der anderen Hand den Kolben zusammenzudrücken, suchen Sie sich einen Baumstumpf, eine Laterne oder einen Zaunpfahl. Jetzt setzen Sie den Pumpenkopf (nicht die Felge) auf den Gegenstand und stemmen sich mit vollem Körpergewicht in die Pumpe. Wenn's noch schwerer wird, dann sollte die Pumpe so nahe am Boden angesetzt werden, dass man zusätzlich das Knie auf den Pumpengriff setzen kann. Dann lassen sich die Beinkräfte noch ausnutzen.

5 Min. ★ ***Standard***

Quietschen — *Beseitigen*

Kupferpaste hilft gegen Quietschen der Federbeinaufnahme, der Bremssockel oder Ähnlichem. Einfach bei der Montage dick auftragen und anschließend überschüssige Paste abwischen. Nicht zu empfehlen ist dies an der Sattelstütze und an Schraubengewinden, da die Paste hier ein Lösen der Muttern provoziert.

5 Min. ★ ***Standard***

Quietschen — *Wachs ist die Lösung*

Sprühwachs ist ein Renner in Sachen Quietsch-Bekämpfung. Abgesehen von Bremsen, bei denen das Wachs die Bremsleistung mindert, ist Wachs optimal. Ob quietschende Klick-Pedale, knarrende Kurbel oder Schaltwerk mit »starkem Organ«: Sprühen – Warten – Freuen!

5 Min. ★

Rad säubern — *Helfer*

Alte Socken dienen hierbei als Handschuhe. Einfach nass machen, über die Hände streifen und das Rad abwischen. Das ist ideal bei dreckigen Mountainbikes wie bei filigranen Rennrädern.

5 Min. ★ ***Standard***

Reifenheber — *Clever verpackt*

Kein Tipp für Gourmets, aber für Minimalisten: Wer seine Reifenheber stets dabei haben will, der steckt sie nach einer gründlichen Säuberung einfach in die Trinkflasche. Dass die blauen nach Himbeere schmecken und die gelben einen Orange-Geschmack haben, ist jedoch eine Mär. Geht nur bei Plastikhebeln, Metall hat in der Trinkflasche nichts zu suchen.

1 Min. ★

Reinigen — **Hochdruckreiniger ade!**

Nein, der Hochdruckreiniger bringt den Dreck in die Ecken und holt das Fett oder Öl aus denselbigen! Also mit Schwamm und Handarbeit statt mit Hochdruck und Maschine reinigen. Ob Zahnbürste, Schrubber, Heizkörperrippen-Wedel oder Klobürste, erlaubt ist, was beim Putzen hilft.

20 Min. ★ ***Standard***

Reinigen — **Mit Köpfchen statt Hochdruck**

Das Rad komplett mit Radreiniger einzusprühen, fünf bis zehn Minuten einwirken zu lassen und anschließend mit möglichst sanftem Wasserstrahl zu reinigen (wobei man nicht direkt auf Naben, Steuersatz und Antrieb zielen sollte), ist besser, als mit brutalem Hochdruck den Dreck zu verjagen.

30 Min. ★ ***Standard***

Reinigen — **Neigung beachten**

Während des Waschens sollte das Rad immer geneigt angelehnt werden, so kann man sicher sein, dass wenigstens aus den Lagern der einen Seite das Wasser heraus und nicht hinein läuft.

1 Min. ★ ***Standard***

Reparaturen — **Lieber heut als morgen**

Führen Sie Ihre Reparaturen und Instandsetzungen sofort aus, damit verhindern Sie heute den Defekt von morgen...

Rohre — **Gerade absägen**

20

Beim Kürzen von Lenkern, Sattelstützen oder Gabelschäften hilft eine Schlauchschelle. Einfach an der entsprechenden Stelle ansetzen und festziehen. Nun kann die Säge an der Kante entlang arbeiten. Ist keine Schelle zur Hand, dann hilft auch ein DIN A 4 Blatt. Man wickelt es um das Rohr und sorgt dafür, dass die Schichten fluchten, dann ist der Schnitt garantiert gerade.

5 Min. ★ ***Standard***

Ersatzschrauben — **Was ist gefragt**

M5- und M6-Schrauben mit Muttern und einigen Unterlegscheiben, sowie ein V-Brake-Splint, ein Chain-Link (Kettenschloss für Schaltungsketten) und ein austauschbares Schaltauge gehören ebenso dazu wie Gaffa, Kabelbinder und ein sauberer Lappen. Die Schrauben verschwinden in einer Filmdose und um diese herum kann man Gaffa wickeln.

5 Min. ***Standard***

Schrauben — **Inbus-Kopf vernudelt**

PECHVOGEL

20

Ist der Inbus ausgenudelt, so kann man einen etwas größeren Kreuz-Schlitz-Schraubenzieher nehmen, diesen mittels eines Hammers einfach in den Schraubenkopf hineinschlagen und die Inbusschraube herausdrehen. Auch lässt sich der Kopf des Inbus mit einer Metallsäge schlitzen, dann kann man einen Schlitzschraubendreher benutzen. Weiterhin besteht die Möglichkeit, einen 0,5 mm größeren Inbus hineinzuhämmern oder den alten Inbus etwas schief in den Kopf einzustecken.

25 Min. ★★ ***Heimwerkstatt***

PECHVOGEL **Schrauben** — **Köpfe abgerissen 1**

Ist ein Rest des Gewindes von der »Rückseite« greifbar, beispielsweise beim Abreißen von Schutzblechschrauben am Ausfallende, dann greifen Sie dieses mit einer Zange und drehen Sie es heraus.

○○○○●○○ **30 Min.** ★★ **Heimwerkstatt**

PECHVOGEL **Schrauben** — **Köpfe abgerissen 2**

Ausbohren ist die einzige Lösung: Körnen Sie die »Restschraube« möglichst mittig an, bohren sie mit einem kleinen Bohrer vor. Versuchen Sie stets so mittig als möglich zu bleiben. Dann bohren Sie mit dem passenden Bohrer nach und die Gewindegänge lassen sich herausziehen. Nacharbeiten! M4 braucht einen 3,2 mm Bohrer, M5 4,0 mm, M6 4,8 mm und M8 6,4 mm.

○○○○●○○ **30 Min.** ★★ **Heimwerkstatt**

PECHVOGEL **Schrauben** — **Ohne Werkzeug**

Fehlt der Schraubenschlüssel, so lassen sich Muttern mit einer Schlinge aus Draht festziehen: Eine Schlinge aus Draht um die Mutter legen, einen Schraubenzieher (notfalls Holzstöckchen) durchstecken und damit den Draht verdrehen, so dass er sich um die Mutter zieht. Anschließend Stock samt Mutter drehen.

○○○○●○○ **10 Min.** ★★★ **Bike-Pack**

Schrauben — **Lösen mit Chemie statt Gewalt**

20

Coca Cola bringt's! Cola besitzt schwache Säureanteile. Diese können Metalloxide zersetzen. Also Cola über das zähe Stück kippen, einige Stunden warten und erneut zu lösen versuchen.

○○○○○●○ **5 Min.** ★

Schrauben — **Material-Mix bestimmt Pflegemittel**

50

Schraubverbindungen folgender Kombination sollten mit spezieller Kupferpaste eingebaut und gepflegt werden: Titan-Aluminium, Titan-Stahl, Aluminium-Aluminium, Aluminium-Stahl.

★★ **Standard**

Silikon — **Schönheit nur bei richtiger Anwendung**

20

Ob Silikon Menschen schöner macht, bleibt umstritten, dass es dem Fahrrad helfen kann ist hingegen sicher. Mit Silikon aus dem Baumarkt können Sie Computerkabel am Rahmen befestigen, Computer abdichten, Schutzblech-Gepäckträger-Kollisionen verhindern/abdämpfen oder zum Beispiel Risse im Sattel kitten. Silikon in den Riss drücken, einen Streifen Isoband (kein Gaffa, weil dieses Gewebespuren/abdrücke hinterlässt) darüber kleben und beim Aushärten hält das Band das Silikon in Form. Danach lässt sich das Tape einfach entfernen.

○○●○○○○ **30 Min.** ★★ **Standard**

PECHVOGEL **Sturz** — **Schnellcheck fürs Rad 1**

Untersuchen Sie den Rahmen auf Beulen, Löcher und Lackrisse oder -splitterungen, das sind Anzeichen für Verbiegungen oder Brüche.

○○○●○○○ **5 Min.** ★★★

Sturz — **Schnellcheck fürs Rad 2** — PECHVOGEL

Lassen Sie die Laufräder drehen und schauen Sie an den Bremsklötzen, ob sie unrund laufen.

○○○●○○○ **1 Min.** ★

Sturz — **Schnellcheck fürs Rad 3** — PECHVOGEL

Kontrollieren Sie Schaltwerk, Bremshebel und Pedale – Kratzer sind Hinweise für Verbiegungen.

○○○●○○○ **5 Min.** ★

Sturz — **Schnellcheck fürs Rad 4** — PECHVOGEL

Sollten größere Defekte aufgetreten sein, trampen Sie nach Hause oder lassen Sie sich abholen, anstatt einen weiteren Sturz aufgrund eines Materialbruches zu riskieren.

○○○●○○○ **15 Min.** ★★★

Tröpfchen für Tröpfchen — **Maß statt Masse** — 20

Gelenke an Brems- und Schaltanlagen sollten Sie mit dünnflüssigem Öl bearbeiten und anschließend mehrmals bewegen.

○○○○○●○ **10 Min.** ★★ **Standard**

Tuning — **Nylon-Schrauben** — TEMPOMACHER — 20

Schutzblechschrauben, Flaschenhalterschrauben am Unterrohr eines Rennrades und alle anderen wenig belasteten Schrauben am Rad lassen sich durch Nylon-Schrauben (wie sie beim Nummernschild des Autos verwendet werden) ersetzen. Sie wiegen nur etwa ein halbes Gramm und stechen Alu damit aus.

○○●○○○○ **10 Min.** ★ **Standard**

Der Universaltipp

Klebeband (»Gaffa«)

Eigentlich ist es zum Flicken von Lüftungsrohren erfunden worden, erfreute sich wegen seiner fast sprichwörtlichen Haltbarkeit und Stabilität jedoch schnell größter Beliebtheit in den USA. Wo das erfolgreiche Original, dort auch schnell das minderwertige Plagiat. Deutsche Heimwerker- und Haushaltsregale sind voll davon. Ich bevorrate mich aus diesem Grunde stets direkt in den USA. Dort kostet eine Rolle kaum DM 12,- und ist Punktsieger in allen Qualitätsmerkmalen. Mein Favorit ist das »Nashua 398« in der »industrial quality« aus den »Homebase« Baumärkten, die es in jeder größeren Stadt gibt. Bisher konnte ich leider keine deutsche Quelle ausmachen.
In Sachen Kabelbinder sieht es deutlich besser aus. Hier gibt es starke Farb- und Größenunterschiede, die Qualitätsunterschiede sind jedoch vergleichsweise gering. Kaufen Sie schwarze, kaufen Sie verschiedene Größen und kaufen Sie viele! Man kann nicht genug davon haben.

DER MENSCH

Bekleidung

Anforderungen — *Bedarf klären*

500+

Wenn Sie nicht oder nur selten im Regen fahren und niemals bei Regen auf eine Tour starten, dann sollten Sie keine wasserdichte, sondern nur wasserabweisende Kleidung kaufen. Diese atmet deutlich besser und ist somit komfortabler. Einem Schauer hält sie meist auch Stand, einem Dauerregen hingegen nicht.

●○○○○○○ **20 Min.**

Ausstattung — *Teures preiswert 1*

500+

Die Details machen gute Kleidung aus: Abdeckungen an den Reißverschlüssen, verstellbare Bündchen, Brustfächer, deren Inhalt nicht (!) beim Pedalieren mit den Knien kollidiert, Tunnelzüge an Kragen und Hüfte, heruntergezogenes Rückteil, Lüftungen unter den Armen und am Rücken sind nur einige Details, die wertvoll sind und eine teure Jacke »preiswert« machen.

●○○○○○○ **20 Min.** ★

Ausstattung — *Teures preiswert 2*

500+

Doppelfunktion macht Investitionen rentabel: Lassen sich die Ärmel einer Jacke abnehmen, wird sie zur Weste. Ist ein Fleece-Inlet herauszunehmen, ist die Winterjacke auch in der Übergangszeit einsetzbar. Und Reflektoren und Leuchtstreifen machen Trekkingkleidung zum sicheren Dress im Großstadtdschungel.

●○○○○○○ **20 Min.** ★

Arm- und Beinlinge — *Auswahl*

150

Arm- und Beinlinge werden nach Länge und Größe unterschieden. Mancher Hersteller unterscheidet auch rechts und links. Es gibt verschiedene Dicken und Materialkombinationen. Probieren Sie an und kaufen Sie das erste Paar in jener Qualität und Machart, die Ihrer Lieblingshose, beziehungsweise Ihrem Lieblingslangtrikot entspricht.

●○○○○○○ **15 Min.** ★

Brille — *Tunen Sie Ihre Brille für den Winter*

20

Reiben Sie sie außen mit einem Mittel ein, das Regen abperlen lässt und nehmen Sie für die Innenseiten ein Mittel, welches Beschlagen verhindert. Beides ist im Auto- oder Motorradhandel zu bekommen. Doch seien Sie vorsichtig und erkundigen Sie sich beim Hersteller, ob die Gläser dabei Schaden nehmen können.

○○●○○○○ **15 Min.** ★ ***Standard***

Fahren im Winter — *Laschen sorgen für Komfort*

20

Zwischen Bündchen und Handschuhen bietet sich der Kälte meist eine gute Angriffsfläche. Eliminieren Sie diese. Nähen Sie an die Enden der langen Trikots und der Jacken eine Lasche aus Spanngummi, die Sie über den Daumen ziehen können. Ist die Lasche richtig positioniert, zieht sie das Trikot bis zum Handschuh vor und stört beim Pedalieren nicht. Ähnliche Laschen bieten sich bei den Hosenbeinen an.

○○●○○○○ **45 Min.** ★★ ***Standard***

Funktionsunterwäsche

150

Funktionsunterwäsche muss so lang sein, dass sie auch bei extremer Geländefahrt nicht aus der Hose rutscht. Achten Sie auf flache Nähte, das verhindert Scheuer- und Druckstellen. Der Schnitt muss Ihren Bedürfnissen, nicht der Mode angepasst sein! Ob Träger-, T- oder Langarmshirt oder gar Rolli, Sie treffen die Wahl gemäß Ihrer Vorhaben! Nur namhafte Hersteller bieten gute Funktion. Billiges sieht genauso aus, ist aber deutlich schlechter.

●○○○○○○ **15 Min.** ★

Handschuhe — *Auswahl*

150

Rennradfahrer und Freunde der Drehgriffschalter müssen auf entsprechende Verstärkungen achten. Kevlar-Einlagen machen den Handschuh besonders stabil. Achten Sie auf die richtige Größe und probieren Sie ihn bei einer Probefahrt in Ihrer üblichen Haltung auf dem Rad. Echtes Leder ist am Handschuh nicht mehr der Weisheit letzter Schluss. Ein Frottee-Einsatz auf dem Handrücken nimmt Schweiß von der Stirn auf. Gute Handschuhe lassen sich sogar in der Maschine waschen, auch mehrmals! Handschuhe sind bequem und schützen bei Stürzen, deshalb sind sie wichtig!

●○○○○○○ **15 Min.** ★

Handschuhe — *Topform*

Unter Golfern ist es verbreitet, seine Handschuhe in einer Plastiktüte aufzubewahren. Dadurch bleiben sie »frischer« und fühlen sich angenehmer an. Vergessen Sie das Waschen nicht: am Besten mit der Hand und in lauwarmem Wasser. Wer viel fährt, sollte mehrere Paare rotierend benutzen.

○○○○○●○ **5 Min.** ★

Handwäsche — *Waschen*

Handwäsche ist bei vielen Spezialstoffen angesagt, doch Vorsicht: Verwenden Sie höchstens 1/5 der Waschmittelmenge, die Sie eigentlich für notwendig halten, denn Überdosierung ist nicht nur die Regel, sondern »tötet« die Funktion der Stoffe!

○○○○○●○ **15 Min.**

Helm — *Warum eigentlich?*

Warum Sie mit Helm fahren sollten? Weil in der heutigen Gesellschaft (und das seit langem) Kopfarbeit besser bezahlt wird als körperliche (mit wenigen Ausnahmen!). Schützen Sie also Ihr Kapital. Über 50 Prozent aller Biker, die im Krankenhaus landen, haben Kopfverletzungen.

●○○○○○○

Helm — *Ersatz-Pads beschaffen 1*

20

Sind die Pads Ihres Helm am Ende, so fragen Sie einfach im Fahrradladen nach neuen. Meist gibt es ein großes Reservoir an Ersatzpads – gelegentlich sind sie kostenlos.

●○○○○○○ **5 Min.** ★ ***Standard***

Helm — *Ersatz-Pads beschaffen 2*

20

Wer abseits von Bikeshops Ersatz braucht, der klebt sich »Dr. Scholl« Fußpads aus der Drogerie in den Helm.

●○○○○○○ **5 Min.** ★ ***Standard***

Helm ***Größe kontrollieren***

An den Schläfen sollte je eine Fingerspitze gleichzeitig rechts und links Platz finden, wenn der Helm ohne Pads probiert wird. Dann sitzt er ohne zu drücken und ist doch nicht zu groß.

●○○○○○○ ***5 Min.*** ★★

Helm ***Inmolding-Technik statt Intensiv-Station***

Kaufen Sie nur Helme mit einer Kunststoff-Außenverschalung, die im »Inmolding«-Verfahren direkt mit dem Styropor verbunden wird. Nur diese gewähren optimale Sicherheit.

●○○○○○○ ***5 Min.*** ★★

Helm ***Auswahl***

Pads sind praktisch, allerdings eigentlich nur ein Beweis für unzureichende Passform, deshalb nur wenige und möglichst dünne verwenden. Das reduziert den Hitzestau und erhöht die Sicherheit.

●○○○○○○ ***15 Min.*** ★ ***Standard***

Helm ***Kaufen Sie keine alten Hüte***

Die meisten Hersteller kleben in ihren Helm ein Etikett mit dem Herstellungsdatum (MM/JJ = 05/99). Kaufen Sie keinen Helm, der vor 00/98 hergestellt wurde, beziehungsweise älter als zwei Jahre ist. Weder Sicherheit noch aktuellste Entwicklung in Komfort und Belüftung sind ansonsten gewährleistet.

●○○○○○○ ***5 Min.*** ★

Helm ***Kühlung im Hochsommer***

Hitze ist keine Ausrede für einen fehlenden Helm auf dem Kopf! Moderne Helme haben in Tests bewiesen, dass sie den Kopf in der Sonne kühler halten als der ungeschützte Kopf bleibt. Diese Helme markieren den Stand der Entwicklung und damit das obere Ende der Preisskala (250 DM und mehr). 500

●○○○○○○ ★★

Helm ***Mythos Sicherheit***

Helm schützt vor Unfall nicht. Ist logisch! Doch viele fahren, als würde der Helm auf dem Kopf einem Schutzengel gleiche Wirkungen haben. Hat er nicht! Er schützt, wenn etwas passiert, er verhindert es nicht. Das Gefühl trügerischer Sicherheit ist einer der wichtigsten Kritikpunkte am Helm. Seien Sie kein Beweis für diese These...

●○○○○○○

Helm ***Normen-Dschungel durchblicken***

Norm ist nicht gleich Sicherheit: ANSI (Z90.4) ist von den Herstellern selbst kreiert und deshalb umstritten. ASTM F-1447 entspricht etwa der SNELL(B90)-Norm, kommt aus den USA und ist mit der EN 1078 vergleichbar. Bfu ist keine Norm, nur ein Gütezeichen, verliert an Bedeutung. CE hat nichts mit Sicherheit zu tun, sondern sagt nur etwas über die Produktion aus. EN 1078 ist die Norm in der EU seit dem 1.1.1996. Gilt als anspruchsvoll, ist also Ihr Richtwert bei der Auswahl! Die SNELL Norm der USA entspricht der EN 1078 und ist deshalb auch bestens für Ihren Kopf. TÜV GS: Diese Norm wird nicht mehr vergeben. Helme, die nur dieses Zeichen tragen, sollten Sie meiden!

●○○○○○○

Helm — *Ohne Visier nur halb so gut*

500

Helmvisiere sind nicht nur dafür da, dass man Sticker auf ihnen hinterlässt. Sie sorgen für Sicht bei niedrigstehender Sonne und schützen vor Sonnenbrand in der empfindlichen Augenregion. Zwei gute Gründe, einen Helm mit Visier zu kaufen oder ein Visier nachzurüsten.

●○○○○○○ **10 Min.** ★

Helm — *Aufkleber und Lack: Nein Danke!*

Seien Sie mit Aufkleber und Lack auf Helmen vorsichtig und halten Sie Rücksprache mit dem Hersteller, wenn Sie sich unsicher sind. Manches Lösungsmittel setzt Ihrem Helm derart zu, dass die Sicherheit passé ist!

○○●○○○○ **5 Min.** ★

Helm — *Einstellen 1*

Verschluss ausrichten: Gurttriangel verschieben, bis der Verschluss knapp unter dem Ohr steht und die beiden Riemen straff verlaufen.

○○●○○○○ **5 Min.** ★★

Helm — *Einstellen 2*

Der Nackenriemen muss an den Seiten straff sitzen, ohne die Schläfenriemen zu verschieben.

○○●○○○○ **5 Min.** ★★

Helm — *Einstellen 3*

Kinnriemen straff stellen, so dass er festsitzt, man aber noch reden, atmen und essen kann.

○○●○○○○ **2 Min.** ★★

Helm — *Einstellen 4*

Beim Reden darf sich die Helmspitze leicht bewegen.

○○●○○○○ **1 Min.** ★★

Helm — *Einstellen 5*

Der Helm muss waagerecht stehen, richten Sie ihn nun entsprechend aus.

○○●○○○○ **5 Min.** ★★

Helm — *Einstellen 6*

Die Helmvorderkante muss der Träger gerade noch erkennen können. Sieht er sie nicht, bietet der Helm keinen ausreichenden »Schürfschutz« für das Gesicht.

○○●○○○○ **5 Min.** ★★

Helm — *Notfalls feilen*

Passt Ihnen partout kein Helm, weil Sie einen außergewöhnlichen Kopf haben, dann feilen Sie sich den am besten passenden Helm zurecht. Schmirgeln Sie solange, bis der Helm ohne Druckstellen passt. Das geht zwar auf Kosten der Sicherheit, aber kein Helm ist noch weniger sicher, oder?

○○●○○○○ **20 Min.** ★★★ ***Heimwerkstatt***

Helm — **Sicherheitsnadel tunt**

Mit einer Sicherheitsnadel (befestigt etwa 5 cm unterhalb der hinteren Helmkante) lassen sich die beiden zu den Ohren führenden Riemen zusammenziehen, das erhöht Passform und Komfort spürbar. Sichern Sie die Nadel mit Klebeband gegen ungewolltes Öffnen.

○○●○○○○ **5 Min.** ★ **Standard**

Helm — **Waschen**

Verschwitzte Helmriemen sind Herd vieler Bakterien und verursachen oftmals Hautreaktionen (»Pickel«). Aus Sicherheitsgründen sollten Sie den Helm nicht in der Maschine waschen, das Herausnehmen des kompletten Gurtsystems ist bei vielen Modellen allerdings nicht möglich. Deshalb nehmen Sie den Helm einfach mit unter die Dusche, das spart Zeit und Geld – was Sie säubert, wird auch den Helm hinreichend reinigen.

○○○○○●○ **5 Min.** ★

Helmspiegel — **Kugelgelenk straffen**

Helmspiegel sind in Deutschland eher selten, aber sie funktionieren auch hier sehr gut! Ist das Kugelgelenk ausgeleiert und lässt sich nicht mehr straffer stellen, nehmen Sie den Kugelkopf heraus und schlagen Sie ihn mit Alufolie ein, um ihn erneut einzudrücken. Jetzt läuft das Gelenk wieder schwer und Ihre Einstellung bleibt auch bei rauher Straße erhalten.

○○●○○○○ **5 Min.** ★ **Bike-Pack**

Material vergessen — PECHVOGEL

Haben Sie eine Isolationsschicht vergessen, dann machen Sie es wie die Profis. Tageszeitungen isolieren sehr gut! Unter Trikot und Hose schützen sie einige Zeit vor Unterkühlung. Altpapiercontainer sind insofern kostenlose Materiallager!

○○○○●○○ **10 Min.** ★

Nähte — **Qualität ist DAS Kriterium**

Nähte haben eine optische Qualität (Präzision und Genauigkeit), doch ziehen Sie eine Naht fest auseinander, dann können Sie die Haltbarkeit testen. Die Nähte sollten flach sein, das schützt vor Rötungen.

●○○○○○○ **30 Min.** ★

Radbekleidung — **Waschen**

Verwenden Sie nur alkalifreies Fein- oder Wollwaschmittel und niemals Weichspüler, überschreiten Sie niemals die 40°C-Marke und schleudern Sie wenn überhaupt dann in der sanftesten Form. Entgegen aller Vorurteile sollten Sie bügeln oder in den Trockner legen, sofern dies erlaubt ist, weil Hitze die Funktionen der modernen Gewebe »wiedererweckt«. Herstellerangaben beachten!

○○○○○●○ **30 Min.** ★ **Standard**

Radbekleidung trocknen — Zeitnot beim Trocknen

Radklamotten waschen, anschließend auswringen und nun in ein trockenes Handtuch eingewickelt erneut auswringen. Trikots und andere dünne Kunstfaser-Leibchen sind bereits jetzt trocken. Socken und Hosen mit Einsatz einfach über Nacht zwischen Schlafsack und Isomatte legen. Am Morgen sind sie garantiert trocken.

○○○○○●○ **10 Min.** ★

Regenkleidung — Tendenz: Größer kaufen

Winter- und Regenkleidung sollte man immer etwas größer kaufen, so bleibt Platz, um eine weitere Schicht darunter zu ziehen.

●○○○○○○ **20 Min.** ★

TEMPOMACHER

Schuhe — Welche?

Trainieren Sie mit dem Team Telekom, dann brauchen Sie sicher Rennschuhe. Aber eigentlich fahren wir ja nicht nur, sondern laufen auch. In den Keller, aus dem Keller, zum Restaurant und auf den Aussichtspunkt. Ergo: Rennradschuhe sind für über 80 Prozent aller Rennradfahrer gut, doch moderne Mountainbikeschuhe sind besser, praktischer, sicherer und deshalb die erste Wahl. Meine Rennradschuhe benutze ich höchstens zwanzigmal im Jahr, die MTB-Schuhe über hundertmal!

●○○○○○○ **15 Min.** ★

System-Schuhe — Abdichten

Der Einstellungsbereich der SPD-Schuhplatten ist ergonomisch praktisch, aber auch ein Quell für nasse Füße. Machen Sie dem ein Ende: Von innen hilft ein Streifen Gaffa, von außen Silikon aus der Tube in den Spalt drücken. Überstände wegwischen, damit die Pedale noch einrasten können.

○○●○○○○ **10 Min.** ★

Schuhkauf — Größe 1

Füße dehnen sich unter Belastung und stärkerer Erwärmung aus, deshalb sollte man stets etwas größer kaufen. Deshalb auch erst am Nachmittag Schuhe kaufen gehen, dann haben die Füße ihre wahre Größe erreicht.

●○○○○○○ **5 Min.** ★

Schuhkauf — Größe 2

Achten Sie dabei auch auf Einlagen und eventuell nötige besondere Strümpfe (Gore-tex etc.).

●○○○○○○ **5 Min.** ★

Schuhkauf — Größe 3

Wer lange Strecken oder/und im Winter fährt, der sollte besonders auf genügend Platz Wert legen. Sind die Fahrten meist kurz und schnell, so sorgt ein engerer Schuh für höheres Tempo.

●○○○○○○ **5 Min.** ★

Schuhkauf — **Härte**

Ungeachtet des Fahrstils ist eine steife Sohle sinnvoll, je länger oder schneller man fahren möchte, desto härter muss sie sein. Wird neben dem Radeln auch viel gelaufen, dann sollten die Schuhe nicht zu hart sein, sonst wird's beim Laufen unbequem, da der Fuß nicht richtig abrollen kann.

●○○○○○○ **5 Min.** ★

Schuhe lüften — **Kippen bringt's**

Einlagen herausnehmen, Schnürung weit öffnen und weit herausziehen. Und auf die Seite legen – klingt merkwürdig, wirkt aber!

○○○○○●○ **1 Min.** ★

Schuhe stinken — **Nie wieder! 1**

Glücklich, wer im Keller eine Gefriertruhe hat. Die stinkenden Schuhe einfach einlagern und einen Tag warten. Weil die stinkenden Bakterien sehr kälteempfindlich sind, verschwinden sie umgehend. Vor der Nutzung des Kühlfachs Rücksprache mit Mitbewohnern halten, das sichert den häuslichen Frieden.

○○○○○●○ **10 Min.** ★ **Standard**

Schuhe stinken — **Nie wieder! 2**

Backpulver in die Schuhe streuen verhindert/reduziert die Geruchsentwicklung.

○○○○○●○ **5 Min.** ★

Schuhe trocknen — **Schneller mit Zeitungen**

Einlagen rausnehmen, diese in Zeitungspapier einlegen und separat hinlegen. Den Schuh selbst mit Zeitungspapier voll stopfen (nicht zu fest) und anschließend in einige Lagen Zeitungspapier einrollen, am besten in der Nähe der Heizung aufstellen.

○○○○○●○ **5 Min.** ★ **Standard**

Service-Intervalle

Jacken und andere imprägnierte Kleidungsstücke alle 10-15 Wäschen imprägnieren, sonst ist die Funktion dahin!

○○○○○●○ **15 Min.** **Standard**

Trikots — **Unterschiede**

Trikots müssen aus Funktionsfaser sein, damit man nicht mehr schwitzt als eben notwendig. Wer vorwiegend im Sommer fährt, der sollte ärmellose mit langen Reißverschlüssen bevorzugen. Generell auf die Nahtqualität achten. Gute Trikots erkennt man an je einer dreieckigen Verstärkungsnaht an den Eingriffen zu den Rückentaschen. Es gibt verschiedene Schnitte, die sich an Figurtypen orientieren, je sportiver die Firmen- oder Serienphilosophie, desto enger und athletischer der Schnitt.

●○○○○○○ **15 Min.** ★

Waschmaschine meiden!

Waschen Sie Ihre Regenkleidung und andere beschichtete Kleidung so selten wie möglich. Denn jedes Waschen schädigt die Imprägnierung. Das lässt sich nie wieder gut machen. Doch Vorsicht: Wenn Sie die Jacke anziehen und gute Freunde die Nase rümpfen, dann ist der Gang zur Waschmaschine einfach fällig.

○○○○○●○

PECHVOGEL

Wetterschutz — Preiswert

Als Helmüberzug, Sattelüberzug und wasserfeste Socken lassen sich Einweg-Duschhauben aus dem Hotel rekrutieren. Kalte und nasse Hände werden durch Einweg-Handschuhe von der Tankstelle kuriert. Eine Plastiktüte zwischen Knien und langer Hose bricht den Wind, ebenso wie auf der Brust oder im Schritt. Ein Müllsack mutiert mit einigen gezielten Rissen zur Regenjacke.

○○○○●○○ ★

Winterhandschuhe — Zwiebelsystem

Handschuhkauf ist nicht alleine Vertrauenssache: Statt eines dicken Paars Winterhandschuhe sollten Sie lieber das Zwiebelsystem beherzigen. Kaufen Sie sich dünne sehr atmungsaktive Handschuhe, ein Paar Thinsulate- oder Fleece-Handschuhe mittlerer Dicke und wasserdichte Überhandschuhe. Diese lassen sich beliebig kombinieren (auch unterwegs). Das ist billiger und gesünder als »dickes Geschütz«, das sich nicht anpassen lässt.

●○○○○○○ ★

Winterhandschuhe — Kauftipps

Skihandschuhe werden gern gepriesen, versagen aber beim Bremsen und Schalten. Dicke Fingerhandschuhe sind unbeweglich, Bremsen muss man mit ihnen üben! Wärmer sind Modelle mit je zwei zusammenliegenden Fingern. Die Bündchen sollten fest sein oder sich einstellen lassen und lang genug, damit keine Hautpartien zwischen Jacke und Handschuhe freiliegen.

●○○○○○○ **20 Min.** ★

Einstellen und Ergonomie

MOUNTAIN-BIKER

Bremshebel — Position

Beim Mountainbike befinden sich die Bremshebel auf der verlängerten Linie von Schulter, Ellbogen und Handgelenk. Beim Rennrad gilt, dass die Unterkante des Bremshebels exakt auf die verlängerte Linie der unteren geraden Griffstücke stoßen sollte. Legen Sie im Zweifelsfall eine Latte an.

○●○○○○○ **5 Min.** ★★ **Standard**

Einstellungen — Notieren statt verlieren

Es vergeht viel Zeit und schmerzhaftes Probieren, bis Sie die ideale Position auf Ihrem Rad gefunden haben. Verlieren Sie diese Erfahrungswerte nicht, sondern notieren Sie sie. Denken Sie an die Abstände von: Sattel-Boden, Sattel-Tretlager, Sattelspitze im Lot zum Tretlager, Sattelspitze-Lenker, Tretlager-Boden, Lenker-Boden und Lenker-Tretlager.

○○○○○○● **5 Min.** ★ **Standard**

Ergonomie — Tragen Sie Ihrem Körper Rechnung

Der Mensch ist nicht symmetrisch gewachsen und sollte das Rad der ergonomischen Realität anpassen! Lassen Sie sich – wenn Sie nach langem Probieren auf keinem Rad glücklich werden – vermessen (beispielsweise von Bioracer). Die Ergebnisse fördern mitunter interessante Dinge zu Tage und münden nicht selten in einem maßgeschneiderten Rad. Das ist nicht billig, aber seinen Preis wert!

○○●○○○○

Handschmerzen — *Taub und eingeschlafen*

MOUNTAIN-BIKER

Ob Mountainbike oder Rennrad, jedes Paar Hände schmerzt von Zeit zu Zeit. Beim Forstradel helfen Lenker mit Biegung, eine Federgabel oder ergonomisch optimierte Griffe wie beispielsweise »Biogrips«. Spezielle Handschuhe schützen die eigene Haut nicht nur bei Stürzen, sondern federn auch Fahrbahnunebenheiten ab.

○○●○○○○ **60 Min.** ★★★ **Heimwerkstatt**

Kurbellänge — *Wer eine Sonderlänge braucht*

Ab Fahrergröße von 180 cm empfehlen sich 172,5 mm Kurbeln, wer über 1,95 m ragt, der kann auch über längere Kurbeln nachdenken. Fahrer unter 1,65 m hingegen sollten überlegen, sich Modelle mit 165 mm oder weniger zu besorgen. Je länger die Kurbeln, desto schwieriger wird der runde Tritt, also im Zweifelsfall immer die kürzere Kurbel wählen. Zwischen den einzelnen Rädern im Fuhrpark sollten nicht mehr als 5 mm Differenz liegen. Als Quelle für Sonderlängen gilt die französische Firma »TA«.

●○○○○○○

Lenker — *Neigung*

TEMPOMACHER

Die geraden Rennlenkerenden sollten parallel zum geraden Oberrohr verlaufen oder leicht nach unten geneigt sein. Dabei jedoch nicht weiter neigen, als die gedachte Verlängerung vom Lenkerende zur Hinterradnabe.

○○●○○○○ **10 Min.** ★★ **Bike-Pack**

Lenker-Sattel-Abstand

TEMPOMACHER

Beim Rennrad gilt: Ellbogengelenk an die Sattelspitze und Hand Richtung Vorbau ausstrecken. Nun darf zwischen Fingern und Lenkern nur 3 Fingerbreit Platz sein.

○○●○○○○ **15 Min.** ★ **Standard**

Lenkerbreite — *Bestimmen*

RENNRAD-FAHRER

Beim Rennrad sollte man auf die richtige Lenkerbreite achten: Frontal betrachtet dürfen die Arme von der Schulter zum Lenker hin nicht abknicken, sondern müssen gerade verlaufen, beziehungsweise nach außen weisen.

○○●○○○○ **10 Min.** ★ **Bike-Pack**

Lenkerhöhe — *Bestimmen*

Die Lenkerhöhe richtet sich in erster Linie nach dem Fahrzweck und persönlichen Präferenzen. Wenn es schnell gehen soll, dann muss der Lenker runter. Wer viel sehen will, der braucht einen hohen Lenker. Je höher der Lenker, desto mehr Gewicht auf dem Gesäß. Probieren Sie verschiedene Höhen.

○○●○○○○ **15 Min.** ★ **Bike-Pack**

Nackenschmerzen — *Beseitigen*

Mangelnde Federung ist die häufigste Ursache für verkrampfte Nackenpartien. Deshalb bei der Fahrt die Ellbogen leicht anwinkeln und federn lassen. Das schafft auf guten Straßen hinreichend Komfort. Geht's rauher zu, so helfen spezielle Griffe oder Federgabeln.

●○○○○○○ ★★★

Q-Faktor — *Beachten*

150

Der Q-Faktor beschreibt den effektiven Abstand der beiden Pedalen zueinander, also die Achsbreite und die Kröpfung der Kurbelschenkel. Gemeinhin wird angestrebt, ihn möglichst gering zu halten. Doch Vorsicht: Wenn Sie sehr groß sind, kann ein geringer Q-Faktor den Komfort reduzieren und Knieschmerzen hervorrufen. Wer auf dem Mountainbike mit dem eher hohen Q-Faktor keine Probleme hat, aber beim Renner auf der Straße (mit geringem Faktor) Schmerzen verspürt, der sollte Distanzscheiben in die Pedale einschrauben oder ein breiteres Innenlager montieren.

5 Min. ★★★★ ***Profiwerkstatt***

Rahmenhöhen — *Messmethoden*

MOUNTAIN-BIKER

20

Bei Mountainbike Rahmen mit abfallendem Oberrohr wird in manchen Fällen die Rahmenhöhe bisweilen als Wert des theoretisch waagerecht verlaufenden Oberrohres angeben. Ergo fallen diese Rahmen kleiner aus.

★ ***Standard***

Sattel — *Position*

Der Sattel steht üblicherweise waagerecht und wird nur bei extrem niedrigen Lenkern nach vorne abgesenkt. Hier gibt es jedoch starke individuelle Abweichungen.

Sattel — *Neigung bestimmt Armlast*

Die Neigung des Sattels bestimmt neben dem Sitzkomfort auch das Wohlbefinden der Arme und Hände. Wenn die Last auf diesen zu hoch erscheint, sollte man die Sattelspitze etwas höher stellen.

15 Min. ★★ ***Standard***

Sattelhöhe — *Einstellen*

Wenn Sie auf dem Sattel sitzen, sollten Sie mit der Hacke des ausgestreckten Beins gerade eben die Pedale erreichen können. Sie können sich dem mit Hilfe eine Freundes annähern, der Sie von hinten betrachtet, während Sie Stück für Stück die Sattelstütze höher gestellt bekommen. Beginnt sich das Becken beim Treten zu bewegen, ist der Sattel zu hoch, stellen Sie ihn nun einen Hauch niedriger und Sie haben die ideale Position (es gibt – wie immer – individuelle Ausnahmen).

5 Min. ★★ ***Standard***

Sattelhöhe — *Jederzeit schnell eingestellt*

20

Vermessen Sie die Mitte des Tretlagers mit der Satteloberkante an Ihrem Lieblingsrad und kürzen Sie eine Schnur in entsprechender Länge. Diese packen Sie zu Ihrem Flickzeug oder in das Portemonnaie und Sie können jederzeit blitzschnell ein Rad auf Ihre Sattelhöhe einstellen. Gleiches funktioniert übrigens auch mit dem Lenker-Sattel-Abstand.

5 Min. ★ ***Standard***

Sattelstellung — *Einstellen*

Bringen Sie die Pedale in waagerechte Stellung und stellen Sie ihren Fuß auf das vordere Pedal. Wenn Sie nun ein Lot vor der Kniescheibe nach unten hängen, muss es exakt durch die Pedalachse verlaufen.

10 Min. ★★ ***Standard***

Sitzhöhe — Ermitteln
TEMPOMACHER

Die Sattelhöhe entspricht der Beinlänge multipliziert mit 0,88 und die Gesamtdistanz zwischen Pedal (unten) und Sattel der Beinlänge multipliziert mit 1,04-1,07. Die Bandbreite der letzten beiden Werte ergibt sich aus den individuellen Schwankungen und Präferenzen der Radfahrer.

○○●○○○○ **25 Min.** ★ **Standard**

Triathlon-Lenker — Sattel korrigieren
TEMPOMACHER

Durch einen Tria-Aufsatz neigt sich der Körper nach vorne, deshalb muss der Sattel um mindestens 10 mm nach vorne geschoben werden, ansonsten schmerzen die Weichteile sehr bald. Eben deshalb sollte die Sattelspitze um etwa drei Grad abgesenkt werden. Nun bedarf es gewisser Gewöhnung, um sich in der neuen Position komfortabel zu fühlen.

○●○○○○○ **30 Min.** ★★ **Standard**

Triathlon-Aufsatz — Am geraden Lenker
TEMPOMACHER

Wird der Aufsatz mit einem Touren- oder MTB-Lenker kombiniert, so tritt folgendes Problem auf: Ist der Sattel optimal für die Liegeposition ausgerichtet, dann sitzt es sich in der aufrechten Position unbequem. Umgekehrt eingestellt ist auch kein Komfort zu erwarten, darum lässt sich der Sattel nur als Kompromiss justieren, schade eigentlich!

○○●○○○○ **30 Min.** ★★ **Standard**

Ernährung

Alkohol

Der Geist ist einsichtig, doch der Gaumen ist schwach! Wenn Sie sich schon am Alkohol erfreuen wollen: Rotwein gilt als weniger brisant als Bier.

○○●○○○○ ★

Alkohol — Nach dem Rausch zum Temporausch?
TEMPOMACHER

Nach einer wilden Party dürfen Sie 36 Stunden kein Tempo auf dem Rad erwarten, so lange braucht der Alkohol, um aus dem Körper zu verschwinden. Von den hinterlassenen Schäden ganz zu schweigen.

●○○○○○○

Coole Drinks — Auch im Hochsommer 1

Logisch, wer einen Camelbak hat, der füllt einfach Eiswürfel hinein (dafür ist der Füllstutzen extra vergrößert worden).

○○●○○○○

5 Min. ★ **Standard**

Coole Drinks — Auch im Hochsommer 2

Biker mit Trinkflaschen legen die halb gefüllte Trinkflasche einfach am Abend vor der Ausfahrt ins Tiefkühlfach und füllen sie am anderen Morgen auf.

○○●○○○○

5 Min. ★ **Standard**

Coole Drinks — *Auch im Hochsommer 3*

Während der Tour hilft eine in kaltem Wasser getränkte Socke, die über die Flasche gezogen wird, das feuchte Element kühl zu halten.

5 Min. ★ ***Standard***

AUF TOUR

Es wird immer süßer

Je länger man unterwegs ist, desto süßer schmecken die Speisen und Getränke. Also beginnen Sie mit den süßen Speisen und werden im Verlaufe der Fahrt »herber«.

★

Essen — *Um 22 Uhr ist Schluss*

Essen Sie nach 22 Uhr nichts mehr, Ihr Magen ist der Aufgabe zwar gewachsen, aber er wird Sie durch seine Arbeit wach halten. Und dem sind Sie vielleicht nicht gewachsen.

TEMPOMACHER

Essen & Fasten — *Das Timing ist entscheidend*

30 Minuten nach dem Start sollten Sie spätestens den ersten Riegel oder eine Banane zücken. Hauptsache, Sie essen und fangen frühzeitig damit an. Wer fastet, dem fährt später das Peloton davon! Anders ist es beim Wintertraining. Ist Grundlagenausdauer angesagt, dann wird nichts oder nur sehr wenig gegessen. Um später schnell unterwegs sein zu können, muss im Winter und Frühjahr die sogenannte Fettverbrennung trainiert werden, dabei werden eingelagerte Fette verbrannt. Dieser Prozess setzt allerdings erst ein, wenn zugeführte Nahrung »am Ende« ist, und bei einer Belastung unterhalb von 80 Prozent der maximalen Leistung.

★★

TEMPOMACHER

20

Essen & Fasten — *Fettverbrennung fördern*

Wenn man eine Stunde vor der Fahrt eine halbe Grapefruit isst, wird die Fettverbrennung stimuliert.

5 Min. ★★ ***Standard***

Fahren oder Fressen?

Wenn Sie abnehmen wollen, ist der Mittag die beste Zeit für Radtouren. Anschließend sind Sie ausgelassen und werden einen Apfel als vollwertige Mahlzeit genießen.

2 Std. ★★

TEMPOMACHER

Guten Appetit — *Riegel oder Brötchen*

Wichtig ist, dass der Tank vor dem Rennen mit Kohlenhydraten gefüllt wird. Das fängt mindestens zwei Tage vor dem Rennen an. Fett, Alkohol und Co meiden, dafür Gemüse, Nudeln und Kartoffeln! Im Rennen zählt die Mischung: Energieriegel, Bananen, Trockenfrüchte und Reisfladen sorgen für den Brennwert, Brote, Schokolade und Brühe versorgen den Gaumen. Auf jeden Fall gilt die alte Weisheit »Essen vor dem Hunger, denn wer Hunger hat, der hat verloren«.

★

Traubenzucker — ***Achtung!***

Traubenzucker ist uns allen aus Schulzeiten bekannt, doch Obacht, es heizt ein und lässt dann sehr schnell nach. Eventuell gut für die letzten Kilometer oder um ein Loch im Rennen zu stopfen. Dann muss allerdings unmittelbar mit dem »Schnee« solide gegessen werden, sonst hangelt man sich nur von Loch zu Loch.

○○○●○○○

Treibstoff — ***Was soll man im Rennen tanken?*** — *TEMPOMACHER*

Die Industrie bietet vieles, der Sportler braucht viel weniger! Apfelsaftschorle (Mischungsverhältnis 1:3) und bei superharten Rennen ein Kohlenhydratzusatz genügen völlig. Wichtig ist vor allem viel zu trinken, insbesondere im Sommer kann ruhig ein Liter in der Stunde getrunken werden. Cola schmeckt nicht nur, sondern hilft auch schnell beim »Zuckerloch«, ist taktisch also clever, in der strategischen Planung im Rennen hat das schwarze Leckerchen aber nichts zu suchen. Ähnlich verhält es sich mit Red Bull, bevor man nicht 15 Stunden im Sattel saß, ist man auf diese Flügel nicht angewiesen.

○○●○○○○ ***5 Min.*** ★

Fahrtechnik

Bahnschienen

Überfahren Sie Bahnschienen stets möglichst am Straßenrand, dort sind Asphalt und Eisenschwellen weniger ausgefahren, das schafft Sicherheit.

○○○●○○○ ★

Bike anlehnen — ***Wegrollen verhindern***

Wer seinen Bikehandschuh um den gezogenen Bremshebel zieht, der hat sein Rad sicher angelehnt

○○○●○○○ ***1 Min.*** ★

Bremsen

Bei Trockenheit, gutem Untergrund und auf der Geraden ist die Vorderradbremse wirkungsvoller als die hintere. Geben Sie ihr mehr Druck. Auf sandigen Pisten, im Regen oder in Kurven hat die Hinterbremse Vorrang, weil sich ein ausbrechendes Hinterrad besser abfangen lässt.

○○○●○○○ ★★

Einstellung entscheidet — ***In der Stadt***

Fahren in der Großstadt ist vordergründig eine Einstellungs- und Übungsfrage. Sicheres und zügiges Rad fahren ist eine Art Tanz, man fügt sich harmonisch in eine Menge von sich bewegenden Personen ein, macht seine Figuren ohne jemandem auf die Füße zu treten und verlässt das Parkett, wenn man möchte, ebenfalls ohne zu stören... Wer so Rad fährt, wird auch in London, Paris oder Berlin sicher und schnell unterwegs sein. Verstehen Sie Verkehr als eine fließende Masse, zu deren Teil Sie für die Länge Ihrer Fahrt werden, nicht als die Summe aller Gegner!

●○○○○○○ ★★

MOUNTAIN-BIKER

Fokus — *Muss stimmen*

Konzentrieren Sie sich immer darauf, wohin Sie fahren möchten, nicht darauf, wohin Sie nicht fahren wollen. Reflexartig steuern Sie in brisanten Situationen, wenn die bewusste Wahrnehmung überfordert ist, meist die fokussierten Ziele an. Dann kann es gefährlich werden, wenn Sie den großen Stein im Trail statt der Ideallinie im Kopf hatten.

○○○●○○○ ★★

TEMPOMACHER

Ideallinie — *Finden*

Das Rad folgt meist der Blickrichtung, deshalb konzentrieren Sie sich nicht auf die gefährlichen Brocken und den Sand, sondern auf die »guten« und »sauberen« Sektionen einer Passage. Dass dies funktioniert, zeigt der Fußball: Seit Torwarte grelle Handschuhe tragen, werden sie öfter angeschossen. Lenken Sie Ihre Wahrnehmung auf die sicheren Passagen und Sie werden besser fahren. Schauen Sie mindestens 4-6 Meter voraus.

○○○●○○○ ★

Im Schnee — *Fahren*

Wechseln sich Schneepassagen und Asphalt ab, so schalten Sie im Schnee einen oder zwei Gang »dicker«, da das Rad so ruhiger läuft, als bei einer hohen Trittfrequenz, die lediglich Unruhe in die Lenkung bringt. Vermeiden Sie Kurvenfahrten und verlagern Sie das Gewicht aufs Hinterrad. Lassen Sie das Vorderrad seinen eigenen Weg suchen. Entspannen Sie sich und schreiten Sie erst ein, wenn das Rad langsamer wird oder sich zu verirren droht. Dann sollten Sie schneller treten und zu steuern beginnen.

○○○●○○○ ★★

Kette — *Abgesprungen*

Ist die Kette abgesprungen – einfach ohne Krafteinsatz locker weiter kurbeln und den Umwerfer oder das Schaltwerk in entgegengesetzte Richtung bewegen. Niemals bergauf oder in gewundenen Singletrails versuchen! Hören Sie beim Treten auf die Kettengeräusche. Lärmt es sonderbar, dann stoppen und kontrollieren.

○○○●○○○ ***1 Min.*** ★★

Kette abgesprungen — *Auflegen ohne Stress und Dreck*

Muss man stoppen, um die Kette wieder aufzulegen, nimmt man den 6 mm Inbus und streift die Kette damit wieder auf Ritzel und Kettenblatt – das hält die Hände sauber! Vergessen Sie nicht, den Inbus vorm Verpacken an einem Blatt zu säubern!

○○○●○○○ ***2 Min.*** ★★

Kurven

Kurven gehören zur höchsten Kunst beim Rad fahren. Achten Sie in Kurven vor allem auf die Pedale, das äußere muss in Kurven unten stehen und sollte belastet werden, um den Druck auf die Straße zu erhöhen.

○○●○○○○ ★

TEMPOMACHER

Kurven

In Kurven kann man immer Meter gut machen, aber auch dem Tod gegenübertreten. Deshalb passen Sie Ihren Kurvenstil den Gegebenheiten an. Wenn Sie die Kurve weitläufig einsehen können, dann ist es erlaubt, anzuschneiden und ins Kurveninnere zu fahren, um den Scheitelpunkt auszunutzen.

●○○○○○○ ★★

Kurven — Bremsen

Müssen Sie in einer Kurve plötzlich bremsen, so richten Sie sich auf und bremsen Sie dann kurz und heftig. Dann sofort wieder in die Kurve legen und aus dem Problembereich herausrollen.

○○○●○○○ ★★

Kurven — Lieber langsamer

Es ist keine Schande, vor einer Kurve abzubremsen! Tun Sie dies, indem Sie frühzeitig zu rollen beginnen, oder durch kurzes starkes Bremsen direkt vor der Kurve.

○○○●○○○ ★★

Kurven — Neue Reifen

Achten Sie bei neuen Reifen darauf, dass diese auch »in der Kurve« vorsichtig eingefahren werden müssen.

○○○●○○○ ★★

Kurven — Schwerpunkt

Um den Schwerpunkt noch weiter in die Kurve zu bringen, können Sie Ihren Oberkörper leicht nach innen neigen und das »innere« Knie zur Kurvenmitte winkeln.

○○○●○○○ ★★

Kurven — Überhöhung sorgt für Tempo

Schauen Sie bei Abfahrten auf den Straßenboden. Ist die Fahrbahn ausgefahren, dann ergeben sich Überhöhungen, die man nutzen kann. Sie erlauben mehr Schräglage, also mehr Tempo.

○○○●○○○ ★★★

Pfützen — Achtung!

Oft sollte die Durchfahrt nur ein Spaß sein, doch das Schlagloch in der Pfütze hat daraus Ernst werden lassen. Umfahren Sie jede Pfütze, wann immer dies möglich ist.

○○○●○○○ ★★

Rad abstellen — Ohne Ständer

So wird es gemacht: Das Rad anlehnen. Die Sattelwölbung an den Pfahl schmiegen und nun die Kurbel rückwärts drehen, bis die Pedale anstößt.

○○○●○○○ ***1 Min.*** ★★

Rad heben — Kraftsparend

Kraft sparen beim Tragen des Rades: Ziehen Sie, kurz bevor Sie das Rad anheben möchten, die Vorderradbremse, so hebt sich die hintere Partie des Rades und »springt« Ihnen auf die Schulter!

○○○●○○○ ★

Regen... 1

Sobald Regen einsetzt, ändern sich die Bedingungen für Radfahrer binnen Sekunden. Achten Sie auf Gullies, diese werden bei Regen spiegelglatt. Gleiches gilt für Bahnschienen und Fahrbahnmarkierungen. Fahren Sie über solche Hindernisse möglichst rechtwinkelig und vermeiden Sie jede Schräglage. Wenn Sie schnelle Kurven fahren, dann verringern Sie die Schräglagenphase, indem Sie die Kurve anfahren, sich kurz aufrichten und abschließend wieder abwinkeln. Defacto fahren Sie also zwei kurze Kurven. Wer Felgenbremsen fährt, muss mit verringerten und verzögerten Bremsleistungen rechnen! Achten Sie darauf, dass Sie frühzeitig vor Pfützen Raum zum Umfahren planen. Plötzliche Schlenker sind gefährlich.

★

Regen... 2

Mit einem Bar weniger Luftdruck erhalten die Reifen mehr Auflagefläche und das verschafft Sicherheitsreserven. Besonders tückisch sind Straßen, die sandig, moosig oder ölig sind und dann durch einen Regenguss »eingeseift« wurden. Der Effekt ähnelt nassem Laub auf einer Straße, nur dass man dieses »Laub« nicht sieht. Fahren Sie im Zweifelsfall in den Kurven sehr langsam und beschleunigen Sie auf den »ungefährlichen« Geraden.

★

Runder Tritt — Visualisieren 1

Greg Lemond, dreifacher Tour-de-France-Gewinner, stellt sich im Totpunkt einen dreckigen Schuh vor, dessen Matsch er an einer Treppenkante abstreift. Erreicht der Fuß den oberen Totpunkt, so stellt man sich vor, man wolle mit dem Knie den Lenker berühren und schon »rutscht« man hinüber.

★★

Runder Tritt — Visualisieren 2

Der runde Tritt lässt sich wie folgt visualisieren: Steht die Kurbel senkrecht oben, so stellt man sich vor, mit dem Fuß in einen Slipper hinein zu rutschen. Nun tritt man, als würde man mit der Ferse in den Slipper wollen. Steht der gleiche Fuß senkrecht (unten), so führt man sich die Bewegung vor, die dem Herausgleiten aus einem Slipper entspricht. Je langsamer die Frequenz ist, desto einfacher lässt sich die Bewegung adaptieren. Später Trittfrequenz erhöhen.

★

Schalten — Achten Sie auf das Kettenblatt

Achten Sie immer darauf, dass die Kette auf dem richtigen Kettenblatt liegt. Es ist einfacher, unter Belastung Ritzel zu schalten als Kettenblätter. Auch ist das Kettenriss-Risiko geringer!

★★

MOUNTAIN-BIKER

Schalten — Am Scheitelpunkt Frequenz erhöhen

Hüten Sie sich davor, direkt auf dem Scheitelpunkt des Berges wieder in die schnellen Gänge zu schalten! Erst schalten, wenn die Trittfrequenz wieder höher ist und der Tritt rund. Sonst setzt sich das Stampfen des Anstieges bei der Abfahrt fort.

Schalten — *Bergab Kette »sichern«*

MOUNTAIN-BIKER

Wenn es rumpelig bergab geht, sollten Sie die sonst ungeliebte Kombination von großem Kettenblatt und großem Ritzel wählen. Hierbei hat die Kette die höchste Spannung und springt nicht ab!

○○○●○○○

Schalten — *Kniffelig: Aufs kleinste Kettenblatt*

MOUNTAIN-BIKER

Auch wenn Shimano fast alles butterweich gemacht hat, die Kette schaltet vorne nur sauber, wenn die Belastung gering ist. Also schnell in den Berg hinein und zum Schalten auf das kleine Kettenblatt kurz hingesetzt und unter verminderter Last geschaltet. Dann wieder aufstehen und weiter!

○○○●○○○

Schalten — *Nach der Kuppe in die Vollen*

MOUNTAIN-BIKER

Nach dem Scheitelpunkt die Kette auf das große Blatt legen, dann hat sie Spannung und man hat »Temporeserven«, die sich schnell mit rechts schalten lassen. Doch achten Sie auf Ihren Tritt, der sollte auch hierbei rund sein.

○○○●○○○

Schalten — *Voraussicht sorgt für Tempo*

Schalten Sie vorausschauend. Wer den richtigen Gang frühzeitig einlegt, kann sofort durchstarten. Vor unübersichtlichen Passagen lieber herunterschalten.

○○○●○○○

Schatten-Schauen

Wenn der Tag sich dem Ende entgegen neigt, dann können Sie Ihre Haltung auf dem Rad kontrollieren. Schauen Sie auf den Schatten und Sie sehen, wie Sie auf dem Rad sitzen. Am Berg können Sie sehen, ob und wie stark Sie mit dem Oberkörper schwanken. Auch die Zug- und Druckphase beim Pedalieren lässt sich vorzüglich beobachten. Vergessen Sie dabei nicht, den Verkehr im Blick zu behalten...

○○○●○○○ ★★

Schulterschmerzen — *Abhilfe*

Die Ohren gehören nicht zwischen die Schultern, sondern der Hals gestreckt. Strecken Sie gelegentlich Hals, Nacken und Schultern, sonst wird's bald wieder schmerzen.

○○○●○○○ ★

Springen — *Auf Blickrichtung achten*

Schauen Sie beim Springen niemals dahin, woher Sie kamen oder wo Sie gerade fliegen, sondern schauen Sie auf Ihre »Landebahn«, dort entscheidet sich, ob Sie die Aufgabe meistern!

○○○●○○○ ★★★

Springen — *Üben!*

Springen, das klingt nach Mountainbike und Abenteuer. Sprünge sind aber auch in der Innenstadt, auf Touren oder im Training überlebenswichtig. Üben Sie öfter. Wer auf einen 15 cm hohen Kantstein seitlich hinaufspringen kann, dem bietet sich in gefährlichen Situationen ein Fluchtweg...

○○●○○○○ ★★★

Standsicherheit nur mit Links!

Stoppen Sie stets mit dem linken Bein am Boden. So erhalten Sie keine »Ketten-Tattoos« und können sich bei Balance-Problemen in den Straßenrand drücken. Das kann Ihr Leben retten...

○○○●○○○ ★

Stürzen — *Üben, üben, üben*

Stürzen lässt sich lernen. Wer den Ernstfall übt, der wird ihn in der Regel auch »gesunder« überstehen. Zwar gibt es keine »Sturzschulen für Biker«, aber einige asiatische Kampfsportarten lehren Sturztechniken, die sich problemlos auf dem Bike – oder besser davon fallend – umsetzen lassen.

○○●○○○○ ★★

Tote Winkel — *Bedenken*

Denken Sie immer an den Toten Winkel. Haben Sie ein Auto geortet, das auf einmal hinter einer Hausecke, einem LKW oder einer Plakatwand verschwunden ist, um gleich direkt vor Ihnen aufzutauchen, so erwarten Sie nicht, das der Fahrer auch Sie gesehen hat. Er hat nämlich kein so dringendes Bedürfnis, sich umzuschauen, weil ihn 1000 kg Stahl schützen.... Nutzen Sie Autoscheiben, spiegelnde Schaufenster und Schatten auf dem Boden, um sich mehr Durchblick durch den Verkehr zu verschaffen.

○○○●○○○

MOUNTAIN-BIKER

Trail — *Meistern*

Fahren Sie knifflige Passagen im Gelände niemals öfter als dreimal hintereinander. Wenn Sie sie beim ersten Durchlauf schaffen, fein! Wenn es daneben ging, besprechen Sie mit Freunden den Trail und versuchen Sie, die Ideallinie zu finden. Klappt's beim zweiten Mal wieder nicht, gehen Sie erneut in die Diskussion. Nach dem dritten Versuch fahren Sie weiter, diese Passage meistern Sie bei anderer Gelegenheit. Wer Stunden probiert, wird müde und ist frustriert!

○○○○○○● ★★

TEMPOMACHER

»Track-Stand«

Ob im Gelände, bei Straßenrennen oder bei der Ausfahrt aus einem Tiefgaragentor, der »Track-Stand« ist immer hilfreich und schult das Körpergefühl. Der »Track-Stand«, das Stehen mit dem Rad ohne einen Fuß abzusetzen, kann an jeder Ampel geübt werden: Verlangsamen Sie die Fahrt, bis Sie fast umfallen. Bringen Sie ein Pedal in die »14-Uhr-Stellung« und neigen Sie das Vorderrad in diese Richtung. Heben Sie sich etwa 10 cm aus dem Sattel. Nun müssen Sie das Rad auszubalancieren versuchen und dabei stets soviel Kraft auf das »14-Uhr-Pedal« bringen, dass Sie das Rückwärtsrollen verhindern und dennoch nicht vorwärts fahren. Übung macht auch hier den Meister.

○○○●○○○ ★★★

RENNRAD-FAHRER

Üben Üben Üben

Driften und Schräglage können Sie auf der Wiese üben. Hier fällt es sich weicher. Schoner vom Inlineskaten und der selbstverständliche Helm minimieren das Verletzungsrisiko. Tasten Sie sich langsam an die Grenzen heran.

○○○●○○○ ★★

Vollbremsung — Gewusst wie!

Langen Sie voll in die Bremsen, lehnen Sie sich dabei weit hinter den Sattel und nehmen Sie den Kopf herunter. So ist Ihr Schwerpunkt weit hinten und tief. Das schützt vor Überschlägen und gibt dem hinteren Rad Halt. Greifen Sie nicht so stark in die Bremsen, wenn es nass ist...

★★

Gesundheit

»Dicke Beine« — Was tun?

Der Muskelkater ist ein böser Zeitgenosse, doch Sie können ihm das Leben schwer machen: Wer »dicke Beine« hat, sollte keinesfalls einen Tag aussetzen, sondern eine extrem lockere kleine Runde fahren, das regt die Muskeln zur Regeneration an. Unterstützen Sie dies durch extra Portionen Magnesium und viel (viel!) Flüssigkeit.

60 Min. ★

Beine rasieren — Warum?

TEMPOMACHER

Sich die Beine zu rasieren macht schneller (Aerodynamik), vereinfacht die Massage, begünstigt die Heilung bei Schürfwunden, da sich kein Dreck in den Haaren fängt, kein Pflaster schmerzhaft abgezogen werden muss und die Kruste nicht mit Haaren durchsetzt ist.

★

Beine rasieren — Wie?

TEMPOMACHER

20

Rasieren Sie mit einem Langhaarschneider oder einem elektrischen Schergerät für den Kopf vor, dann versehen Sie die Beine mit Rasierschaum und schneiden Sie mit einer bereits fürs Gesicht benutzten Klinge nach, um eine letzte Rasur mit einer frischen Klinge zu absolvieren. Vermeiden Sie Aftershave mit Alkohol. Stattdessen ist eine milde Creme besser – für die Haut und für Ihr Schmerzempfinden!

20 Min. ★★ **Standard**

Erkennungsmarken der Armee in friedlicher Mission

50

Verkehr ist zwar kein Krieg und Touren sind kein Auszug zu einer Schlacht, dennoch können Erkennungsmarken, wie sie das Militär verwendet, in extremen Situationen hilfreich sein. Solche Marken werden von Militärversendern (z.B. Kotte & Zeller) vertrieben und individuell gestanzt. Die amerikanischen sind oval und kommen stets im Paar. Eine kann mit Kabelbinder am Rad festgemacht werden, die andere hängt um den Hals und gibt bei Unfällen wichtige Informationen über Alter, Allergien und Kontaktpersonen.

★

Fahren – Putzen – Essen !

Putzen Sie sich nach einer langen Ausfahrt vor dem Essen und Trinken die Zähne. Dabei säubern Sie automatisch den kompletten Mundraum, der Straßendreck, Staub und Abgase gesammelt hat.

3 Min. ★

Fahren in der Gruppe — *Apotheke mitnehmen*

50

Wer auf Touren geht, der sollte eine Apotheke dabei haben! Bei Hein Gericke gibt es ein kleines Set für Motorradfahrer, da ist alles auch für »motorlose« Biker drinnen. Ortlieb hat ebenfalls ein Set im Angebot. Die Sets sind meist wasserdicht verpackt. Verantwortungsvolle Biker frischen ihre Erste-Hilfe-Kenntnisse beim Roten Kreuz auf!

★

PECHVOGEL

Gesäßprobleme — *Katastrophenhilfe*

20

Hat man sich den berühmten »Wolf geholt«, dann kann eine üppige Ladung Melkfett helfen. Tropft bereits das Blut, so hilft nur Sprühverband und Anestesin(R) Salbe. Hier ist jedoch Vorsicht geboten! Die Salbe heilt nicht, sondern betäubt. Das heißt in der Praxis, dass jeder unter diesen Bedingungen zurückgelegte Meter die Situation verschärft.

5 Min. ★★

Grippe — *Vorbeugen*

20

Waschen Sie sich mehrmals täglich die Hände, auf diese Weise vermindern Sie das Risiko, sich bei einer Grippewelle anzustecken Auch ist es hilfreich, die Vitamin-C-Menge im voraus zu erhöhen. Orangen essen oder entsprechende Tabletten schlucken.

★

Grippe-Sofortprogramm — *1*

20

Vitamin-, Mineralien- und Proteinzufuhr erhöhen (B1, B2, C, Niacin und Zink), damit der Körper die »Waffen« für die Schlacht gegen die Immunangreifer erhält.

★

Grippe-Sofortprogramm — *2*

Stellen Sie umgehend das Training und intensive Touren ein.

★

Grippe-Sofortprogramm — *3*

Wärmen Sie den Körper konstant.

★

Grippe-Sofortprogramm — *4*

Trinken Sie viel (Kamillentee ist keimtötend).

★

Grippe-Sofortprogramm — *5*

20

Nehmen Sie »Echinacea«-Präparate, Vitamintabletten und Zink zu sich.

★

Grippe-Sofortprogramm — *6*

20

Genießen Sie Dampfbäder (Kamille, Pfefferminz- und Eukalyptusöle sind optimal).

★

Grippe-Sofortprogramm — *7*

Gönnen Sie Körper und Geist so viel Ruhe wie möglich.

★

Haut pflegen — **Im Winter**

Ihre Haut braucht im Winter besondere Pflege: Cremen Sie sich regelmäßig nach dem Duschen sparsam mit einer Lotion ein. Im Gesicht tut Melkfett sehr gut.

20

10 Min. ★

Hochsommer — **Siesta einhalten**

UV-Strahlung, Ozon und Staub in den Mittagsstunden sind ungesund. Verlegen Sie Training und Touren auf die Morgen- oder frühen Abendstunden. Sie schonen sich und haben mehr von der Umwelt.

Infektionen — **Nie die Flasche des anderen greifen**

So kollegial es auch sein mag, trinken Sie nicht von anderer Leute Trinkflasche – Sie löschen nicht nur Ihren Durst, sondern können sich auch allerlei einfangen...

Kettenblatt-Tattoo — **Entfernen**

Die berühmten »Kettenblatt-Tatoos« auf der Wade reibt man einfach mit Babyöl ein und nach einigen Minuten lassen sie sich abwischen. Wer in sein Not-Set ein Erfrischungstuch gelegt hat, der weiß es jetzt zu nutzen...

5 Min. ★

Kniegeräusche

Wenn Ihr Knie Geräusche macht, aber nicht schmerzt, dann sollten Sie sich nicht irre machen lassen... Kommt der Schmerz, dann sollten Sie umgehend reagieren, vorher nicht!

Knieschmerzen — **Einseitig**

Kontrollieren Sie zuerst die Stellung der Pedalplatten unter den Schuhen. Eventuell sorgen unterschiedliche Einstellungen für die Schmerzen. Auch können verschieden lange Beine die Ursache sein. Ihr Orthopäde kann dies auf einfache Weise vermessen. Entsprechende Unterlegscheiben zwischen den Schuhen und den Platten gleichen die Unterschiede aus.

Kühlen — **Kühl-Pads haben viele Gesichter**

Kühl-Pads, Eiswürfel oder Tiefkühlkost... Mit einer sichernden Plastiktüte herum funktionieren Sie alle. Ich habe beste Erfahrungen mit Erbsen gemacht. Mais formt sich auch gut ums Kniegelenk. Trauen Sie sich, aber erzählen Sie Ihren Mitbewohnern nichts.

★

Organspende — **Ist doch selbstverständlich, oder?**

Wer – egal wie – im Verkehr unterwegs ist, ist in Lebensgefahr. Wenn Sie Ihr Leben verlieren sollten, dann lassen Sie anderen Menschen Ihre Organe zukommen, denen damit eine Zukunft ermöglicht wird! Vielleicht hat man bereits mit viel Blut oder Organen anderer Menschen Ihr Leben zu retten versucht – revanchieren Sie sich schon jetzt mit einem Organspendeausweis!

Pickel — *Zahnpasta hilft*

20

Ein Pickel im Schritt ist schmerzhaft und durchkreuzt alle Planungen. Was auch Heranwachsenden im Gesicht schelle Hilfe leistet, ist Zahnpasta. Sie trocknet den Pickel binnen einer Nacht aus. Also einfach ein Pflaster mit Zahnpasta bestreichen und richtig positioniert aufkleben. Am nächsten Morgen ist der Pickel so trocken wie die Sahara und die Schmerzen sind auf ein Minimum reduziert. Auf keinen Fall aufkratzen, sondern wie gewohnt Sitzcreme u. ä. benutzen und am nächsten Abend wiederholen.

5 Min. ★

Pickel und Rötungen — *Pflaster*

20

Eine Fähre muss erreicht werden, das Saisonziel steht vor der Tür oder einfach nur eine Tour, auf die man sich schon lange gefreut hat. Kurz: Man will oder muss biken, auch wenn das Gesäß es verneint. Hat man punktuelle rote Stellen oder Pickel, so helfen »Dr. Scholl« Pflaster, die eigentlich für Füße gedacht sind. Einfach ein großes Pflaster nehmen und ein reichliches Loch schneiden, das die »Problemzone« mit genügend Abstand umschließt.

5 Min. ★

Pulswerte — *Schnell bestimmen*

Ziehen Sie Ihr Alter vom Wert 220 ab. Hier liegt in etwa Ihr Maximalpuls. Diesen Wert mit 0,85 multipliziert und Sie haben Ihre Obergrenze fürs Ausdauertraining. Multiplizieren Sie den ersten Wert mit 0,6 und Sie erhalten die Untergrenze Ihres Ausdauertrainings. Dies sind natürlich nur Näherungswerte.

1 Min. ★

Radfahren — *Warum eigentlich?*

Warum nicht? Radfahren fördert den Fettabbau, reduziert das Risiko einer Herzerkrankung und beugt bestimmten Krebsarten vor. Zudem wird Ihr Cholesterinspiegel positiv beeinflusst und Ihr Alterungsprozess verlangsamt. Immer noch nicht genug Argumente? Radfahren baut Depressionen und Stress ab, verbessert die Schlaffähigkeit und stärkt das Selbstbewusstsein.

Regeneration — *Unterstützen*

50

Wechselwarmes Duschen, ein Vollbad mit Bürstenmassage oder der Sprung in den Whirlpool unterstützen die Regeneration vortrefflich. Ein bis zwei Saunagänge sind ebenfalls förderlich. Massagen sollten Sie hingegen den Fachleuten überlassen, vor allem, wenn die Beine bereits schmerzen.

2 Std. ★

Sattel — *Problemursache: Hygiene*

150

Nicht nur die Form des Sattels und seine Einstellung sind entscheidend für den Komfort. Hygiene wird allzu oft unterschätzt. Seine Radlerhose nach jeder Nutzung zu waschen ist nicht überzogen. Wer sie in der Sonne trocknet sammelt Pluspunkte, weil ultraviolettes Licht Bakterien tötet. Bevor man aufs Rad springt, ist Gesäßcreme eine gute Ergänzung. Nicht nur, dass sie die Haut

geschmeidig macht, sie wirkt zudem antibakteriell. Dass zwischen das Leder der Radhose und den eigenen Körper keine Unterhose gehört, versteht sich von selbst. Abseits des Radelns sollte man möglichst weite Hosen tragen, um die Zirkulation hoch zu halten. Beim Waschen nach dem Rennen bietet sich eine antibakterielle Seife an. Sollte alles nichts helfen, dann ist es sinnvoll, die Sattelhöhe erneut zu prüfen. Wer zu hoch sitzt, bekommt Gesäßschmerzen, wer zu niedrig sitzt, dem schmerzen die Knie.

●○○○○○○ ★

Sattel — *Tipps für Frauen*

Muskeln bieten mehr Komfort als Fett, deshalb kommt der Komfort mit den Kilometern. Antibakterielle Beschichtungen und Materialien können contraproduktiv sein, da sie unter Umständen zu Wundstellen führen. Probieren Sie deshalb die Fahrt mit einer kochfesten, nahtfreien Unterhose unter der Radhose. Verzichten Sie auf Slipeinlagen beim Fahren, da diese die empfindliche Haut noch weiter austrocknen.

●○○○○○○ ★

Sitzschmerzen — *Problemursache: weiche Sättel*

Ist der Sattel zu weich, verformt sich das nachgiebige Material seitlich und diese Wälle drücken sich ins Fleisch... Besser: Kernledersättel passen sich perfekt dem Gesäß an, verlangen aber lange »Einfahrzeit« und sind »knüppelhart« (oder gewichtig gefedert).

○○●○○○○ **5 Min.** ★

Stretching — *Taktik*

Beim Stretching hat sich erwiesen, dass häufige Einheiten über den Tag verteilt mehr Effekt haben als eine einzige Übungsphase. Also stretchen Sie nach dem Duschen, in der Mittagspause und abends, dann benötigen Sie weniger Zeit für das gleiche Ergebnis.

●○○○○○○ **45 Min.** ★★

Unterkühlung — *Schnelle Hilfe* — Pechvogel

Beim winterlichen MTB-Trip in den Bach gefallen oder auf dem Gipfel vom Schnee überrascht? Leichte Unterkühlungen (Temperatur in Gehirn, Brust und Bauch sinkt unter 37° C) sind an Blässe, Kältezittern, hektischer Atmung und hohem Puls erkennbar. Schnellstmöglich trockene Kleidung anziehen, zudecken und heiße Getränke nehmen. Im schweren Stadium hört das Zittern auf, Puls und Atmung verlangsamen sich und die Haut färbt sich fleckig blau: Opfer vorsichtig betten, mit Decken und Wärmflaschen (40 Grad) erwärmen. Dabei den Puls kontrollieren und keinesfalls bewegen, sonst droht tödlicher Schock aufgrund der Mischung von warmem inneren Blut und kaltem äußeren Blut.

○○○○●○○ **120 Min.** ★★ ***Standard***

Wunden pflegen

Schürfwunden cremt man, nachdem sie nicht mehr nässen, mit Ringelblumensalbe oder Melkfett ein. So bleiben sie geschmeidig und verheilen schneller.

○○○○○●○ **10 Min.** ★

TOUREN & CO.

Ausrüstung

Bike-Rucksack — *Eigenschaften*

Überziehbare Regenhüllen für den Rucksack sind ebenso sinnvoll, wie ein integrierter Windschutz für den Fahrer. Ein Einlegefach für den Camelbak gehört ebenso zur A-Note wie Reflektoren und Diodenrücklichthalter. Ein Pumpenhalter und Kompressionsriemen sind nicht jedermanns Sache, aber hilfreich. Wasserdichtigkeit ist eine Tugend, die jedem Rucksack steht!

500

●○○○○○○ **15 Min.** ★

Bremsbeläge — *Ersatz ist Pflicht*

Wer durch die Alpen oder andere Hochgebirge flitzt, der braucht in seiner Trikottasche ein Ersatzpaar Bremsbeläge. Die fahren sich nämlich bergab ruckzuck 'runter. Dabei machen Scheibenbremsen nicht unbedingt eine Ausnahme!

50

○○●○○○○ ★

Filme ab nach Hause

Sichern Sie Ihre Filme und sparen Sie Gewicht. Schicken Sie sie als Wertbrief nach Hause oder direkt zum Fotogeschäft (vorher absprechen). Erkundigen Sie sich zudem, ob die Post auf dem Weg Röntgen-Strahlung ausgesetzt sein wird, das kann den Film nämlich zerstören.

50

○○○●○○○ **15 Min.** ★

Gönnen Sie sich was!

Egal, wie sparsam Sie reisen wollen, gönnen Sie sich mindestens drei »brauche ich nicht, aber bringt mir Freude«-Utensilien. Wählen Sie diese ganz subjektiv aus: Kopfkissen, Roman, Kamera-Stativ, Deo, Kuscheltier oder Schuhe... Entscheiden Sie selbst.

●○○○○○○ ★

Handy — *Lebensretter*

Im Forst oder auf einsamen Gipfeln kann das Statussymbol zum Lebensretter werden. Auch ohne Karte lassen sich Notrufe tätigen. Also ein gebrauchtes Handy kaufen und vollgeladen mit auf Tour nehmen. So bleibt der Notkontakt zur Zivilisation erhalten.

150

○○●○○○○ ★

Im Gebirge — *Kleidungsmanagement*

Regenkleidung muss immer im Rucksack sein, wenn der Biker ins Gebirge rollt. Ziehen Sie sich um, sobald Ihnen kalt wird oder der Regen einsetzt. Reagieren Sie sofort, sobald es Ihnen warm wird... Rad fahren in den Bergen ist ein ewiges An- und Ausziehen! Dabei hat sich die Zwiebelmethode (viele dünne Schichten, statt wenige dicke) als optimal erwiesen! Besonders bei Abfahrten umgehend etwas anziehen. Lieber schwitzen als zu stark auskühlen. Treten Sie immer locker mit und setzen Sie eine Brille auf, denn beim Downhill mutiert die Mücke zum Geschoss.

○○○●○○○

Kamera — *NICHT vergessen!*

Kaufen Sie sich eine kleine Kamera, und wenn es ein Einwegmodell ist. Die kostet nicht viel, wiegt wenig und stört in keiner (Trikot-)Tasche. Es wird der Tag kommen, an dem Sie sich an die Gipfel beim Marathon und die Hügel der unzähligen Trainingsfahrten erinnern möchten. Dann sind die Bilder kaum mit Gold aufzuwiegen. Auch kann eine Kamera bei Unfällen oder anderen »Unwegsamkeiten« hilfreich sein.

15 Min.

Karten — *Alter beachten*

Achten Sie auf Herstellungs- und Druckdatum: Kennt die Karte noch Obervolta, die DDR und Jugoslawien, dann lassen Sie sie für einen Historiker im Regal liegen.

Karten — *Welche Karten eignen sich für Radfahrer?*

Kartenkauf ist eine windige Sache: Wanderkarten sind nur für Trail-Biker interessant, weil Biker, die wirklich fahren und nicht nur zappeln, pro Stunde die Diagonale einer Karte queren und somit viele teure Karten für eine Tour brauchen. Straßenkarten sind entweder für Autos oder für gemütliche Radfahrer ausgelegt. Ergo: Es gibt wenig gute Karten. Wichtiges Auswahlkriterium ist deshalb der Maßstab. 1:150 000 ist für die Straße optimal. Bei dichter Besiedlung oder für unbefestigte Wege sind kleinere Maßstäbe ratsam.

Karten — *Unterwegs sicher unterbringen*

Wenn Sie häufig in der gleichen Region unterwegs sind, lohnt es sich, den entsprechenden Ausschnitt aus einer Karte herauszuschneiden und komplett mit Klarsichtfolie einzukleben. Perfektionisten suchen Kartenmaßstab und -ausschnitt so aus, dass ihre zugeschnittene Karte exakt um eine Trinkflasche passt. Daraufgeklebt hat die Karte eine sicheren Platz und verknittert nicht.

15 Min. — ***Standard***

Karten, Reiseführer & Stadtpläne — *Optimieren 1*

Langes Suchen nach den wichtigsten Seiten verhindert man, indem diese Seiten ein kleines »Fähnchen« aus Gaffa erhalten: Nehmen Sie ein etwa 35 x 10 mm großes Stück Gaffa, setzen Sie die Schmalseite auf 15 mm an der Kante der wichtigsten Seite an und falten Sie das Gaffa so um, dass etwa 3 mm überstehen.

20 Min. — ***Standard***

Karten, Reiseführer & Stadtpläne — *Optimieren 2*

Das Lesezeichen wird mit einem dicken Streifen Gaffa außerdem stabilisiert.

5 Min. — ***Standard***

Karten, Reiseführer & Stadtpläne — *Optimieren 3*

Hat der Plan auffaltbare Seiten, die besonders häufig benutzt werden, dann »sichern« Sie diese durch breites klares Tape an der Falz gegen frühzeitigen Verschleiß.

15 Min. — ***Standard***

Karten, Reiseführer & Stadtpläne

Optimieren 4

Damit sie in der Trikottasche nicht durch Schweiß oder Regen aufweichen, sollte der Umschlag mit Klarsichtfolie eingefasst werden.

20

10 Min. ★ ***Standard***

Karten-Management

Karten haben ein stattliches Gewicht: Beschneiden Sie sie (mit mindestens 40 km Reserve in jeder Richtung entlang der Route) und schicken Sie sie nach Gebrauch nach Hause oder überantworten Sie sie dem Altpapiercontainer.

20

20 Min. ★

Kleidung

Unterbringung

Falten Sie Ihre Kleidung wie gewohnt zusammen und rollen Sie sie anschließend zu »Würsten«. Das spart Platz und man kann besser Ordnung in den Taschen halten.

5 Min. ★

Komfort

Gewicht

Den höchsten Komfort auf Reisen bietet ein leichtes Gepäck, denn meist sitzen Sie länger im Sattel als Sie schlafen, ausruhen, spielen oder kochen. Deshalb sollten Sie dem Fahren auch die höchste Priorität bei der Ausrüstungsauswahl einräumen.

★

Packliste

Ohne Packliste läuft gar nichts. Schreiben Sie sich alles auf, was Sie auf Tour mitnehmen möchten und checken Sie unterwegs den Bestand, vor allem wenn Sie auf Campingplätzen und in Jugendherbergen unterwegs sind. Nach der Tour streichen Sie auf der Liste, was Sie niemals benötigten: So wissen Sie, dass Sie dies auf der nächsten Tour zu Hause lassen können.

10 Min. ★ ***Standard***

Rad

Kaufen statt mieten?

Der Urlaub ist zu kurz, als dass sich das Mitnehmen des eigenen Rades lohnt? Leihräder hingegen sind meist schlecht und teuer. Die Lösung: Kaufen Sie einfach ein gebrauchtes Rad in einem Fahrradladen, über eine Anzeigenzeitschrift oder auf einem Flohmarkt. Es kostet 50 DM, Sie stecken noch mal das gleiche und ein bisschen Arbeit hinein und haben ein feines Rad. Das nehmen Sie entweder mit nach Hause oder verkaufen es wieder. Die Verluste sind in jedem Falle geringer als etwaige Mietkosten.

150

1 Std. ★★ ***Bike-Pack***

Übersetzung

Anpassen

Ein vollbeladenes Bike erlaubt keinen Wiegetritt, deshalb passen Sie die Übersetzung an. 1:1 (also ein Kettenblatt mit der gleichen Zähnezahl des Ritzels) ist ein absolutes Muss. Eine Untersetzung ist noch besser (das Kettenblatt hat weniger Zähne als das Ritzel)!

500

60 Min. ★★★ ***Profiwerkstatt***

Witterung

»Heugabel« — *Gegen Matsch im Ritzel*

50

Wenn es extrem matschig wird, dann hält ein »Crud Law« die Ritzel sauber. Diese »Heugabel« wird an der Kettenstrebe montiert (mittels Hinterradschnellspanner geklemmt) und greift mit seinen Zinken in die Zwischenräume der Ritzel.

●○○○○○○ ***15 Min.*** ★★ ***Bike-Pack***

Aufwärmen statt frieren

Weil die Kleidung erst nach den ersten Metern richtig warm wird, sollten Sie sich vor dem Start aufwärmen. Das ist heikel, weil Sie warm sein sollen, aber auf keinen Fall schwitzen dürfen. Also in voller Montur zwei Stockwerke hoch joggen und anschließend aufs Bike in die Kälte. Das kann schon genug sein! Finden Sie Ihr eigenes Maß! Probieren Sie!

○○●○○○○ ***2 Min.*** ★

Breite Reifen — *Sicherheit*

150

Im Winter gehören breitere Reifen aufs Rad. Ob Mountainbike, Rennrad oder Tourenrad, breitere Reifen sorgen für Sicherheit und sind zudem komfortabler. Optimal sind sogenannte Semislicks, die in der Mitte ein glatte und damit schnelle Lauffläche haben und seitlich mit Stollen versehen sind. Diese sorgen für Grip in den Kurven und Fahrstabilität im Schnee(matsch).

○○●○○○○ ***30 Min.*** ★ ***Bike-Pack***

Breite Reifen — *Profis*

150

Radprofis schwören sogar darauf, im Winter mit dem Mountainbike auf der Straße zu trainieren, weil sie dank der erhöhten Fahrwiderstände langsamer fahren und daher nicht so starkem Fahrtwind ausgesetzt sind. Wer in der Gruppe trainiert, sollte sein Rad so wählen, dass er im »Gruppentempo« mit seinem Grundlagenausdauerpuls mitfahren kann und nicht im »roten Bereich« fährt.

○○●○○○○ ***30 Min.*** ★ ***Bike-Pack***

Brille — *Schutz*

500

Kalte Fahrtluft lässt die Augen nicht nur tränen, sondern kann mitunter auch zu Bindehautreizungen führen. Eine Brille mit klarem Glas schützt die Augen vor Wind, vor Schnee und vor Regen. Orange Gläser verstärken die Kontraste

und geben damit dem tristesten Tag »ein bisschen Sonne«. Getönte Gläser sind bei verschneiter Landschaft zu empfehlen, sie schützen vor Blendung. Eine Brille gehört nicht nur im Winter zur Grundausstattung (Fliegen!).

○○●○○○○ ***10 Min.*** ★

Clever anziehen bei Regen

Ziehen Sie niemals dünne Regenkleidung auf der nackten Haut oder nur mit kurzer Unterkleidung an. Zwar sind die Regensachen dicht und die Haut bleibt trocken, aber sie kühlt dennoch aus, weil keine Isolationsschicht vorhanden ist. Unterkühlung droht.

5 Min. ★

Enteiser

Packen Sie sich eine kleine Dose Enteisungsspray in die Tasche und nehmen Sie diese immer mit beim Radeln. Ob zugefrorenes Schloss, festgefrorene Schalthebel oder Eisklumpen im Ritzel, Sie werden weiterfahren, nachdem einige Tropfen das Eis zum Schmelzen gebracht haben... 20

★

Ergonomie anpassen

Wenn Sie im Winter das Pedalsystem wechseln, müssen Sie unter Umständen die Sattelhöhe erneut einstellen. Die meisten Mountainbikesysteme bauen höher auf als Straßenmodelle. Auch sorgen mehrere Schichten Winterkleidung für eine erhöhte Sitzhaltung. Nachstellen, damit Sie auch im Winter optimal sitzen.

10 Min. ★★ **Bike-Pack**

Gewitter — Schutz suchen

Geraten Sie in ein Gewitter, verlassen Sie Pässe, Kuppen und hüten Sie sich vor freistehenden Bäumen, Felsbrocken und wasserführenden Rinnen. Suchen Sie entweder im dichten Wald oder einer mindestens 60 cm tiefen Mulde Sicherheit. In jedem Falle sollten Sie sich von großen metallischen Gegenständen (auch dem eigenen Rad) fernhalten.

10 Min. ★★

Heben, Schütteln und dann Abstellen

Stellen Sie Ihr Fahrrad im Winter oder bei Schneeregen niemals ab, ohne es kurz anzuheben und zu schütteln und es dann auf die Räder fallen zu lassen. So fallen Schnee und Matsch ab. Steht das Rad anschließend für längere Zeit, sprühen Sie WD-40 auf Schaltung, Bremsen, Züge und Kette, um Rost vorzubeugen. Wenn Sie die Möglichkeit haben, stellen Sie das Rad im Haus ab.

1 Min. ★

Helm tunen

Winterfest wird der Helm, wenn man die Lüftungsschlitze mit passend gefeilten Stücken Verpackungs-Styropor schließt und mit Isolierband verklebt. 20

15 Min. ★★ **Heimwerkstatt**

Kleidung abstimmen

Wenn Sie sich auf dem ersten Kilometer wohlfühlen, dann haben Sie zu viel an! Ziehen Sie sich also stets so an, dass Sie nach einigen Minuten während der Fahrt etwas ausziehen oder Lüftungen (Bündchen, Gummileinen usw.) öffnen können.

2 Min. ★

Kleidung abstimmen — Zwiebelmethode

Bestens bewährt hat sich die Zwiebelmethode: Viele dünne Schichten werden übereinander angezogen. Die Haut sondert Wärme ab, die Schicht für Schicht weitergegeben wird. Zwischen den Schichten staut sich Warmluft, die den Körper schützt. Die äußere Schicht sollte unbedingt wind- oder/und regendicht sein. Achten Sie zudem darauf, dass Ihre Kleidung viele Regulierungsmöglichkeiten besitzt: Spannkordeln, Reißverschlüsse und verstellbare Bündchen sorgen dafür, dass man auf Witterungsänderungen feinstufig reagieren kann. Besonders wichtig sind Füße, Ohren und Hände.

Kleidung clever auswählen — Temperatur

50

Kaufen Sie sich ein Thermometer, das Ihnen schon in der Wohnung die Außentemperatur mitteilt. Schauen Sie vor jeder Fahrt darauf und wählen Sie entsprechende Bekleidung. Schnell werden Sie Routine haben.

20 Min. ✶

Kleidung clever auswählen — Sonne und Wolken

Wolken und Sonne (wärmt bei direkter Strahlung) beeinflussen ebenfalls die Kleidungswahl. Tragen Sie dem Rechnung.

✶

Kleidung clever auswählen — Wind

Kalkulieren Sie den Wind ein. Schauen Sie in die Baumkronen oder auf Fahnen.

✶

Kleidung tunen

20

Die Schlitten aller Reißverschlüsse müssen mit einer Kordel versehen sein, damit Sie sie auch mit dicken Handschuhen greifen können. Gleiches gilt für Klettverschlüsse und verstellbare Bündchen. Wer nicht dosieren kann, »geht kaputt«. Wer fürs Dosieren die Handschuhe ausziehen muss, der lässt es sein und wer beim Klimatisieren seine Konzentration benötigt, dem fehlt sie im Straßenverkehr!

20 Min. ✶ **Standard**

Kniewärmer — Pflicht

50

Besondere Zuwendung verlangen Gelenke, speziell die Knie sollten gewärmt bleiben. Kniestulpen aus dem Motorradbereich sind ideal. Kaufen Sie diese am besten aus Angora und groß genug, damit die Bewegungsfreiheit beim Pedalieren gesichert ist. Omas Strumpfhalter kommen hier zu neuen Ehren...

10 Min. ✶ **Standard**

Rad richtig parken

Parken Sie Ihr Rad bei möglichst konstanten Temperaturen, damit verhindern Sie unnötige Kondenswasser-Bildung in den Rohren. Diese sorgt für Rost! Also das Rad am Arbeitsplatz trocken aber unter freiem Himmel parken und zu Hause in der Garage statt im Heizungskeller.

1 Min. ✶

Schnee ist nicht gleich Schnee

Bevorzugen Sie lockeren Schnee statt festgefahrenen. Tiefschnee ist besser als Eisflächen. Im Schnee haben Reifen generell mehr Halt. Achten Sie auf Spuren im Schnee, sie verraten, ob andere Fahrer hier mühelos durchfuhren oder Probleme hatten. Achten Sie auch darauf, dass Schnee die Straßen schmälert. Es wird noch enger und eine alternative Strecke, auf der Sie mehr Platz haben, kann trotz längeren Weges von Vorteil sein.

○○○●○○○ ★★

Schuhe — Abdichten

20

Zwischen Überschuhen, Schuhen und den Socken macht sich eine Plastiktüte sehr gut, um den Wind abzuhalten. Lüftungslöcher und Gewindebuchsen für Pedalsysteme dichtet man am einfachsten mit Kerzenwachs und öffnet sie im Frühjahr mittels eines Feuerzeugs. Zwischen Schuhsohle und Einlage hilft eine doppelt oder dreifach gefaltete Alu-Folie gegen »Zug«. Ein Einmachgummi an der Oberkante der Überschuhe verhindert, dass die Reißverschlüsse sich eigenmächtig öffnen

○○●○○○○ **5 Min.** ★

Sehen und gesehen werden

50

Winter heißt auch Dunkelheit. Machen Sie sich sichtbar. Reflektoren und Reflektoraufkleber am und auf dem Rahmen sorgen für Aufmerksamkeit. Der Helm ist ein idealer Standort für weitere Reflektoren. Clever ist es auch, die schmalen Kanten der Tretschenkel mit einem Streifen Reflektorfolie zu versehen, sie bewegen sich zügig während des Pedalierens und »blitzen« somit. Unter Umständen ist eine Reflektorweste eine gute Ergänzung.

○○●○○○○ **15 Min.** ★ **Standard**

Stahlrahmen — Rostschutz

Stellen Sie Ihr Rad mindestens einmal in der Woche über Nacht auf den Kopf. Nehmen Sie vorher die Sattelstütze heraus, so kann Wasser ablaufen und Rostschäden am Rahmen und Tretlager werden unwahrscheinlicher.

○○○○○●○ **10 Min.** ★ **Bike-Pack**

Streckenplanung

TEMPOMACHER

Wintertraining heißt Grundlagenausdauer, deshalb sollten Sie alles meiden, was Ihren Puls in die Höhe treibt. Berge, Gegenwind, viele Kurven und Kreuzungen, die erneute Beschleunigung verlangen, sollten Sie »umfahren«. Falls sich Wind nicht vermeiden lässt, fahren Sie erst gegen den Wind, und sausen Sie mit Rückenwind nach Hause. Wählen Sie zudem eine Strecke, die Sie spontan verkürzen können. Witterungsumschwünge oder eine Panne zwingen Sie besonders im Winter zur Umkehr oder Abkürzung, weil Sie ausgekühlt sind oder die Dunkelheit hereinbricht.

●○○○○○○

Training — Mischung macht's

TEMPOMACHER

Laufen, Schwimmen, Krafttraining und Rad fahren lassen sich im Winter sehr gut kombinieren. Sogenanntes Cross-Training hat sich in den Sportwissenschaften als ideale Saisonvorbereitung erwiesen. Der Oktober wird dabei als Ruhemonat verstanden, den auszusetzen effektive Leistungssteigerung im Frühjahr bedeutet.

●○○○○○○

Trinkflasche — Aus dem Wind!

Die Trinkflasche gehört bei niedrigen Temperaturen in die Trikottasche statt in den Flaschenhalter. Statt zu vereisen, bleibt der Inhalt windgeschützt und warm.

3 Min. ✶

Trinkflasche — Vor Dreck schützen

20

Modder und Matsch setzen dem Mundstück der Trinkflasche zu und schmecken auch nicht sonderlich gut. Vor dem Start eine kleine Plastiktüte über den Flaschenkopf ziehen und mit einem Gummiring sichern und Sie haben zumindest einen sauberen ersten Schluck.

2 Min. ✶ **Standard**

Übergangswetter — Was braucht man wirklich

500

Wer mit kurzen Hosen und Ärmeln an den Start geht, benötigt Arm- und Beinlinge in den Rückentaschen. Sieht es nach Wind oder Regen aus, dann sollten eine leichte Weste oder eine Windjacke nicht fehlen. Wer Geld sparen möchte, der nimmt einige Plastiktüten mit. Sie dienen in Notfällen als Socken, Handschuhe, Windstopper auf Brust und Beinen oder gar als Helmmütze. Geht es ins Gebirge, dann dürfen lange Hosen und eine solide Regenjacke nicht fehlen. Wer ein Netz-Funktions-Unterhemd anzieht, der wird bei Hitze gekühlt und bei Kälte gewärmt.

15 Min. ✶ **Standard**

Umziehen — Komfort 1

500

Sie kennen das: Die Mitbewohner haben den »Fahrradkram« aus der Wohnung verdammt und jetzt geht's im Winter immer zum Umziehen in den zugigen Keller. Da ist Vorsicht angesagt, sonst hat man schnell eine Erkältung. Deshalb sollte man den Lichtschalter mit der nächstgelegenen Steckdose verschalten und einen Heizlüfter installieren. Schaltet man das Licht an, nimmt der Heizlüfter die Arbeit auf. Bei der Gelegenheit auch ein Radio ergänzen! Spannen Sie nun noch eine Haltevorrichtung in die Nähe des Lüfters, so dass Sie den Socken und anderen Dingen vor dem Anziehen richtig einheizen können.

50 Min. ✶✶ **Standard**

Umziehen — Komfort 2

20

Damit es richtig kuschelig in der Stube wird, legen Sie einen alten Teppich oder eine mehrfach gefaltete Decke auf den Boden. Dann bleiben die Füße auch bei Umziehen warm.

5 Min. ✶

Warme Ohren

50

Ein Stirnband unter dem Helm ist optimal. Auch pfiffig, aber nur im Winter einsetzbar sind »Hot Ears«. Dies sind Fleece-Pads, die man in den Helmriemen einlegt und mit Klettverschlüssen sichert. Ob Stirnband oder »Hot Ears«, sie schützen vor kalten Ohren und damit vor Mittelohrentzündungen und Ähnlichem.

5 Min. ✶

Wetter — Horizont

Sie können ein Gewitter häufig lange vorher am Horizont erkennen. Die Wolken ziehen sich »bedrohlich« zusammen. Entscheiden Sie sich lieber zu früh als zu spät zur Umkehr.

●○○○○○○

Windabweiser

Auf der Straße sieht man sie selten, doch sie sind super: Zzipper. Das sind durchsichtige »Windschutzscheiben« für den Lenker. Sie verbessern die Aerodynamik und – noch wichtiger – schützen im Winter vor Regen, Schnee und kaltem Wind.

○○●○○○○ **20 Min.** ★ **Bike-Pack**

Zweiter Helm — Zeit sparen

Einen sicheren preiswerten Helm speziell für die winterlichen Fahrten zu präparieren ist sinnvoll: Kleben Sie die Lüftungslöcher zu. Stellen Sie die Pads (Inlets der Helme aus Schaumstoff) so ein, dass hinreichend Platz für ein Stirnband bleibt. Bekleben Sie den Helm mit Reflektoren. Ist dieser Helm immer griffbereit, können Sie je nach Wetter den Winter- oder den Sommerhelm wählen, statt langwierige Umbauten vornehmen zu müssen.

○○●○○○○ **30 Min.** ★ **Standard**

Bei Nacht

Bei Nacht — Langsam

Wenn Sie aus dem Hellen ins Dunkle schreiten, um aufs Rad zu steigen: 5 Sekunden die Augen schließen und langsam wieder öffnen, während Sie bereits in die Dunkelheit schauen. So gewöhnen sich die Augen schneller an die Dunkelheit.

○○○●○○○ **10 Sek.** ★

Akkuleuchte — Nur mit Reserve

30 Minuten Sicherheitsreserve sind Pflicht, wenn man mit Akkuleuchten unterwegs ist. Kalkulieren Sie im Zweifelsfall zu Ihren Ungunsten. Ein Platten oder eine falsche Abzweigung und schon fliegen die Minuten dahin und man steht am Ende im Dunkeln...

○○○●○○○ ★

Der Lichtkegel fährt hinterher

Ist das Licht fest am Rad montiert, dann bedenken Sie, dass der Lichtkegel Ihnen in den Kurven hinterherfährt. Dadurch können Hindernisse erst später Ihre Aufmerksamkeit erregen.

○○●○○○○ ★

Keine neue Strecken!

Nachts sieht alles anders aus, da wird die Heimatstrecke zum fremden Trail. Fahren Sie nachts niemals neue Strecken, sonst erleben Sie böse Überraschungen und verlieren sogar die gröbste Orientierung.

●○○○○○○ ★

Licht ist nicht gleich Licht

Bevor Sie sich mit der Halogenbeleuchtung in den Wald trauen, machen Sie sich klar, dass Schlaglöcher, Wurzeln und andere Hindernisse im weißen Licht unterschätzt werden können. Fahren Sie also von Beginn an vorsichtig...

★

Pedale — *Reflektoren*

20

Pedalreflektoren sind auffällig. Leider erlauben moderne Systempedale keine Montage. Hier hilft selbstklebendes Reflektorband. Auch die Längsseiten der Kurbelschenkel bieten sich an.

15 Min. ★★ ***Standard***

Taktik ändern

In der Nacht wird es auf der Landstraße ruhiger, aber nicht ungefährlicher. Besonders auf den Straßen, die zwischen Dorf und Disko und zwischen Pub und Penne liegen, wird es gefährlich. Männer zwischen 18 und 25 mit 1-3 Promille fahren nicht nur sich in den Tod, sondern unter Umständen auch Sie. Meiden Sie solche Strecken möglichst, und seien Sie auf der Hut, besser in den Straßengraben flüchten, als ins Feld katapultiert werden!

★★

Von innen wärmen

20

Besonders in der Nacht tut etwas Warmes gut. Tankstellen bieten heiße Brühen oder, noch besser, nehmen Sie eine stabile Thermoskanne aus Edelstahl mit und gönnen Sie sich einen heißen Drink, wenn Müdigkeit oder Kälte einsetzen.

10 Min. ★ ***Standard***

Gepäck

REISERADLER

Gepäckträger — *Schützen*

20

Schützen Sie moderne dünnwandige Gepäckträger: Aufgeschnittener Gummischlauch (aus dem Baumarkt) schützt den Träger an den Kontaktstellen zu den eingehängten Taschen. Sichern Sie die Schlauchstücke mit Kabelbindern.

20 Min. ★ ***Standard***

Kochutensilien — *Platzsparend verpacken*

150

Wer mit Kocher unterwegs ist, sollte ein Kochgeschirr wählen, das sich gut ineinander stapeln lässt (z.B. Trangia). Gewürze und andere Kochutensilien so portionieren, dass sie die Zwischenräume füllen.

15 Min.

Kulturbeutel — *Ordnung reinbringen*

20

Salben, Puder, Tabletten, Cremes – Ordnung hält man durch klare Filmdosen. Diese werden gefüllt, die Beschriftung (an der unteren Kante anbringen) mit Klebestreifen überkleben. Damit der Wust an Dosen in Reih und Glied steht, ist folgender Gurt zu nähen: Flache 20 mm breite Spanngummileine doppelt nehmen und in 28 mm Abständen Quernähte anbringen. In die entstehenden Zwischenräume passt je eine Dose. Dieser »Patronengurt« kann in beliebiger Länge genutzt werden.

15 Min. ★★ ***Standard***

Reiseradler

Lenkertasche — Fest montieren

20

Unterlegscheiben hindern die Schrauben der Lenkerschelle der Ortlieb-Lenkertasche vor dem Durchdringen des Kunststoffes. So lässt sich die Halterung auch mehrfach fest montieren.

10 Min. ★ **Bike-Pack**

Ortliebsäcke — Sichern

Die Schnellverschlüsse von Ortliebsäcken sichert man beim Transport durch einen Streifen Gaffa gegen ungewolltes Öffnen.

5 Min. ★ **Standard**

Packtaschen — Packen, aber wie?

Alle Packtaschen sollten paarweise möglichst identisches Gewicht haben, wobei die schweren nach hinten und die leichteren nach vorne kommen. Zuerst eine dünne und weiche Lage Kleidung auf dem Boden der Taschen legen, so vereitelt man die Gefahr, dass spitze Gegenstände den Boden durchwetzen. Nun die schweren Teile möglichst tief und eng an die Rückwand der Packtaschen verstauen. Eckige und scharfkantige Gegenstände nicht nahe der Außenwände anordnen. Nun jeder Tasche ein Thema zuordnen (Quartier, Küche, Kleidung, usw.), und dementsprechend anfüllen. Verschiedenfarbige Säcke oder Tüten sorgen für Ordnung und bieten zusätzlichen Witterungsschutz. Wertsachen verschwinden entweder in einer Gürteltasche, die in der Lenkertasche liegt oder werden tief in den großen Taschen versteckt. Dinge des täglichen Gebrauchs finden sich zuoberst in den Packtaschen.

45 Min. ★ **Standard**

Packtaschen — Richtig verteilen

Die Fachleute streiten sich, ob die Hauptlast an den Lowrider oder den hinteren Träger gehört! Vorn gilt, dass das Gewicht auf die Höhe der Nabe gehört, hinten soweit herunter, wie es geht. Es ist sinnvoll, die leichten und voluminösen Dinge oben, die schweren nahe am Rahmen und tief zu verstauen und den Rest drumherum zu verpacken, während die Dinge des täglichen Gebrauchs in der Lenker-, Sattel- und Rahmentasche verschwinden.

10 Min. ★

Packtaschenwahl

500

Sparen Sie sich das Geld für spezielle vordere Packtaschen! Kaufen Sie für vorne und hinten große Taschen, so haben Sie mehr Volumen zur Verfügung und können damit auch zwei Räder mit hinteren Taschen bestücken.

20 Min. ★ **Bike-Pack**

Platz für Nasses halten

Teilen Sie die Ausrüstung so auf, dass sich stets eine Tasche zur »Packtasche der nassen Sachen« umfunktionieren lässt. So können Zelt, Isomatten und dreckige Kleidung gut in eine Tasche, da hier »Nasses« den geringsten Schaden anrichtet.

15 Min.

Rucksack — *Richtig packen*

Die schweren Brocken müssen direkt am Rücken und möglichst tief im Sack liegen. Kantiges zum Rücken ausrichten oder in Kleidung einwickeln. Was am Rucksackäußeren befestigt wird, baumelt herum und kann schnell verloren gehen. Rucksäcke ohne Hüft- und Brustgurt sowie Kompressionsriemen haben auf Biketouren nichts zu suchen, sonst sind Schmerzen und Geschaukel vorprogrammiert. Bei einer Probefahrt checken, ob der Helm am Rucksack anstößt – gegebenenfalls umpacken!

○○●○○○○ **15 Min.** ★

Touren-Gepäck — *Unterwegs abspecken*

150 Erst wenn man unterwegs ist, zeigt sich, was wirklich gebraucht wird. Halten Sie nach einigen Tagen einfach an einer Post und schicken Sie den restlichen »Plunder« nach Hause. Was Sie nicht mehr dabei haben, wiegt nichts und lässt sich nicht verlieren.

○○○●○○○ **15 Min.** ★ **Bike-Pack**

Trinkflaschen — *Nicht nur für Flüssiges*

20 Giro und andere Hersteller bieten Trinkflaschen an, die einen großen Schraubverschluss haben. Darin lassen sich außer Apfelschorle auch Regenjacken, Flickzeug oder Handy (mit Schaumstoffpolster) unterbringen. Jacken und Flickzeug können Sie kombinieren, die Apfelschorle und das Handy besser nicht...

○○●○○○○ **5 Min.** ★ **Standard**

Tüten schützen und ordnen

20 Selbst wenn Ihre Packtaschen wasserdicht sind, packen Sie alle Dinge in Plastiktüten ein, das sorgt für Ordnung und schützt, falls dennoch Wasser eindringt.

○○●○○○○ **10 Min.** ★

Vorne nur Lowrider!

Vordergepäckträger müssen die Taschen möglichst nahe der Nabe halten, damit sich das Rad weiterhin gut steuern lässt. Sogenannte Lowrider sind die beste Wahl. Lassen Sie die Finger von Trägern, die die Last über dem Vorderrad positionieren.

●○○○○○○

Diebstahlschutz

Anbauteile sichern — *Kleine Mittel – große Wirkung*

20 Sättel, Barends und vieles mehr – eine Inbusschraube und ein skrupelloser Langfinger genügen und die tollen Teile sind weg. Wer die Inbuslöcher mit Silikon, Kleber oder Wachs verschließt und gegebenenfalls sogar mit einem silbernen Lackstift übermalt, der schützt sein Bike vor Gelegenheitsdieben.

○○●○○○○ **20 Min** ★ **Standard**

Diebstahl — *Fotos helfen*

50 Machen Sie in jedem Fall direkt nach dem Kauf ein Foto vom Rad, auf dem auch Sie und eventuell eine Tageszeitung zu sehen sind. So können Sie im Zweifelsfall beweisen, dass das Rad Ihnen gehört(e).

○○●○○○○ **30 Min.** ★★

Diebstahl — *Was ist zu tun?*

Ist das Rad gestohlen, sagen Sie es jedem: Faxe an Freunde, Fahrradläden und Ausflugsziele in der Umgebung. Schalten Sie Anzeigen in der lokalen Tageszeitung, vielleicht ist diese sogar bereit, das Thema generell einmal aufzugreifen. Senden Sie E-mails an Freunde, Diskussionsrunden und Fahrradzeitungen, wenn Sie ein ausgesprochen seltenes Rad vermissen. Vergessen Sie die Polizei nicht. Informieren Sie den Hersteller. Nicht selten führen diese Listen, wo welches Rad mit welcher Rahmennummer gestohlen wurde. Und hängen Sie in der Umgebung des Tatortes Suchplakate mit Foto und einer Belohnung auf.

Diebstahlschutz — *Leicht gemacht*

150

Ein zweites Schloss erspart lästiges Tragen. Wer vornehmlich zwischen zwei Punkten hin und her pendelt, der sollte sich ein zweites Bügelschloss zulegen und beide Schlösser an Ort und Stelle deponieren. Wenn man eine Kette mit Vorhängeschloss nutzt, so lassen sich bei manchen Herstellern sogar zwei Schlösser mit dem gleichen Schlüssel bedienen.

★

Diebstahlschutz — *Dreck hilft gegen dumme Diebe*

Die Mehrheit der Diebe hat von Rädern eigentlich keine Ahnung, sondern schätzt nur den schnellen Weiterverkauf. Deshalb klauen sie nur, was gut aussieht und sauber ist.

★★

Diebstahlschutz — *Klebeband*

50

Den Rahmen mit Isolierband abzukleben, schützt nicht nur den Rahmen, sondern »versteckt« auch den Wert des Rades. Machen Sie Ihr Rad hässlich! Umkleben Sie den Rahmen komplett mit billigem Klebeband (kein Gaffa, das ist zu teuer und zu klebrig). Hässliche Werbeaufkleber oder eine Sammlung von Bananenstickern runden die Optik ab. Das Verfahren schützt auch den Rahmen vor Kratzern. Beim Verkauf wird die Verkleidung gründlich entfernt und Sie werden mehr Geld erzielen, da der Lack kaum verkratzt ist. Lassen Sie Ihr Rad verdrecken, aber vergessen Sie dabei die Pflege der wichtigsten Teile nicht (Bremsen, Schaltung usw.)!

60 Min. ★★ ***Standard***

Rad sichern ohne Schloss — *Kette nutzen*

Die totale Sicherheit gibt es nicht, aber man kann den Langfingern das Handwerk schwerer machen. Wer sein Schloss vergessen hat, der kann notfalls die Fahrradkette aufnieten, um einen Pfahl legen und anschließend wieder vernieten (Achtung - schwächt die Kette!).

○○○○●○○ **10 Min.** ★★ ***Bike-Pack***

Rahmenpumpe — *Sichern*

20

Mittig zwischen beiden Pumpenhaltern einen Streifen Gaffa um das Rohr wickeln. Nun Pumpe einsetzen und Schlauchschelle um »bandagiertes« Rohr setzen und samt Pumpe fest ziehen – Gelegenheitsdiebe sind damit vom Leib gehalten!

○○●○○○○ **10 Min.** ★ ***Standard***

Registrieren

Es lohnt sich, das Rad registrieren zu lassen. Jedes Jahr tauchen an den entlegensten Flecken der Republik Räder auf, die keinem Besitzer zugeordnet werden können; da muss doch Ihr Bike nicht dabei sein. Die Rahmencodierung hat sogar eine gewisse präventive Wirkung. Doch Vorsicht bei Hightech-Rahmen aus dünnem Stahl, Alu oder Karbon. Hier übernehmen die Codierer keine Haftung für etwaige Schäden am Rahmen.

○○●○○○○ **60 Min.** ★★

Sattelstütze

An alle Sattelträger: Wer seinen Sattel samt Stütze mit in den Laden oder die Uni nimmt, um seine verkehrspolitische Gesinnung kundzutun, seine Mitmenschen einzufetten und seine mangelnde Improvisationsfähigkeit zu dokumentieren, der sollte wenigstens das offenstehende Sitzrohr mit einer Plastiktüte oder einem Korken schützen. Ein verrostetes Innenlager oder ein verrosteter Rahmen sind teurer als ein geklauter Sattel.

●○○○○○○ **5 Min.** ★ ***Standard***

Sattelstütze — *Durch spezielle Schrauben schützen*

20

Statt eines Schnellspanners eine Schraube samt Mutter in ungewöhnlichen Maßen montieren, um Langfinger von ihrer Arbeit abzuhalten.

○○●○○○○ **5 Min.** ★★ ***Standard***

Schloss — *Vergessen*

20

Fahren Sie zu einem bewachten Parkhaus und fragen Sie, ob es dort einen Bereich für Fahrräder gibt. Ist das Geschäft, das Sie besuchen wollen, geräumig genug und Sie wollen eine größere Menge Geld dort ausgeben, so sagen Sie, dass Sie es für einen angebrachten Service hielten, wenn man Ihr Rad entweder in Verwahrung nimmt, oder Sie mit dem Rad bedient. Auch Fahrradläden erlauben gegen einen Obulus in die Kaffeekasse gerne, dass man sein Rad dort für einige Zeit parkt. Lassen Sie Ihr Rad NIEMALS unabgeschlossen stehen!

○○○●○○○ **15 Min.** ★★

Versicherungen — Wirkungslos?

Versicherungen sind wirtschaftlich orientiert und funktionieren ähnlich einem Wettbüro: Sie zahlen monatlich Ihren Einsatz und behaupten, dass Ihnen Ihr Rad gestohlen werden wird und die Versicherung setzt mit der Versicherung, Ihnen das Rad im Fall des Falles zu ersetzen unter der Behauptung, dass Ihnen das Rad nicht gestohlen werden wird, dagegen! Und weil Versicherungen die Wette so oft verlieren, verlangen Versicherungen für solche Wetten einen besonders hohen Einsatz vom Radfahrer. Lange Rede kurzer Sinn, außer Versicherungsbetrügern ist mir bisher keiner bekannt, der von einer Fahrradversicherung profitiert hätte! Investieren Sie das Geld in ein gutes Schloss und gelegentliche Taxifahrten, bei denen das Rad in heimischer Sicherheit bleibt!

Wie schließe ich mein Rad ab? — Nachdenken

Schließen Sie Ihr Rad so ab, dass das Schloss möglichst hoch über dem Boden ist, so können Diebe den Erdboden nicht zum Ansetzen des Brechwerkzeuges nutzen. Wer sicher gehen will nutzt zwei Schlösser verschiedenen Typs: Eine Kette und ein Bügelschloss. Beide benötigen unterschiedliches Werkzeug. Nur selten hat ein Dieb beides dabei.

1 Min. ★

Wie schließe ich mein Rad ab? — 1

Immer das Rad anschließen, niemals nur abschließen. Suchen Sie sich stets einen Gegenstand, der mindestens so stabil ist wie Ihr Schloss. Kontrollieren Sie, ob sich die Schildstange nicht aus dem Boden ziehen lässt, ob die Regenrinne sich nicht teilen lässt und ob sich Ihr Schloss nicht über den Kopf der Parkuhr ziehen lässt. Diebe haben ein Auge dafür, wo sie sich sogar das Knacken ersparen können. Noch besser: Wann immer Sie ein Rad mit hineinnehmen können, tun Sie dies!

1 Min. ★

Wie schließe ich mein Rad ab? — 2

Vermeiden Sie Zwischenräume im Schloss, füllen Sie diese durch eine andere Anordnung beim Abschließen, im Freiraum können Diebe ansonsten Wagenheber oder ähnliches einsetzen.

1 Min. ★

Wie schließe ich mein Rad ab? — 3

Sofern Sie Sattel und Laufräder nicht mit Schnellspannersicherungen versehen haben, schließen Sie diese immer mit an, oder nehmen Sie sie mit.

1 Min. ★

Wie schließe ich mein Rad ab? — 4

Achten Sie zudem darauf, dass das Schlüsselloch möglichst schwer zugänglich ist oder gar in einem engen Abstand auf eine Wand zeigt, so können keine Werkzeuge am Zylinder angesetzt werden.

1 Min. ★

Wieviel soll ich investieren? — *Verhältnismäßigkeit*

Bis DM 1500,- Kaufpreis des Rades sind 10-15 Prozent für ein Schloss und etwaiges Zubehör (Kabel, Pitlock, Halter usw.) anzusetzen. Ab DM 1500,-, kostet das Schloss alleine 150,- DM + Halter + Kabelverlängerung + Schnellspannersicherungen.

●○○○○○○ **15 Min.** ★

Wiederbeschaffung — *Chancen erhöhen*

Schreiben Sie Ihren Namen und Anschrift mit dem Vermerk »Dieses Rad ist gestohlen von:« mit rotem Stift in den Reifen, unter das Lenkerband, unter den Sattel und auf einen Zettel, der im Sitzrohr verschwindet. Wer besonders fleißig ist, der ergänzt den gleichen Vermerk auf dem Gabelschaftrohr. Wird das Rad gestohlen, so erleichtern die Vermerke die Beweisführung. Und – noch viel wichtiger – wird das Rad beispielsweise zur Reparatur in einem Fahrradladen abgegeben, so stolpert der Mechaniker eventuell über einen dieser Vermerke... Es ist nur eine kleine Chance, aber vielleicht die einzige!

○○●○○○○ **2 Std.** ★★ ***Heimwerkstatt***

Wo gehört das Rad hin?

Meiden Sie dunkle Ecken, Hinterhöfe, einsame Straßen und jede Art von Parkgelegenheit, die dem Dieb Aufschluss über Ihren Zeitbedarf gibt: Wer direkt vor dem Kino oder der S-Bahn-Station parkt, signalisiert: »Hier ist jemand länger weg!« Wer sein Rad vor einer Pommesbude parkt, zeigt: »Ich bin jede Sekunde wieder da!«, auch wenn er gerade im Kino sitzt. Also suchen Sie Orte, die gefüllt, aber nicht überfüllt sind, Orte, die oft von der Polizei besucht werden und Orte, deren soziale Lage Sie kennen.

○○○●○○○ **5 Min.** ★ ***Standard***

Mit dem Rad in der Stadt

Autofahrer — *Aggressiv*

Sicher, es wünscht sich keiner, doch manches Mal gerät man an einen Autofahrer, der aggressiv wird und Sie mit dem Auto bedrängt, offensichtlich Ihre Gesundheit gefährdet. Es gibt dann Radfahrer, die die Herausforderung annehmen und mit U-Bügelschloss und Trinkflasche gegen den Automobilisten vorgehen. Das bringt aber gar nichts, weder rettet dies Ihr Leben, noch ändert sich seine Gesinnung. Flüchten, das bringt etwas! Auf den Bürgersteig oder in die nächste Einbahnstraße.

●○○○○○○ ★

Autofahrer — *»Ihr gutes Recht«*

Lassen Sie sich nicht unterkriegen. Nur weil Sie keinen Motor haben, verlieren Sie keineswegs Ihre Rechte als Verkehrsteilnehmer! Beharren Sie auf diese, ohne sich zu gefährden oder die Situation unnötig aufzuheizen.

○○○●○○○ ★

Abstand halten

Auch nach rechts

Halten Sie Abstand! Autotüren und Bürgersteigkanten gewähren Sie am besten 70-80 cm Sicherheitsreserve. So können Sie ausweichen und haben genug Anlauf, um eine Bürgersteigkante heraufzuspringen. Fahren Sie bereits direkt an der Kante, haben Sie keine Reserve mehr.

○○○●○○○ ★★★

Achten Sie auf die Sonne

Wenn Sie jeden Tag zur gleichen Zeit fahren, suchen Sie sich eine Strecke, bei der Sie nie direkt in, beziehungsweise aus der Sonne fahren. Das schützt davor, von Autofahrern übersehen zu werden.

○○○●○○○

Bei Gelb immer Sprinten!

Wenn der Verkehr hinter Ihnen fließt und die Ampel vor Ihnen auf gelb umspringt, sprinten Sie auf jeden Fall! Warum? Sollten Sie sich fürs Bremsen entscheiden, der Autofahrer hinter Ihnen jedoch für einen Sprint, haben Sie schlechte Karten! Schieben Sie dem einen Riegel vor!

○○○●○○○ ***5 Sek.*** ★★

Blicke schweifen lassen

Schauen Sie lieber oft kurz in alle Richtungen, als lange Zeit in eine Richtung, um diese dann für einen langen Zeitraum außer Acht zu lassen. Bedenken Sie, dass sich die Verkehrssituation mehr als nur sekündlich ändert, schließlich bewegen sich alle Beteiligten rasend schnell. Versuchen Sie auch durch Fenster, Scheiben, Spiegel und unter LKWs hindurch zu sehen...

○○○●○○○ ★★

Das Unheil liegt vorn und an den Seiten

Schauen Sie nach vorne

Die meisten Unfälle brauen sich vor einem zusammen. Nur selten wird man von hinten bedroht. Deshalb richten Sie Ihr Augenmerk nach vorne, beziehungsweise auf die entstehende Konstellation von rechts-links-vorne. Entwickeln Sie ein Gespür für Verkehr und Geschwindigkeiten. Werden Tempo und Verhalten von Autos vertraut, verlieren die schweren Kisten ihre Bedrohlichkeit, weil Sie deren Bewegungsrichtung einschätzen können.

○○○●○○○

Die Ampel springt um

Wenn die Ampel vor Ihnen auf Rot umspringt, dann fahren Sie in die Mitte der Fahrbahn. So werden Sie nicht von Autos bedrängt, die rechts abbiegen wollen. Springt die Ampel um, beschleunigen Sie auf Ihre Fahrgeschwindigkeit und scheren Sie nach rechts ein.

○○○●○○○ ***1 Min.*** ★★

Dunkle Ecken

Vorsorge 1

Wer sich ein schmales U-Bügelschloss kauft (ohnehin sicherer), der kann dieses in die Hosentasche stecken und hat es bei Gefahr als Waffe parat. Eine Trillerpfeife am Helmriemen befestigt ist lauter als eine Klingel und verschafft auch in solchen Momenten Respekt. Auch eine Dose Pfefferspray (hilft auch gegen Hunde) im äußeren Fach der Kuriertasche ist eine ratsame Ergänzung.

○○●○○○○ ***1 Min.*** ★

Dunkle Ecken — ***Vorsorge 2***

Das Leben in der Großstadt wird rau: Radfahrer »auszuziehen« wird lukrativer und tritt häufiger auf. Meiden Sie die Ihnen bekannten dunklen Ecken, warten Sie auf einen zweiten Radfahrer und passieren Sie die Stelle zu zweit. Schauen Sie nach möglichen Fluchtwegen und achten Sie auf Besonderheiten: Liegen Scherben herum, versperrt etwas den Weg oder sind Stimmen zu hören. Entdecken Sie die »Falle«, so versuchen Sie nach einer Vollbremsung die Flucht zu ergreifen. Ist dies nicht mehr möglich, ergreifen Sie die Flucht nach vorne: Sprinten Sie schreiend los oder agieren Sie in irgendeiner Weise sonderbar: Schreien Sie, reden Sie laut über Ihren neuen Revolver oder singen Sie – wer sich so in einer Gefahrensituation verhält, der ist unnormal und unberechenbar. Vielleicht ist das das Quäntchen Glück, das die Situation rettet.

○○○●○○○ ★

Dunkle Ecken — ***Vorsorge 3***

Ziehen Sie Kleidung an, die Ihr Geschlecht, Ihre Statur und Ihr Alter verschleiert, das macht Sie für »Angreifer« unberechenbar und deren Risiko steigt, an einen stärkeren zu geraten.

○○●○○○○ ***15 Min.*** ★★

Effektiv, aber asozial

Wenn es knapp wird und Sie nicht wissen, ob Sie die Fuhre noch rechtzeitig zum Halten bringen können, schreien Sie: »Bremsen kaputt, aus dem Weg!« Das schafft Platz, aber keine Freunde!

○○○●○○○

Ein-Gang-Rad, warum nicht?

Ihr Händler wird die Idee verneinen, weil er an ihr nicht viel verdienen kann, und am Markt werden Sie keine entsprechenden Räder finden, dennoch ist das Projekt einen Gedanken wert: Das Ein-Gang-Rad für die Innenstadt und die Fahrt zur Arbeit. Ein-Gang bedeutet weniger Pflege, weniger Verschleiß, geringe Kosten und praktisch keine Defekte! Wenn Sie viel im Winter fahren, eine vorwiegend ebene Strecke mit wenig Wind und festem Boden haben, dann ist ein Gang für Sie genug.

●○○○○○○

Eskalation — ***Barrikaden aufbauen***

Sollten Sie einem aggressiven Menschen gegenüberstehen, der anzugreifen gewillt ist, stellen Sie das Rad mit ausgestreckten Armen vor sich, damit er Sie nicht erreicht.

○○○●○○○ ★

Fahren in der Enge — ***Schaffen Sie Ihren Platz***

Wird die Straße eng, kurvig, unübersichtlich oder überbreiter Gegenverkehr nähert sich, so müssen Sie sich offensiv schützen. Das heißt, fahren Sie so weit in der Mitte, dass kein von hinten herankommender Wagen Sie zu überholen versucht. Sollte es dennoch passieren, haben Sie Sicherheitsreserven nach rechts hin. Sind Sie auf diese Weise sicher durch die Gefahrenpassage gekommen, dann weichen Sie unverzüglich nach rechts aus und winken Sie die Autos durch. Und wenn Autofahrer bei diesem Verhalten hupen, dann trösten Sie sich mit dem Gedanken, dass eine Autohupe sympathischer klingt als ein Martinshorn.

○○○●○○○ ★★★

Fahrrad unterbringen — Überlegungen

Die Unterbringung sollte nach folgenden Gesichtpunkten gelöst werden: 1. Welche Rahmenbedingungen habe ich? Wer im unsanierten Altbau wohnt, der kann sein Rad am Treppengeländer anschließen, wer im Neubau mit Senioren zusammenwohnt, der wird Probleme bekommen... 2. Wie teuer war das Rad und wie schnell lassen sich teure Teile abbauen? → Teures ins Haus, preiswertes vor die Tür! 3. Welche Zugriffsgeschwindigkeit ist vonnöten: Brauche ich das Rad mehrmals täglich zum Brötchen holen oder fahre ich nur zweimal im Jahr damit? Das Stadtrad in den Vorgarten und der Edelrenner nach Fort Knox!

★

Fahrrad unterbringen — Stellplatzakquise

Sie wissen, wo das Bike stehen soll, doch leider ist der Stellplatz anderweitig genutzt oder nicht vorhanden. Ist er anderweitig genutzt, so überlegen Sie sich zuerst, wie sich diese andere Nutzung verbessern lässt: Stehen die Mülltonnen dort, ist eventuell ein Platz noch näher an der Straße auszumachen? Checken Sie sowohl die Hausordnung als auch die »informellen« Strukturen, bevor Sie handeln! Suchen Sie sich Gleichgesinnte (andere Radfahrer im Haus oder in der Wohnanlage). Vermeiden Sie Frontenbildung, sondern vertreten Sie einen Einspruch immer im Lichte des Nutzens für alle: Wenn wir Platz in der Tiefgarage bekommen, werden die schwarzen Flecken im Hausflur der Vergangenheit angehören... Seien Sie kompromissfähig!

★★★

Fahrradstellplatz — Ausstattung

Ihr Kettenöl gehört direkt neben den »Radparkplatz« (verstecken Sie es unter einem Treppensims, hinter einem Blumentopf oder legen Sie es in den Briefkasten, wenn das Rad dort geparkt wird)! 20

5 Min. ★

Fahrradstellplatz — Pappe auslegen

Liegt der Parkplatz auf öffentlichen witterungsgeschützten Flächen, legen Sie Pappe unter das Rad. Kettenöl und Brems-Salz-Dreck-Gemisch erfreuen weder Hausbesitzer noch Mitbewohner. Damit signalisieren Sie Verantwortungsgefühl, eine Tugend, die meist gern zur Kenntnis genommen wird. 20

15 Min. ★ **Standard**

Fahrradstellplatz — Sichern 1

Ist das Rad klaugefährdet, so sollten Sie es nicht nur ab- sondern auch anschließen. Bohren Sie ein Loch in die Wand (12 mm), dübeln Sie einen Ring ein. Klären Sie selbstverständlich vorher, ob Sie bohren dürfen. Hier ist es unter Umständen wieder einmal ratsam, ein allgemeines Angebot zu machen: Ich würde für alle im Haus die entsprechenden Löcher bohren und jeder kann dann Dübel und Ring eindrehen! 20

20 Min. ★★ **Heimwerkstatt**

Fahrradstellplatz — Sichern 2

Wer sich Arbeit beim Anschließen ersparen will, der dreht mit dem Ring direkt eine Trelock (nur diese weisen eine hinreichend kleine Öse auf) Schlossverlängerung ein. 20

10 Min. ★ **Standard**

Hören und Handeln!

Schalten, Bremsen, Beschleunigen und Kurvenfahrten machen besondere Geräusche – achten Sie darauf! Sie hören das Auto hinter sich, bevor Sie es sehen... Richten Sie sich danach!

○○○●○○○ ★★★

Mit dem Rad zur Arbeit — *Duschen, aber wo?*

Sperrt sich Ihr Arbeitgeber, Duschen einzurichten, dann suchen Sie in der Umgebung nach einem Fitnesscenter, einem Schwimmbad oder Ähnlichem und werden Sie Mitglied. Dann steht Ihnen stets eine Dusche zur Verfügung.

●○○○○○○ ★

Mit dem Rad zur Arbeit — *Sicherheits-Depot schaffen*

Deponieren Sie am Arbeitsplatz einen zweiten Helm, ein zweites Paar Schuhe und ein Trikot mit Radhose, dann kommen Sie komfortabel nach Hause, auch wenn Sie auf dem Weg zur Arbeit völlig durchnässt wurden.

●○○○○○○ ★

Mit dem Rad zur Arbeit — *Technische Unterstützung sichern*

Suchen Sie sich den nächstgelegenen Fahrradladen. Dort kann das Rad gerichtet werden, während Sie arbeiten und Sie können in der Mittagspause schnell Ersatzteile oder Zubehör kaufen. Fahrradhändler mögen Stammkunden.

○○●○○○○ ***15 Min.***

Mit dem Rad zur Arbeit — *Immer umziehen!*

Fahren Sie nie in Arbeitskleidung zur Arbeit. Tun Sie es doch, werden Sie an genau diesem Tag den Schauer Ihres Lebens oder eine schmierige Panne erleben...

○○○●○○○

Vorurteile gegen die Radfahrt ins Büro — *1*

Mit Ihrer feinen Kleidung geht das nicht!? – Fahren Sie einmal in der Woche mit dem Wagen in die Firma und bringen Sie dabei alle Kleidung für die Woche ins Büro. Dann können Sie viermal mit dem Rad fahren!

●○○○○○○ ***15 Min.***

Vorurteile gegen die Radfahrt ins Büro — *2*

Das Rad bietet keinen Schutz vor Terroranschlägen!? Michael Schumacher, Madonna und andere – wirklich bedeutende – Menschen trainieren auf dem Rad und fahren in der Innenstadt. Und Sie sorgen sich um Ihre Sicherheit? O.K. Schalten Sie folgende Anzeige: »Bodyguard mit schnellem Rad gesucht!«

●○○○○○○ ★★

Vorurteile gegen die Radfahrt ins Büro — *3*

Sie haben kein spezielles Rad dafür!? – Probieren Sie Ihr herkömmliches Rad, oder kaufen Sie sich ein gebrauchtes Rad mit Licht und Schutzblechen. Das kostet kaum 500 DM, das sind knapp sechs Tankfüllungen.

●○○○○○○

Vorurteile gegen die Radfahrt ins Büro 4

In der Rushhour ist es zu gefährlich!? – Mit dem Fahrrad öffnen sich Nebenstraßen und andere Wege, die sind selten gestaut und nicht selten auch kürzer. Machen Sie sich an einem Sonntag auf die Suche nach der idealen Strecke.

●○○○○○○ ★

Vorurteile gegen die Radfahrt ins Büro 5

Früher aufstehen für eine Radfahrt kommt nicht in die Tüte!? – Frische Luft beim Radfahren lässt Sie die paar Minuten weniger Schlaf schnell vergessen. Sind Sie abends aus der Firma nach Hause geradelt, haben Sie den Stress bereits »abgestrampelt«... Sie schlafen ruhiger und tiefer.

●○○○○○○ ★

Vorurteile gegen die Radfahrt ins Büro 6

Ein Platten und man kommt zu spät!? – Mit einer Druckluftkartusche in der Aktentasche ist das Pumpen eine Sekundenangelegenheit. Der Wechsel eines Schlauches braucht kaum 5 Minuten. Mit modernen Pannenflüssigkeiten müssen Sie den Schlauch nicht einmal wechseln, sondern nur von außen den »Nagel« suchen, entfernen und Druckluft geben... 2 Minuten höchstens!

●○○○○○○ ***5 Min.*** ★★ ***Bike-Pack***

Vorurteile gegen die Radfahrt ins Büro 7

Regen, Schnee und Dunkelheit... – Die Zeit der Fundamentalisten ist vorbei! Fahren Sie bei gutem Wetter mit dem Rad und bei schlechtem mit dem Bus, keiner zwingt Sie zu dogmatischen Entscheidungen; nur Sie selbst!

●○○○○○○ ★★

Vorurteile gegen die Radfahrt ins Büro 8

Der Weg zur Arbeit ist zu weit!? – Kürzen Sie ab: Fahren Sie ein Stück mit der Bahn oder dem Wagen und springen Sie dann aufs Rad. Vielleicht lohnt sich der Kauf eines Faltrades. Buchtipp: »Das Modul-Bike«. Hier erfahren Sie alles über die kleinen Falter.

●○○○○○○

Vorurteile gegen die Radfahrt ins Büro 9

Meine Kollegen halten mich für einen Spinner!? – Glauben Sie, Ihre Kollegen geben sich der Lächerlichkeit Preis, einen cleveren Kollegen, der schnell, gesund, entspannt und ökonomisch zum Arbeitsplatz kommt, »niederzumachen«? Die Zeiten sind sicher vorbei!

●○○○○○○ ★

Vorurteile gegen die Radfahrt ins Büro 10

Es gibt keinen sicheren Platz für das Rad!? – Es gibt immer einen sicheren Platz, Sie müssen ihn nur finden: Ein Flasche Kognak lässt den Werkstattmeister fündig werden, eine Flasche Sekt entlockt der Sekretärin einen Tipp und wer einen Freund in der Nähe hat, der kann dessen Garage nutzen... Seien Sie kreativ.

●○○○○○○ ★★

Radweg — Rauf und runter?

Vermeiden Sie Schlangenlinien, Autofahrer sollten den Abstand beim Überholen einschätzen können. Das Wechseln vom Radweg auf die Straße, zurück und zwischendurch an parkenden Automobilen vorbei ist gefährlicher, als konstant auf der Straße zu fahren.

★★

Schlüsselbund — Griffbereit

20

Ein Schlüsselring mit 50 Millimeter Durchmesser nimmt nicht nur viele Schlüssel auf, sondern lässt sich auch problemlos über den Lenkergriff fädeln. So schützt ihn die Hand vorm Herrunterrutschen und beim Stopp ist er in Sekundenschnelle parat.

10 Min. ★

Sein Rückspiegel — Ihre Sicherheit!

Behalten Sie die Rück- und Außenspiegel der parkenden Autos im Blick. Will ein Autofahrer aussteigen, muss er im Auto sein, also sehen Sie ihn in seinem Spiegel...

★★

Spur wechseln — 1

So klappt das Abbiegen auf mehrspurigen Straßen ohne Stress: 1. Beginnen Sie frühzeitig mit dem Wechseln der ersten (!) Spur. Schauen Sie kurz nach hinten für einen ersten Eindruck. Kontrollieren Sie den Verkehr vor sich und einige Autosekunden davor. Schauen Sie sich erneut um. Geben Sie ein Handzeichen und wechseln Sie auf die Spur links neben Ihnen. »Tasten« Sie sich so von Spur zu Spur und rechnen Sie mindestens 100 Meter pro Spurwechsel, dann bleiben Reserven bis zur Ampel.

★★

Spur wechseln — 2

Schauen Sie sich bereits weit vor der entscheidenden Abfahrt nach links um. Sollten Sie ein langsames Fahrzeug hinter sich entdecken (Schwertransporter, Bus oder Fahrschulwagen), so steuern Sie so, dass Sie vor den Spurwechseln hinter diesem Fahrzeug sind. Biegt es auch ab, können Sie im »Windschatten« sicher abbiegen. Biegt es nicht ab, können Sie immer noch sicher sein, dass die Autofahrer dahinter sensibilisiert sind, das schützt auch Sie.

★

Standardunfälle — Achtung Lieferanten

Es gibt Standardkonstellationen, die jedem Radfahrer den sicheren Unfall bringen, denen er aber mühelos vorbeugen kann: Überholt Sie ein Lieferwagen und hält vor Ihnen auf dem Bürgersteig oder Radweg, so werden sich die Türen umgehend öffnen...

Stau — Überholen

Jetzt wird es riskant, alle stehen still, nur Sie sind noch unterwegs. Damit rechnet kein Autofahrer. Schauen Sie deshalb besonders genau hin: Eingeschlagene Vorderräder lassen vermuten, dass das Auto zum Wenden ansetzt. Schauen Sie genau auf die Sitze, vielleicht steht jemand in der nächsten Sekunde auf, um sich ein Bild von der Stauursache zu machen oder Erste Hilfe zu leisten. Auch können Hunde oder Kinder zwischen den Autos hervorkommen.

★★

Üben, üben, üben

Machen Sie sich mit der Funktion Ihres Rades vertraut, nur wer seine Bremsen, die Schaltung und die Haftung seiner Reifen wirklich kennt, kann in Gefahrenmomenten richtig handeln. Üben Sie gelegentlich das Gleichgewicht zu halten, Bürgersteige hoch- und herunterzufahren und Vollbremsungen – im Ernstfall muss es klappen!

Urschrei statt Klingeln!

Hupen, Klingeln, Hörner und Trillerpfeifen machen Eindruck, sind aber meist wirkungslos, weil sie verboten, zu leise oder zu langsam sind. Schreien Sie, das ist laut, klappt sofort und die Hände bleiben am Lenker und den Bremsgriffen.

★

Vorsicht im Rückstau

Erwarten Sie nicht, dass ein Autofahrer im Stau seine Rückspiegel im Blick hat. Er wird Sie übersehen, wenn Sie rechts oder links am Rückstau vorbeigefahren sind und jetzt neben ihm stehen. Suchen Sie den Blickkontakt oder klopfen Sie an die Scheibe und bedeuten Sie ihm, wo entlang Sie gleich fahren möchten.

1 Min. ★★

Bike & Fly

Großstädte

Mit dem Fahrrad sind Sie mobil, das rückt »suburbane« Billigflughäfen in ein interessantes Licht. Beispielsweise in London bieten sich »Luton« und »Stanstead« als Flughäfen an. Während man normal über 20 Pfund für die Transfers in die Innenstadt zahlen müsste, was die preiswerten Flugtarife fast auffrisst, radelt man in die City und muss lediglich eine Karte kaufen. Solche Flughäfen – außerhalb der Stadt und unterhalb der üblichen Tarife – gibt es in der Nähe vieler Metropolen. Fragen Sie gezielt danach.

Anfahrt mit dem Rad zum Flughafen — *Trauerspiel*

Eines ist klar: Wer mit dem Rad zum Einchecken fährt, der ist außergewöhnlich. Die Verkehrsplaner haben diese Möglichkeit nicht einmal in Betracht gezogen. Die Radwege führen meist zu den Aussichtsplattformen, nicht selten Kilometer von den Check-Ins entfernt. Fassen Sie sich ein Herz! Fahren Sie den Weg, der Ihnen als geeignet erscheint. Ideal sind Service- oder Zulieferstraßen. Hüten Sie sich allerdings vor militärischen Bezirken! Sollte die Polizei Sie anhalten, erklären Sie dies genauso: Sie hätten dies nicht vorgehabt, aber keine andere Strecke gefunden und seien in Zeitdruck, um Ihren Flieger zu bekommen. Klappte bereits in Köln, London und Vancouver!

★★

Anfahrt mit dem Rad zum Flughafen — Waschen im Flughafen 1

20

Erholt und relaxed steigt auch nach der Anreise mit dem Bike in den Flieger, wer die Duschen der Flughäfen nutzt. Die sind zumeist umsonst (Zürich ist eine der Ausnahmen) und in gutem Zustand. Wer ein Faltrad dabei hat, der kann es gefaltet sogar mit hineinnehmen (nicht zum Putzen versteht sich). Nicht selten sind Handtücher gegen einen kleinen Obulus zu bekommen. Abseits von Duschen bieten sich auch weniger frequentierte Toiletten der Kaufhäuser und Restaurants zum Umziehen und Waschen an.

○○○●○○○ **15 Min.** ★ **Standard**

Anfahrt mit dem Rad zum Flughafen — Waschen im Flughafen 2

In jedem Falle nutzen Sie die Gelegenheit: Im Duty Free oder der Drogerie gibt es immer Tester, so duften Sie gut und haben das Gewicht für Deos doch gespart.

○○○●○○○ **5 Min.** ★

Beinfreiheit — Im Flieger

Nein, nach 14 Stunden Flug kann man keinen Meter mehr radeln, wenn die Knie die ganze Zeit neben den Ohren hingen. Da hilft nur Vorsorge. Buchen Sie einen Platz mit viel Beinfreiheit. Im Airbus 330 sind dies in der Reihe 65 die Sitze A, C, H und K. In der Boeing 747-300 die Sitze B und C in der Sitzreihe 86. Auf der WWW-Seite von Cathay Pacific gibt es Sitzpläne verschiedener Flugzeugtypen zu bestaunen: http://www.cathaypacific.com/germany

●○○○○○○ ★

Bike verpacken — Angenehme Arbeitshöhe

Tapeziertisch oder Sägeböcke machen eine perfekte Unterlage aus, um sein Rad in angenehmer Arbeitshöhe zu verpacken. So sind alle Bereiche einsehbar und das Rad kann einfach gewendet werden.

○○●○○○○ ★

Bike verpacken — Gewichtslimit erreicht

Wenn's mit den Kilos eng wird, füllen Sie die schweren Anbauteile (Schloss, Pedale, Ledersattel usw.) ins Handgepäck. Dies wird nur selten gewogen. Noch besser: Stecken Sie es in die Taschen eines großen Parkas, den Sie sich einfach über den Arm hängen.

○○●○○○○ **10 Min.** ★ **Bike-Pack**

Bike verpacken — Verpackungsmaterial preiswert

20

Preiswertes Verpackungsmaterial bekommt man in jedem Bikeshop – die sind froh, wenn sie das Zeug nicht aufwendig entsorgen müssen. Schnappen Sie sich am besten gleich zwei Kisten! In die kleinere verpacken Sie das Rad, dann stellen Sie einfach den einen Karton in den anderen! Doppelt hält besser. Achten Sie aber auf das zulässige Gesamtgewicht des Gepäckstücks.

○○●○○○○ ★

Bike verpacken — Perfekt

Kaputt geht das Fahrrad zumeist beim Ver- und Entladen. Auch das Verpacken in den Karton sollte deshalb sorgsam vonstatten gehen: 1. Zeitnehmen 2. Sichern Sie die Ausfallenden durch 101,

bzw. 136 mm breite Holzscheite oder Gewindestangen 3. In den leichtesten Gang schalten, das Schaltwerk abschrauben, in eine Luftfolientüte stecken und innerhalb des Rahmendreiecks mit einem Kabelbinder sichern 4. Ebenso die Pedale entfernen und am Rahmen sichern 5. Sattelstütze herausnehmen und vorher mit Klebeband die exakte Höhe markieren 6. Lenker samt Vorbau herausnehmen, um 90 Grad verdrehen und zwischen Oberrohr, Unterrohr und der Gabel einhaken; anschließend mit Kabelbinder befestigen 7. Laufräder möglichst eng an den Rahmen legen, mit Luftfolie einschlagen und mit KBs sichern 8. »Fahrradknäuel« an seinen Ecken mit Styropor flankieren und fest tapen. Noch besser sind Plastik-Einweg-Flaschen, diese sind sehr preiswert, stabil und geschlossen sehr belastbar. Flankieren Sie das hintere Ausfallende mit drei bis vier quer zur Fahrtrichtung liegenden Flaschen 9. Karton auf die passende Größe herunterstutzen und Rad hineinlegen 10. Mit weichem Gepäck (Schlafsack, Isomatte, Kleidung) Hohlräume ausfüllen und zukleben 11. Mit Namen und Ziel groß beschriften 12. Wer mehrfach eigenhändig mit dem Rad umsteigen muss, der sollte einen Griff antapen und eine untere Ecke mit mehreren Pappschichten versehen, auf der der Karton schleifen kann.

○○●○○○○ **2 Std.** ★★ ***Bike-Pack***

Check-In — Obacht

Stellen Sie das Rad neben den Schalter und reihen Sie sich ein, so brauchen Sie es nicht mitzuschleifen.

○○○●○○○ **5 Min.** ★

Check-In — Achtung Gewichtslimit

Wenn das Rad auf die Waage gehoben wird, tun Sie so, als würden Sie das Rad nur halten. Heben Sie es stattdessen an, so ist es leichter... Spart bares Geld.

○○●○○○○ **1 Min.** ★★

Check-In — Anschlussflüge klären

Klären Sie, ob alle Verbindungsflüge mit Fahrrad durchgebucht worden sind, ob Sie das Fahrrad zwischen den Flügen ausgehändigt bekommen (in den USA) und wo Sie es abzugeben haben.

○○○●○○○ **10 Min.** ★

Check-In — Preiskrieg vermeiden

Sollten sich Unklarheiten zum Preis ergeben, vertreten Sie Ihre Informationen kühl und bestimmt. Sollte der Erfolg ausbleiben, dann fragen Sie nach dem Vorgesetzten. Beginnen Sie dort ruhig, pochen Sie auf Kulanz und darauf, dass die Passagiere hinter Ihnen nicht unnötig warten sollten.

○○○●○○○ **10 Min.** ★★

Top-Fotos — *Aus dem Jet*

Säubern Sie die Fensterscheibe und schalten Sie Autofokus und Blitz aus und auf »unendlich«. Sichern Sie sich eine kurze Verschlusszeit und versuchen Sie, Blende 4 oder 5,6 zu »erwischen«. Möglichst nahe an die Scheibe gehen, aber nicht berühren. Stützen Sie sich auf der Sitzlehne ab und halten Sie die Luft beim Abdrücken an.

○○○●○○○ ★

Check-Out — *Rad checken*

Selten werden Räder auf den Laufbändern transportiert. Meist befindet sich neben den Bändern eine Ausgabe für sperrige Güter. Dort sollten Sie das Fahrrad sofort (!) auf Schäden kontrollieren, also den Karton öffnen und das Bike zusammenbauen. Bei Schäden sofort zum Schalter der Fluglinie oder deren Kooperationspartner und um Klärung bitten. Ist das Fahrrad nicht fahrfähig, klären Sie sofort, wie Ersatz oder Reparatur geleistet wird.

○○○●○○○ ***10 Min.*** ★★ ***Bike-Pack***

Check-Out — *Karton versorgen 1*

Ist das Rad in Ordnung, so erkundigen Sie sich bei der Fluglinie, ob eine Möglichkeit besteht, Ihren Karton bis zum Rückflug aufzubewahren.

○○○●○○○ ***10 Min.*** ★★

Check-Out — *Karton versorgen 2*

Der Fahrradkarton lässt sich auch beim kommerziellen Gepäckservice im Flughafen unterbringen. Die Preise sind mitunter beachtlich, also vorher klären.

○○○●○○○ ***10 Min.*** ★

Gepäck — *Weg*

Ist der Koffer weg, ist der Ärger da! Gehen Sie sofort zum Schalter der Airline oder zum »Lost&Found«-Schalter. Machen Sie möglichst genaue Angaben über Größe, Farbe und etwaige Besonderheiten des Gepäckstücks. Findet sich der Koffer nicht binnen einiger Stunden, halten einige Veranstalter »Overnight-Kits« parat, da ist alles drinnen, was man für eine mehr oder weniger gute Nacht (alleine!) braucht. Versorgt man sich selbst, zahlt die Airline meist für Toiletten-Artikel 100 Prozent, Bekleidung 50 Prozent. Natürlich nur gegen Beleg! Ist das Gepäck endgültig verloren, zahlt die Airline schlappe 53,50 DM je Kilogramm. Gehen Sie also sicher und markieren Sie Ihr Gepäck gut und nehmen Sie alle »teuren« Kleinigkeiten von Dessous über Werkzeug bis zum Handy und alle wichtigen Papiere mit ins Handgepäck. Übrigens können Sie auch Nutzen aus den verlorenen Koffern schlagen, die werden nämlich von Zeit zu Zeit versteigert, sofern sie ihrem Besitzer nicht mehr zugestellt werden konnten!

○○○○●○○

Start am Flughafen — *Gelungen 1*

Die Landung war gut, das Rad steht fahrbereit da, doch wo geht's lang? Autovermietungen fragen: Sie haben meist Ahnung, weil sie täglich Fremde aus dem Flughafen lotsen und zudem gibt's meist eine kleine Umgebungskarte umsonst, fragen Sie ruhig.

○○●○○○○ ***5 Min.*** ★★

Start am Flughafen — Gelungen 2

Sind noch Plätze frei, so nimmt Sie ein Hotel-Shuttle sicher gerne mit, »bestechen« Sie den Fahrer mit einer Schachtel Zigaretten oder einem Bier. Wer Nerven hat, kann den Fahrer auch anlügen und sich als Hotelgast ausgeben. Das funktioniert dann auch in beide Richtungen...

○○○●○○○ **5 Min.** ★★

Jetlag — Reduzieren

Nach Westen fliegend ist der Jetlag meist sehr moderat, schlimm wird es ostwärts. Beugen Sie mit einer Reiseplanung vor, die es Ihnen erlaubt, möglichst nahe an die gewöhnten Ruhe- und Wachzeiten heranzukommen. Vermeiden Sie Alkohol, schweres Essen und anderweitige Belastungen für den Körper beim Flug.

●○○○○○○ ★

Jetlag — Auskurieren

Planen Sie die Zeit nach der Ankunft nicht zu straff. »Quälen« Sie sich bis in den Abend und schlafen Sie dann solange es geht! Geben Sie nicht bereits am frühen Abend auf!

○○○○○●○ ★

Planung

Ansprechpartner — Über Vorhaben informieren

Starten Sie auf eine riskante Tour, dann benachrichtigen Sie jemanden wann Sie starten, wo Sie langfahren wollen und wann Sie wo anzukommen vorhaben. Ist Ihnen unterwegs etwas zugestoßen, kann man Sie so leichter finden und Ihnen unter Umständen das Leben retten...

○○●○○○○

Dokumente — Einpacken!

20

Es bedarf eigentlich keiner Erwähnung, aber ohne Personalausweis, Impf- und Allergiepass und Versicherungskarte sowie Auslandskrankenversicherung geht man nicht auf Touren, oder? Von allem sollte man eine Kopie erstellen und getrennt von den Originalen aufbewahren. Legen Sie den Unterlagen auch eine Nachricht bei, wer im Falle eines Unfalls benachrichtigt werden soll.

○○●○○○○ **15 Min.** ★★

Dokumente — Immer parat

Wer seine Dokumente ganz sicher haben möchte, der scannt die Unterlagen ein und speichert sie auf einer weltweit abrufbaren Internet-Seite unsichtbar (weiße Schrift auf weißem Grund) an einer nur ihm bekannten Stelle).

○○●○○○○ **60 Min.** ★★★

Früh starten — Ist clever

MOUNTAIN-BIKER

Morgenstund hat Gold im Mund: Fahren Sie früh los, so haben Sie die Chance, Tiere in freier Wildbahn zu sehen, gehen störenden Konflikten mit Wanderern aus dem Weg und haben hinreichend Zeit für Pausen, ohne Gefahr zu laufen, erst bei Dunkelheit heimzukommen.

●○○○○○○

Höhenmeter — *Einschätzen*

Vorsicht gilt bei Steigungen, planen Sie nicht bloß in Sachen Kilometern, sondern beachten Sie die Höhenmeter. Hier spielt nämlich die Musik. Mehr als 2000-4000 Höhenmeter sollten Sie sich beispielsweise im Gelände nicht zumuten. Planen Sie lieber »locker«, als von Beginn an der Marschtabelle hinterher fahren zu müssen. Wer öfter in den Bergen fährt, der sollte über die Investition in einen Höhenmesser nachdenken, der hilft planen und gibt wertvolle Tipps zur Wettervorhersage.

★

Informationen — *Bei Ortskundigen einholen*

Checken Sie insbesondere bei Mountainbike-Touren und Fahrten im Hochgebirge die aktuelle Wettervorhersage. Nicht selten ist Abbrechen klüger als weiterfahren.

30 Min. ★★

Notrufnummern — *Einpacken*

20 Nehmen Sie sich die regionalen Notrufnummern mit auf die Tour... Man weiß nie! Auf dem Handy und in der Telefonzelle sind diese Anrufe kostenlos!

5 Min.

Reiseinformationen — *Schenken lassen statt kaufen*

Ob ADAC, ADFC, Fremdenverkehrsämter, Touristenzentren oder Hotelketten: Besorgen Sie sich kostenlose Unterlagen zur Route oder zum Zielort, bevor Sie fehlende Informationen erfragen oder durch – oftmals – teure Reiseführer ergänzen. Das kostenlose Material ist meist aktuell, muss aber mit Vorsicht genossen werden. Es ist nicht objektiv, aber informativ!

30 Min. ★

Reiseinformationen — *WWW hilft kostenlos*

Das Internet ist grenzenlos – informativ! Zum Thema Reisen gibt es alles Erdenkliche im Netz. Welche Campingplätze in Florida haben fließend heißes Wasser? Das Netz weiß es.

2 Std. ★★ ***Standard***

Richtige Länge der Tagesetappen

Wer bereits am Nachmittag am Ziel ankommt, kann das Gepäck abladen und mit dem leichteren Rad die Umgebung erforschen. Das geht schneller und macht meist auch mehr Spaß.

Ruhetage einplanen

Ruhetage sind sehr wichtiger Bestandteil von Radreisen, sie geben die Chance für ausgiebige Besuche und zur Erholung. Sie sollten den ersten nach zwei bis drei Tagen ansetzen. Dann das Verhältnis auf 1:4, 1:5 und schließlich auf 1:6 steigern.

Schlaf, Schlaf, Schlaf — *Schlüssel zur Fitness*

Ob Rennen, Touren oder Reisen, schlafen hebt die Leistungsfähigkeit und ist gesund! Riskieren Sie Ihre Tour nicht für eine Party oder ein gutes Fernsehprogramm. Bei Lebensgefährten sollte man natürlich schon mal eine Ausnahme machen!

9 Std. ★

Streckenplanung — Kultur einbeziehen

REISERADLER

Die Planung der Strecke sollte stets von den touristischen Regionen aus beginnend langsam in die entlegeneren Regione führen. Auf diese Weise gewöhnen Sie sich an die kulturellen Eigenheiten eines Landes und der Kulturschock fällt geringer aus.

●○○○○○○ ★★

Timing — Mountain-Biker im Auge behalten

MOUNTAIN-BIKER

Unterwegs sollten Sie stets die Uhr im Hinterkopf behalten und »Haben und Soll« vergleichen. Sobald Sie absehen können, dass Sie die Tour nicht schaffen, drehen Sie um oder kürzen Sie ab. Engstirnig das Unmögliche zu versuchen, hat keinen Sinn!

○○○●○○○

Zeitpuffer — Schaffen Ruhe und Sicherheit

Ein Zeitpuffer für Eventualitäten ist auf jeder Tour angebracht. Ob Defekt, leckere Brotzeit, ein plötzlich entdeckter Badesee oder ein unerwarteter Flohmarkt, von Unfällen gar nicht zu sprechen – es gibt viele Gründe, dem Zeitplan hinterher zu strampeln. Und wenn man spät dran ist auf dem Weg zur Fähre oder beim Kampf gegen die hereinbrechende Dunkelheit, kommt der Wind immer von vorne....

●○○○○○○

Zugreisen — Bestätigen lassen

REISERADLER

Bei der Deutschen Bahn ist es nicht notwendig, für andere Eisenbahnen – besonders außerhalb der EU – gilt: Züge bestätigen lassen: Abfahrtzeiten, Haltebahnhöfe, Gepäckabteile usw., es gibt viele Variablen bei einer Zugreise. Halten Sie genaue Rücksprache, sonst sind Ihre Reiseplanungen schnell hinfällig.

○○○●○○○ **15 Min.** ★

Sonstiges

Auf Tour mit den Kleinen — Ernst nehmen

Klar, Sie kennen Ihr Kind am besten! Dennoch einige Anregungen: Wählen Sie einen Zielort und Streckenabschnitte mit viel Natur und Auslauf. Integrieren Sie Ihre Kinder in die Reiseplanung.

●○○○○○○ ★★

Auf Tour mit den Kleinen — Essen – Neugier wecken!

Machen Sie Ihr Kind auf fremdes Essen aufmerksam (»Supermann isst das auch immer, wenn er hier ist!«).

●○○○○○○ **15 Min.** ★★

Auf Tour mit den Kleinen — Spielzeug

Kaufen Sie das Spielzeug vor Ort. Dann müssen Sie es nicht schleppen und preiswertes gibt es überall.

●○○○○○○ **15 Min.** ★★

Auf Tour mit den Kleinen — Keine Lügen

Sagen Sie Ihren Kindern die Wahrheit bei Fragen zu Entfernungen, Menschen, Leid und Wartezeiten.

○○○●○○○ ★★★

Auto mieten

Oftmals ist Vorsicht geboten. Wer es unbedingt preiswert haben möchte, kann ein Risiko eingehen. Wer es sicher mag, der sollte auf Firmen setzen, die er aus der Heimat kennt. Diese Firmen verhalten sich in der Ferne so, dass man sie zuhause nochmals in Anspruch nehmen möchte... Das lassen sie sich aber auch bezahlen!

●○○○○○○ **15 Min.** ★★

Bike'n'Car — Anschließen nicht vergessen

20 Und wer das Auto verlässt und Räder am oder auf dem Auto montiert hat, der sollte die Räder anschließen!

○○●○○○○ **10 Min.** ★ **Bike-Pack**

Bike'n'Car — Auf dem Träger sichern

20 Wie fest der Dachträger auch zu sein scheint, sichern Sie Ihr Rad mit mindestens zwei Pedalriemen an den Halterungen.

○○●○○○○ **10 Min.** ★ **Bike-Pack**

Bike'n'Car — Achtung – neue Höhe!

Eigentlich bedarf es keiner Erwähnung, aber wer sein Rad auf dem Dach hat, der sollte sich ganz bewusst vornehmen, Tiefgaragen und niedrige Brücken zu meiden... Kann teuer werden und kaum eine Versicherung zahlt.

○○○●○○○ ★

Essen — Fern vom heimischen Herd

Der Magen ist Ihr Verbrennungsmotor. Halten Sie ihn fit: Vermeiden Sie ungekochtes Wasser, ungekochte Milch, Eiswürfel, Flaschen mit beschädigten Siegeln, Früchte, deren Schale man mitisst, Salat, Fisch, Eiscreme und Softeis. In Lokalen kann man vom Hygiene-Zustand des Speisesaals auf die Speisen schließen...

○○○●○○○ ★

Geld sparen — 1

Durchfahren Sie Touristenzentren stets satt und ohne Durst, dann kommen Sie gar nicht in Versuchung, in Touristenfallen zu tappen.

○○○●○○○ ★

Geld sparen — 2

Sind Sie allergisch, dann packen Sie kleine Mengen der entsprechenden Medikamente ein, das spart teure Arztrechnungen.

●○○○○○○ **15 Min.** ★

Geld sparen — 3

Fahren Sie in Gesellschaft oder suchen Sie sich diese. Vor dem Campingplatz zum Beispiel lassen sich andere Solofahrer treffen, mit denen man zusammen kochen und – im Ausland nicht selten – einen großen Stellplatz nutzen kann, den man ansonsten allein hätte buchen müssen.

○○○●○○○

Geld sparen — 4

150 Schützen Sie sich vor teuren Reparaturen und lassen Sie Ihr Rad vom Profi im Radgeschäft durchchecken. Erklären Sie dabei, was Sie vorhaben, die Mechaniker können dann abschätzen, welche Teile vorsichtshalber ausgewechselt werden sollten.

○○●○○○○

Geld sparen **5**

Reservieren Sie Hotels oder Campingplätze im Vorfeld und vergleichen Sie zuvor oder buchen Sie in letzter Minute vor der Nacht, so dass Sie das »Ich zahle soundsoviel, oder Sie verdienen gar nichts« Argument nutzen können.

●○○○○○○ ★★

Geld sparen **6**

Erinnern Sie sich an Schulfreunde, alte und entfernte Verwandte oder Gleichgesinnte in Sachen Religion, Hobby oder Politik. Wenn Sie denen erzählen, dass Sie in der Nähe vorbeiradeln, dann sind Einladungen gewiss. Eine gute Gelegenheit, Leute wiederzutreffen und wertvolle Tipps für die Weiterfahrt zu erhalten.

●○○○○○○ ★

Geld sparen **7**

Machen Sie sich mit dem Rad, dem benötigten Werkzeug und dessen Benutzung vertraut, Selbsthilfe ist meist am billigsten.

●○○○○○○ ***2 Std.*** ★★ ***Bike-Pack***

Gepäck **Kennzeichnen**

Gibt es bei einem Marathon einen organisierten Gepäcktransport, dann sollten Sie Ihre Tasche markieren (mit einer bunten Kordel oder einem Streifen Isoband). Bei Massenveranstaltungen ist die Chance groß, dass jemand die gleiche Tasche hat. 20

○○●○○○○ ***4 Min.*** ★

Hotelzimmer **Erst schauen, dann einchecken**

Scheuen Sie sich nicht, ein Hotelzimmer vor dem Buchen zu inspizieren: Ist Platz fürs Rad, lässt sich Kleidung aufhängen und stimmt die Sauberkeit? Übrigens ist ein solcher Rundgang in vielen Ländern dieser Welt nicht verpönt, sondern üblich.

○○○●○○○ ***5 Min.*** ★

Hundeangriff **Vorsorge**

Machen Sie einen großen Bogen um die Vierbeiner. Tun Sie nichts, was den Hund aggressiv macht. Schauen Sie ihm nicht in die Augen. Versuchen Sie, ihn durch Standard-Kommandos zu beruhigen.

○○●○○○○ ★

Hundeangriff **Angriff sinnlos**

Versuchen Sie nicht, nach dem Hund zu treten, Hunde sind in gewisser Weise wilde Tiere, sie verstehen mehr vom Kampf als wir! Wenn es sich um ein ganzes Rudel Hunde handelt, sollten Sie das Weite suchen, aber seien Sie sich im Klaren darüber, dass Hunde schnell sind und Ausdauer haben.

○○○●○○○ ★

Hundeangriff **Barrikaden aufbauen**

Wenn der Angriff naht, springen Sie vom Rad und versuchen Sie, das Rad zwischen sich und den Hund zu bringen.

○○○●○○○ ***1 Min.*** ★

Hundeangriff **Erschrecken**

Zur Abschreckung kann es helfen, dem Hund plötzlich einen Strahl aus der Trinkflasche zu verpassen.

○○○●○○○ ★

Hundeangriff — **Arm statt Kopf!**

Wenn der Hund beißt, gilt die Güterabwägung: Halten Sie den Arm hin, der ist besser zu »reparieren« als das Gesicht. Hat der Hund es geschafft, dann fahren Sie sofort (oder lassen Sie sich fahren) ins Krankenhaus. Melden Sie den Vorfall der Polizei und versuchen Sie, den Besitzer des Hundes ausfindig zu machen.

★ **Standard**

Kontaktfähig bleiben — **Ausland**

50

Wer auf Tour im Ausland ist, der sollte einige Münzen und eine entsprechende Telefonkarte im Gepäck haben.

★

Rad schieben — **Einfach gemacht**

Das voll beladene Rad trägt und schiebt sich am besten, wenn man den Schwerpunkt möglichst über den Laufrädern hält. Also möglichst gering seitlich neigen.

★

Solo auf Tour hat Vorteile

Scheuen Sie sich nicht vor einer Tour alleine. Das hat Vorteile: Sie müssen Ihre Entscheidungen zur Streckenwahl, zum Essen, zum Sightseeing oder anderen Dingen mit niemandem abstimmen und kommen zudem besser in Kontakt mit Einheimischen. Auch findet ein Einzelfahrer besser Quartier in überfüllten Gegenden.

Tagebuch lässt Erinnerungen aufleben

150

Führen Sie ein Tourtagebuch. Nehmen Sie sich mindestens 15 Minuten Zeit pro Tag und notieren Sie keine Dinge, die jeder kennt oder die auf den Fotos zu sehen sind. Erzählen Sie die Anekdötchen vom Wegesrand und Ihre Gefühle und Eindrücke. Kilometerleistung und andere Fakten können Sie direkt auf die Karten schreiben. Wer nicht gerne schreibt, dem hilft ein kleines Diktiergerät.

15 Min. ★★

PECHVOGEL **Unfall** — **Was tun? 1**

Sobald Ihr (teures) Rad einen Ernst zu nehmenden Schaden hat (haben könnte) oder Sie persönlich schwer gestürzt sind, rufen Sie die Polizei an. Einzig deren Protokoll hilft Ihnen später, zu Ihrem Recht zu kommen. Lassen Sie sich nicht auf »Barzahler« ein: Manche Folgen zeigen sich erst später.

PECHVOGEL **Unfall** — **Was tun? 2**

Stürzten Sie bei dem Unfall, dann ist der Besuch eines Arztes unumgänglich. Können Sie nicht mehr gehen, dann kommt der Arzt zu Ihnen... In jedem Fall ist ein Attest Ihr wichtigstes Dokument, wenn es später vor Gericht geht. Bestehen Sie im Zweifelsfall immer auf einen Krankenwagen am Unfallort.

PECHVOGEL **Unfall** — **Was tun? 3**

Melden Sie den Schaden umgehend Ihrer Versicherung; sie kann ansonsten Leistungen verweigern.

Unfall — *Was tun? 4*

PECHVOGEL 150

Auch Ihr Rad muss begutachtet werden. Das übernehmen Fahrradläden oder Fahrrad-Sachverständige. Sie erstellen Schadensgutachten und Kostenvoranschläge. Setzen Sie sich dazu mit Ihrer und der Versicherung des Unfallgegners in Verbindung. Die Kosten für den Kostenvoranschlag müssen übernommen werden.

30 Min. ★★★★ ***Profiwerkstatt***

Unfall — *Was tun? 5*

PECHVOGEL

Hüten Sie sich davor, Ihr Rad frühzeitig in Reparatur zu geben. Machen Sie in jedem Fall aussagekräftige Fotos und halten Sie mit Ihrer Versicherung Rücksprache. Behalten Sie beschädigte Ausrüstung und Kleidung bis zur vollständigen Abwicklung des Schadensfalles.

Unfall — *Was tun? 6*

PECHVOGEL 20

Während Ihr Rad in Reparatur ist, muss die Versicherung des (schuldigen) Gegners nicht in jedem Falle die Mietkosten für ein Ersatzrad übernehmen. Handelt es sich nicht um Ihr Alltagsrad, sondern um »Luxus- oder Liebhabereizwecke«, bekommt man kein Geld. Manche Gerichte zählen »Sport- und Freizeitnutzung« dazu.

Unfall — *Was tun? 7*

PECHVOGEL 500

Übrigens muss der Unfallverursacher für Ihre Kosten einer Rechtsberatung aufkommen. Diese ist bei Körperschäden unerlässlich.

60 Min.

Unfall — *Was tun? 8*

PECHVOGEL

Behalten Sie alle Fristen im Auge, machen Sie eine Notiz von jedem Telefonat und kopieren Sie jeden Brief und jede Rechnung vor dem Versand.

Zelt — *Richtig aufbauen*

Suchen Sie sich einen Untergrund, in dem die Heringe greifen. Kontrollieren Sie ihn auf spitze Steine, Scherben, Wurzeln, Dornen und Ameisenstraßen. Bauen Sie Ihr Zelt nie in einer Senke auf, sonst laufen Sie Gefahr, bei Regen geflutet zu werden. Auch niemals unter Bäumen, denn der »Nachregen« lässt den Geräuschpegel auch lange nach dem eigentlichen Regen nicht sinken. Dass man niemals direkt am Wasser sein Zelt errichtet, versteht sich nicht nur wegen der Mücken von selbst, sondern auch weil Regen den Pegelstand binnen Minuten »ungünstig« erhöhen kann! Der Eingang des Zeltes sollte möglichst auf der Windschattenseite liegen. Frühaufsteher sollten das Zelt der Sonne zugewandt aufbauen, dann lässt sich der Sonnenaufgang aus dem Schlafsack heraus genießen!

10 Min. ★ ***Standard***

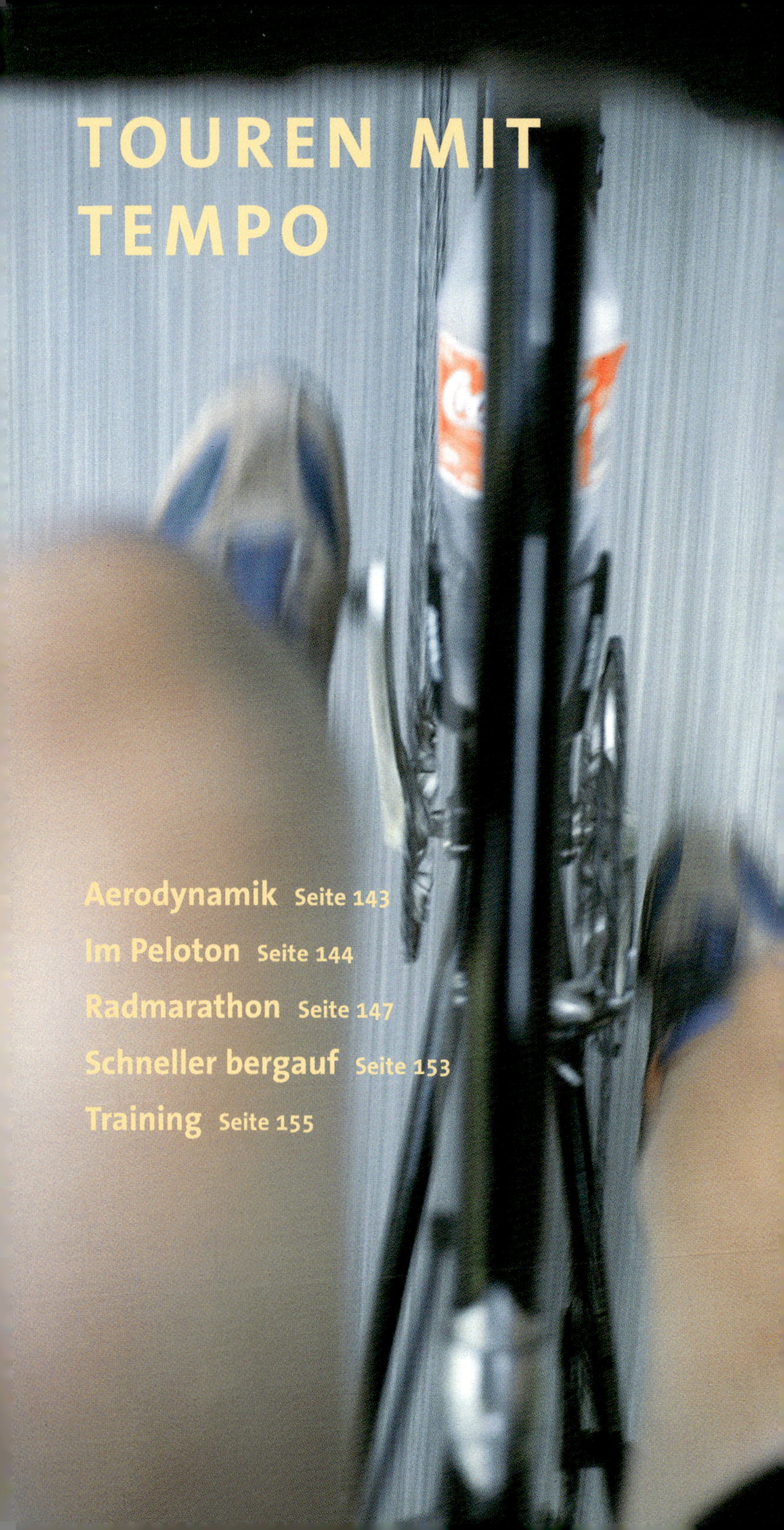

TOUREN MIT TEMPO

Aerodynamik

Mountainbiker — **Ausbalancieren!**

Wenn Sie den Lenker an Ihrem Mountainbike senken, ist Vorsicht geboten. Ist er zu tief, machen sich im Single Trail Überschlagsängste breit. Und in der Tat wird es schwerer, den Schwerpunkt im Gelände hinter den Sattel zu bekommen. Deshalb muss die Haltung auf beide Ansprüche abgestimmt werden.

Mountainbiker — **Tempo anbauen**

150

Soll es auf dem MTB etwas schneller gehen, so montieren Sie einfach ein Paar Lenkerhörnchen zwischen Vorbauklemmung und Bremshebel. So greifen Sie enger, dass bringt die Schultern nach innen und Ihre Haltung wird zudem flacher. Lenker absenken nicht vergessen.

45 Min. ★★ ***Bike-Pack***

Rennradfahrer — **Zuerst der Fahrer, dann die Technik**

Nicht das Rad verstellt dem Wind den Weg, sondern Sie. Also bringen Sie sich in die beste Haltung und Sie werden schneller. Dafür bedarf es einwenig Werkzeug und Zeit, mehr nicht!

60 Min. ★ ***Bike-Pack***

Rennradfahrer — **Was bringt was?**

Wenn Sie es genauer wissen wollen: An Rahmen und Komponenten lassen sich 1% des Cw-A-Wertes einsparen, die Kleidung bringt bis zu 10 Prozent des Luftwiderstandes, die Laufräder machen immerhin 12 Prozent aus und der König der Liste sind Sie: Ihre Haltung erlaubt bis zu 50 Prozent Reduktion des Luftwiderstandes!

Rennradfahrer — **Technik**

500

Scheibenräder und Aero-Lenker führen die Hitliste der Bauteile an, wenn es um Tempo geht. Beides ist bei Straßenrennen verboten, deshalb bieten sich Aero-Laufräder mit verminderter Speichenzahl an. Sie sind wirkungsvoll und erschwinglich.

60 Min. ★ ***Bike-Pack***

Rennradfahrer — **Fahrer legen, aber wie?**

500+

Obree hat es allen vorgemacht. Man muss nicht buckeln, sondern möglichst flach und langgezogen auf dem Rad liegen. Nach vorne geneigt sind Triathlonaufsätze die entsprechenden Hilfsmittel. Ergebnis im Extrem war die »Superman-Position« von Obree. Nach hinten geneigt heißen die Räder dann Liegerad!

60 Min. ★ ***Bike-Pack***

Symbiose — **Kein Schnorren**

Der »Lutscher« im Windschatten ist kein Schmarotzer! Denn Messungen haben ergeben, dass auch der »Mann im Wind« durch seinen Hintermann einen Vorteil erfährt. Seine Abströmung wird durch einen Körper hinter ihm verbessert!

Im Peloton

Bergab droht Gefahr

Gefahr droht, wenn das Peloton bergab rollt. Der Vorderste läuft Gefahr, überrollt zu werden, weil die Nachfolgenden im Windschatten schneller werden. Für den Vordermann gilt die Losung »klein machen«, um schneller zu werden. Bei den Hintermännern gilt: Nicht abrupt bremsen, sondern durch Aufrichten und Ausscheren Tempo regulieren.

Beste Position in den Kurven

Sicher ist, wer an der Spitze des Feldes im Inneren der Kurve fährt. Er kann sich sein Linie aussuchen und zudem wird er nicht von stürzenden Fahrern mitgerissen.

Einsteigerfehler 1

Versuchen Sie nicht zu sein, was Sie nicht sind. Jan Ullrich hat auch einmal klein angefangen, Sie müssen es auch! Also überfordern Sie sich nicht durch zu hohe Erwartungen.

Einsteigerfehler 2

Wer sich keine Ziele setzt, der wird nichts zu erreichen haben, das schlägt sich auf den Erfolg nieder.

Einsteigerfehler 3

Technik überbewerten – Sie starten gegen andere Fahrer und nicht alleine gegen andere Schaltwerke und Reifen...

Einsteigerfehler 4

Starten ohne eine Rennstrategie. Jede Kurbelumdrehung muss Sie Ihrem Ziel näher bringen, jeder Sprint und jede Temposchärfung, dafür brauchen Sie eine Strategie.

Einsteigerfehler 5

Übersetzung bei den anderen abzuschauen, ist ein großer Fehler. Jeder fährt seinen eigenen Stil, dem muss die Übersetzung angepasst werden.

Einsteigerfehler 6

Allein trainieren und im Rennen absetzen. Ihnen fehlt anfangs die Erfahrung, die sammelt man in der Gemeinschaft am schnellsten.

Einsteigerfehler 7

Nicht auf schlechtes Wetter eingestellt sein. Rechnen Sie mit dem Schlimmsten, dann sind Sie präpariert.

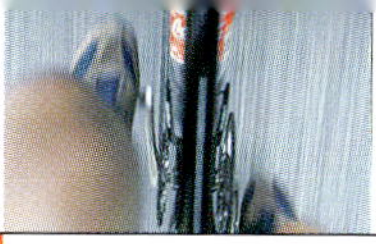

Einsteigerfehler 8

Zu früh aufgeben. Wer mit der falschen Einstellung an den Start geht, der wird früh herausgewunken werden.

○○○●○○○

Grundregel 1

Wenn die Tour de France dahinrollt, dann sieht das sehr geschmeidig aus, doch dahinter stecken Jahre der Erfahrung und ordnende Grundsätze: Fahren Sie nur am Ende des Pelotons freihändig. Hier ist der Ort, an dem Riegel geöffnet und Jacken angezogen werden können. Wer dies im Feld macht, handelt unverantwortlich oder befindet sich unter Profis und ist selbst einer.

●○○○○○○

Grundregel 2

Bremsen Sie niemals abrupt im Peloton. Die anderen Fahrer haben keine Chance! Wenn Sie etwas zu schnell sind, dann richten Sie Ihren Oberkörper auf oder schwenken Sie aus dem Windschatten des Vordermanns heraus. Auf diese Weise erhöhen Sie den Luftwiderstand und werden langsamer.

●○○○○○○ ★★

Grundregel 3

Fahren Sie niemals mit Ihrem Vorderrad versetzt neben dem Hinterrad des Vordermannes; schwenkt dieser aus, dann kommt es zum Sturz.

●○○○○○○ ★★

Grundregel 4

Instinktiv beschleunigen viele Fahrer, wenn sie in die vordere Reihe des Pelotons gelangen. Halten Sie das Tempo konstant.

●○○○○○○ ★★

Grundregel 5

Kündigen Sie Hindernisse an. Entweder Sie wedeln mit dem Arm, um eine Ausweichrichtung vorzugeben, oder Sie zeigen auf das Hindernis, etwa ein Gully oder ein Schlagloch. Ist keine Zeit, um die Hände vom Lenker zu nehmen, dann sollten Sie laut rufen. Bei internationalen Marathons sollte die Wortwahl möglichst allen verständlich sein (Englisch oder Französisch).

●○○○○○○ ★★

Grundregel 6

Richten Sie Ihren Blick auf das Geschehen im Peloton; wer die Schönheit der Natur betrachten möchte, der ist in einem schnellen Peloton fehl am Platze.

●○○○○○○ ★★

Grundregel 7

Tagträumen Sie nicht, jede Sekunde Unaufmerksamkeit kann den Sturz bringen.

●○○○○○○ ★★

Grundregel 8

Beachten Sie die Ideallinie der anderen.

●○○○○○○ ★★

Grundregeln *9*

Schauen Sie nicht auf das Hinterrad des Vordermanns. Diesen Abstand müssen Sie im Gefühl haben oder anhand des Abstands zum Kopf des Fahrers abschätzen können: Sie schauen am Vorausfahrenden vorbei auf das Geschehen vor ihm.

●○○○○○○ ★★

Grundregeln *10*

Richten Sie Ihre Schnellspanner so aus, dass diese keinesfalls durch ein schmales Vorderrad eines anderen Fahrers aufgehebelt werden können.

●○○○○○○ ★★

MOUNTAIN-BIKER

Im Wald *Abstand halten*

Windschattenfahren funktioniert auf der Straße super, doch im Wald sollten Sie es lassen. Wurzeln, Schlaglöcher, Kurven und andere Unwegsamkeiten lassen Mountainbiker unruhiger fahren. Also stets Sicherheitsabstand halten... Wer auffährt ist Schuld, wie im richtigen Leben!

○○○●○○○ ★★

MOUNTAIN-BIKER

Im Wald *Nie mehr als ein Dutzend Fahrer*

So traurig es ist, aber fahren Sie lieber zu zweit als in der großen Gruppe, das minimiert die Belastungen für den Waldboden, verringert die Konflikte mit Wanderern und erleichtert spontane Streckenänderungen. Zuviel des Guten ist es allerdings, wenn Sie allein starten, denn dann haben Sie in der Not keinen Helfer...

○○○●○○○ ★

Kontaktgefahr *Nach hinten statt gegenlenken!*

Wenn es im Peloton eng wird, ist alles erlaubt, um einen Sturz zu verhindern. Berühren Sie das Hinterrad des Vordermannes, dann ziehen Sie Ihr Vorderrad nach hinten, wie es Zabel sonst nach vorne tut. So gewinnen Sie einen halben Meter, der jetzt dringend gebraucht wird. Hüten Sie sich davor, bei seitlichem Kontakt zum Vordermann gegensteuern zu wollen: Sie werden Ihn nicht »weglenken« können und wenn er ausweicht, kommen Sie ins Taumeln.

○○○○●○○ ★★★

Lenkerknäuel auflösen

Verhaken sich die Lenker, sind Absprache und zwei kühle Köpfe gefragt: Der Hintermann muss aufhören zu treten und den Vordermann langsam nach vorne herausfahren lassen. Notfalls leicht bremsen oder am Rücken des Vordermannes abdrücken. Am besten ist die Vorbeugung: Drohen sich die Lenker zu verhaken, einfach Hand auf den Rücken des Vordermannes legen und Abstand aufrecht erhalten.

○○○○●○○ ★★★

Sportsgeist

Zu den ungeschriebenen Gesetzen gehört es, nicht an Verpflegungspassagen oder bei Unfällen zu attackieren. Zeigen auch Sie Moral und Sportsgeist, wenn Sie Chancen auf den Sieg haben, brauchen Sie solche Gelegenheiten ohnehin nicht!

○○○●○○○

Umschauen will gelernt sein

Drehen Sie sich niemals mit dem gesamten Oberkörper um, dabei verreißen Sie den Lenker und fahren Ihrem Nachbarn in die Seite. Besser, Sie blicken durch den gewinkelten Arm oder stehend zwischen Ihren Beinen hindurch.

○○●○○○○

Warum das Peloton so gefährlich ist

Der Ziehharmonika-Effekt macht das Peloton nervös. Wird vorne leicht gebremst, müssen die Hintenfahrenden deftiger bremsen (wegen der Reaktionszeit). Dies pflanzt sich bis zum Ende fort und führt nicht selten zu Stürzen. Umgekehrt, wenn die Spitze anzieht, baut sich schnell eine Lücke auf und wer hinten ist, muss kräftiger in die Pedale treten, um den Anschluss nicht zu verlieren. Dieser Gummiband-Effekt bringt negative Dynamik in das Peloton und macht das kollektive Windschattenfahren so gefährlich.

●○○○○○○

Zeitfahren ist der ideale Einstieg

Zeitfahren ist der beste Einstieg in den Radsport. Da man allein auf der Strecke ist, kann man stets die Ideallinie fahren und wird von keinem anderen Rennfahrer gefährdet. Achten Sie auf eine hohe Trittfrequenz und verschaffen Sie sich eine gute aerodynamische Position.

●○○○○○○

Radmarathon

100 Stunden bis zum Start

Jetzt ist es höchste Eisenbahn, den Flüssigkeitshaushalt aufzufüllen. Trinken Sie mindestens 2,5 Liter mehr am Tag als gewöhnlich. Schlafen Sie sich jede Nacht gut aus und essen Sie Kohlenhydrate! Viele, sehr viele! Waschen Sie Ihre Kleider für das Rennen und gönnen Sie Ihrem Rad neues Lenkerband. Es wird ihm gut stehen und zeigt Ihnen, dass zeigt die Schalter auf »ernst« stehen.

○○●○○○○ ★

24 Stunden bis zum Start

Legen Sie Ihre Lieblingsradklamotten zurecht. Studieren Sie den Wetterbericht und ergänzen Sie Sonnencreme oder Regenkleidung (vielleicht gar beides). Kontrollieren Sie die Satteltasche und waschen Sie ein letztes Mal den Camelbak. Eine kleine 10 Kilometerrunde baut die Anspannung ab und bestätigt den optimalen Zustand der Rennmaschine. Das letzte Essen ist einmal mehr kohlenhydratreich und vermeiden Sie scharfes (gewürzreiches) und fettes Essen. Zigaretten und Alkohol kennen Sie ja ohnehin nicht, oder?

○○●○○○○ ★

Drei kleine Helfer

50

Vier Plastiktüten groß genug für Füße und Hände helfen in der Not. Setzt der Regen ein, oder hat er die Handschuhe bereits durchnässt, so helfen die Tüten, Wind und Regen (und damit die Kälte) fernzuhalten. Sie lassen sich auch vor die Knie oder die Bronchien platzieren. Weiterhin ist der »Buff« (eine Art Schal-Schlauch aus dünnem Stoff) ein idealer Begleiter auf langen Touren. Ob als Notschal, Handtuch, Schweißband oder Mütze, er steigert den Komfort ohne viel zu wiegen. Ein Wärmepflaster (»Punguini« oder »ABC«) hält die Brustpartie auch im schlimmsten Winter warm (Allergiker sollten vorsichtig sein!).

10 Min. ★

An die alten Hasen halten!

Schnell machen Sie im Feld die alten Hasen aus, die die Strecke gut kennen oder/und besonnen fahren. Heften Sie sich bergab an diese Fahrer, die bringen Sie sicher bergab und durch die Kurven. Bei Brevets kennen sie mitunter die nichtbeschilderte Strecke und sparen Zeit, weil Sie nicht auf die Karte schauen müssen, beziehungsweise sich nicht verfahren.

Creme schont den Po — Versuchen!

20

Ich habe fünf Jahre gebraucht, bevor ich die Vorteile von Sitzcreme entdeckt habe. Seien Sie schneller! Die Creme stinkt, bedarf Überwindung bei der ersten Anwendung und »glibbert« die ersten Minuten im Schritt, doch nach 150 oder 200 km, wenn die wunden Stellen ausbleiben, will man sie nicht mehr missen.

5 Min. ★

Der Gaumen fährt mit — Motivation

Suchen Sie Ihr Essen auf der Piste nicht alleine nach den Nährwerten aus, sondern auch nach dem Geschmack. Was Sie mögen, werden Sie mehr und öfter essen, beziehungsweise trinken. Und darum geht's doch!

Die Nase fährt mit — Motivation

Wenn lange Handschuhe, Regenjacke und Überschuhe zum Einsatz kommen, dann ist die Stimmung dahin: Regen oder Schnee setzen ein. Jetzt muss man sofort die Initiative ergreifen und dem anstehenden Tief die Stirn bieten. Gut, wer jetzt vorausgedacht hat. Ein persönlicher Favorit von mir es, Regenkleidung mit meinem Lieblingsparfüm einzusprühen. So wie das Auge mitisst, fährt auch die Nase mit Rad. Ziehe ich die Regenklamotten an, so erfreut sich meine Nase und die Stimmung hebt sich wieder.

3 Min. ★

Drink & Ride — Einen vor dem Durst

Trinken Sie, bevor der Durst einsetzt. Wenn sich der Körper meldet, ist er bereits in der Reserve. Alle zehn Minuten einen Schluck zu trinken ist besser, als mit jeder Stunde eine komplette Trinkflasche zu leeren. Vor und nach dem Rennen sollte man zudem viel Trinken, Flüssigkeit im Vorfeld steigert die Leistungsfähigkeit und Trinken nach dem Rennen verkürzt die Regeneration.

★★

Duschen — *Frisch & warm 1*

Regen und Unwetter überraschen immer jene, die ohnehin langsam sind. Im Ziel warten dann kalte Duschen auf die Helden – Damenduschen sind frischer (weil weniger benutzt) als Herrenduschen...

15 Min. ✶✶ **Standard**

Duschen — *Frisch & warm 2*

Überfüllte Wäscheleinen: Wer eine Spannleine samt Wäscheklammern eingepackt hat, ist auf die Infrastruktur vor Ort nicht angewiesen. Bei Etappenrennen ist klar, mindestes zweifache Ausrüstung mitnehmen, inklusive Schuhe!

15 Min. ✶✶ **Standard**

Essen oder ...

Sie können drei Stunden fahren, ohne etwas zu essen, aber wenn Sie essen, können Sie den ganzen Tag fahren...

Fahren in der Gruppe — *Unfallgefahr*

Fahren in der Gruppe sorgt für Tempo, doch spätestens nach 4-5 Stunden werden die ersten Fahrer richtig müde, dann steigt die Sturzgefahr. Halten Sie sich immer im vorderen Drittel des Pelotons (der Gruppe) auf, hier fahren alle, die auf keinen Fall abgehängt werden wollen, deshalb radeln hier auch die wachsten Köpfe. Übrigens haben Studien ergeben, dass das Unfallrisiko zwischen 13-15 Uhr und 17 und 18 Uhr rapide ansteigt.

✶✶✶

Fahren Sie Ihren Rhythmus

Versuchen Sie erst gar nicht, an jenen dranzubleiben, die den Marathon in Rekordzeit beenden möchten. Fahren Sie lieber Ihren »Stiefel«, als das Kanonenfutter der Champs zu werden. Auch wenn eine Gruppe nur einen Stundenkilometer über Ihrem Niveau fährt, wird sie Sie abservieren. Nicht in einer Stunde, auch nicht in zweien, aber bei Kilometer 250 sind Sie dran. Also lassen Sie die Tornados fliegen und segeln Sie mit Ihrem Fön dem Ziel entgegen. Es braucht seine Zeit, aber es macht mehr Spaß und erspart Frustration und Schmerzen.

✶✶✶

Fahren statt Flicken oder Stürzen

MOUNTAIN-BIKER

Wer vorausschauend fährt und auch mal in die Bremse geht, der stürzt seltener und verursacht weniger Platten. Das mag Zeit kosten, doch jeder Platten belastet das Zeitkonto mehr als 50 Abbremsungen. Sie können es mir glauben, oder einfach Erfahrungen sammeln – ich radle dann »gebremst« an Ihrem ausgebauten Hinterrad vorbei...

✶

Gleichgesinnte suchen

Fahren Sie mit Sportskumpanen gleichen Niveaus, die dieselben Ziele haben. Sie können sich gegenseitig Mut zusprechen, über die gleiche Erfolge freuen und ziehen mit gleicher Kraft am gleichen Strang. Das schweißt zusammen und hilft über die berühmten toten Punkte in einem Rennen hinweg.

✶✶

Gönnen Sie sich den Spaß — *Motivation*

Nehmen Sie sich Zeit, gönnen Sie sich Pausen und ergänzen Sie Ihre Ausrüstung um einige Spielereien: Das Foto der Freundin, ein Maskottchen oder schlicht eine Dose Cola oder einen Lieblingsriegel. Versuchen Sie es mit Gemütlichkeit: Die oberen 10 Prozent sollen hasten, Sie haben doch eigentlich Zeit. Doch hüten Sie sich vor zu langen Pausen, die stören den Rhythmus und zerstören die Motivation.

○○○●○○○ ★★★

Im entscheidenden Rennen — *Keine Experimente*

Rennfahrer sind konservativ! Und nicht ohne Grund: Tragen Sie keine neue Hose, essen Sie keinen unbekannte Riegel und wechseln Sie nicht Ihren Energiedrink bei Ihrem Saisonhöhepunkt. Die gesamte Ausrüstung (Rad, Kleidung und Essen) muss im Training getestet werden. Ziehen Sie neue Reifen vor der letzten Trainingsfahrt auf, so reibt sich die rutschige Oberfläche bereits ab und Rundlauf und Qualität des Reifens sind getestet, bevor Sie an der Startlinie stehen. Hüten Sie sich davor, die Sattelhöhe oder -neigung vor dem Rennen zu verstellen.

○○●○○○○ ★★

Kleidung — *Optionen erhalten*

Sobald Sie mehr als eine Stunde Anfahrt zum Start haben, nehmen Sie weitere Klamotten mit. Das Wetter kann sich unter Umständen während der Anreise ändern, dann sollten Sie Korrekturen vornehmen können und nicht mit suboptimaler Ausrüstung an den Start gehen müssen.

○○●○○○○ ***5 Min.*** ★

Langstrecken-Motivation — *Die richtige Einteilung*

Lange Strecken gewinnt man zuerst im Kopf: Bevor man nicht imstande ist, die Herausforderung mental zu meistern, wird man ihr auf der Straße nicht trotzen können. Deshalb muss das »Unmögliche« in viele »mögliche« Teilstücke zerteilt werden. Scott Dickson, Paris-Brest-Paris-Gewinner (1219 km non stop in ca. 43 Stunden) etwa betrachtet das Rennen PBP nicht als eine 1219 Kilometerfahrt, sondern teilt das Rennen in Etappen von einer Kontrolle zur jeweils nächsten. Für jede Passage entwickelt er eine individuelle Taktik, die mitunter noch im Rennen modifiziert wird, und betrachtet diese losgelöst vom Umstand, dass die Passagen in der Summe 1219 km lang sind. Gleiches System ist vom Rennen Trondheim-Oslo (540 km nonstop) bekannt: Die alten Hasen mit bis zu 33 Teilnahmen sagen: »Erst den Hügel hoch (180 km), dann ins Tal rollen bis Lillehammer (360 km) und hier beginnt das Rennen auf den letzten hügeligen 180 Kilometern bis Oslo.« In den Bergen kann man Kehren als »Teilstücke« nehmen, in der Ebene dienen Kurven, Brücken oder Ortschaften dazu. Wer das nächste erreichbare Ziel fokussiert, der hangelt sich von Etappe zu Etappe und kommt so ans Ziel, ohne dem eigentlich für unmöglich Gehaltenen je wirklich zu begegnen.

○○●○○○○ ★★★

Meals on Wheels — Nur zu!

Essen, Essen, Essen – ein Radmarathon ist eine radelnde Fressorgie. Vor dem Rennen gilt es die Speicher mit Kohlenhydraten (Vollkornnudeln sind das Beste) zu füllen. Beim Rennen sind kleine Happen in kontinuierlicher Folge ideal. Nach Studien muss etwa die Hälfte der verbrauchten Kalorien bei Fahrten über 3 Stunden umgehend durch Nahrungsaufnahme kompensiert werden. Ob Energieriegel, Banane, Trockenfrüchte oder belegte Brote und Reisfladen, Essen steht neben Trinken und natürlich Pedalieren im Vordergrund. Geht es in die Abendstunden, so sind warme Brühen ideale Abwechslung. Und denken Sie daran: Wenn der Hunger da ist, waren Sie zu langsam! Essen Sie, bevor Sie sich hungrig fühlen.

★★

Rettungsdecke nicht vergessen

Nein, es geht nicht um das Rahmenmaterial, sondern um Alufolie oder eine Rettungsdecke. Sobald die Wetterlage unberechenbar wird oder der Marathon in die Berge geht, sollten Sie eine Alurettungsdecke einpacken. Notfalls können Sie diese auch zerreißen und in die Schuhe, Jacke oder Handschuhe stecken, einfach ausfüllen, wo es kalt wird! 20

★

Eigenen Rhythmus fahren

Fahren Sie stets Ideallinie, die ergibt sich in den Bergen aus drei Aspekten: 1. Die kürzeste Strecke 2. Die geringste Steigung und 3. Der geringste Kurvenwinkel. Bereits ein Grad Lenkeinschlag erhöht den Rollwiderstand um sechs Prozent, bei drei Grad Einschlag sind es bereits 30 Prozent Zuwachs. Deshalb sollte man in Kehren die flachste Strecke mit dem geringsten Lenkwinkel suchen. Schlenker und Hakenschlagen nach Hasenart sind erst zulässig, wenn der Berg selbst im leichtesten Gang zu steil wird.

★★

Staffel-Marathon — Wechsel optimieren

In der Wechselzone ist stets die Hölle los, vor allem in der Nacht weiß man nie, ob der eigene Mann bereits anwesend ist. Zwei Möglichkeiten: 1. Hightech. Fahrer hat ein Handy und lässt kurz vor dem Eintreffen im Basislager klingeln 2. Statt Handy nimmt er eine Schiedsrichter- oder Bootsmannpfeife mit und meldet sich laut bei der Einfahrt in die Wechselzone. 20

1 Min. ★

Staffel-Marathon — Wechsel-Taktik optimieren

Staffelrennen verlangen eine spezielle Taktik: Wenn sich vier Leute beispielsweise auf 24 Stunden abwechseln, so fahren Sie folgende Wechsel: 1:2, 1:2, 3:4, 3:4 Auf diese Weise haben Sie zwischen den ersten zwei Einsätzen eine kurze Pause, die Sie auf der Rolle oder mit Essen und Technik-Scheck überbrücken können und nach der zweiten Fahreinheit können Sie sich aufs Ohr legen. Wechseln Sie nach Runden oder nach »Stunden plus Runde vollenden« ab.

Start-Cremes — Dosierung

So gut die Sitzcreme oder Gesäßcreme auch sein mag, so vorsichtig muss man mit sogenannten Startölen oder Startcremes sein. Sie ziehen das Blut in die äußeren Körperschichten und vermitteln so ein Gefühl der Wärme. Das Blut fehlt dann aber im Inneren der »Muskelberge«. Deshalb keinesfalls übertrieben auftragen! Der Duft des Startöls gehört zu jedem Rennen... Das motiviert!

○○○●○○○ **5 Min.** ✶

Stimmt die Stimmung? — Einfluss nehmen

Beim Rad fahren werden Aminosäuren freigesetzt. Diese beeinflussen auch die Gemütslage. Konzentration und Stimmung können darunter leiden. Dagegen ist (k)ein »Kraut gewachsen«! Sie können Ihre Gedanken aber bewusst(er) steuern. Einige Marathonspezialisten berichten, dass sie während ihrer Fahrten binnen Sekunden in Gedankenwelten versinken und fast automatisiert Rad fahren. Sie denken an Arbeit, Politik oder ein Pin Up. Wiederum andere Biker fokussieren ihren Geist auf den Tritt, auf die Monotonie der Bewegung und umgehen damit die Sinnfrage. Oder Sie heben sich in den Olymp der Radfahrer. Stellen Sie sich beim Super Cup in Bremen vor, Sie fahren als RAAM (Race Across Amerika) Teilnehmer durch die Steppen Nevadas; in den Bergen von Trondheim-Oslo stellen Sie sich vor, Sie fahren bei der Tour de France durch die Alpen. Zählen Sie die Markierungen der Straße. Jede dieser Methoden hat ihre Funktion, wechseln Sie diese ab, solange Sie Freude an der Tour behalten, ist's erlaubt!

○○○●○○○

Trinken

Zwei Stunden vor dem Rennen mindestens 0,7 Liter trinken, im Rennen – ungeachtet des Wetters – mindestens 0,7 Liter je Stunde aufnehmen, dies in kleinen Schlucken alle 10 Minuten. Es gibt keinen (!) Grund im Rennen, sich von diesem Modus zu trennen. Keinen! Wer vor und nach dem Rennen auf die Waage geht, weiß, welche Differenz er mit Flüssigkeit wieder ausgleichen muss. Elektrolyt-Getränke mit Rohr- und Traubenzucker helfen bei der Regeneration. Koffeinhaltige und alkoholische Getränke sind im und nach dem Rennen tabu!

○○○●○○○ **1 Min.** ✶

Tuning — Vorsicht

Bei der Zusammenstellung der Ausrüstung sollte man auf Nummer Sicher gehen. Wer Gewicht spart und dann länger basteln muss, oder gar auf Sondergrößen und Spezialwerkzeug angewiesen ist, der hat mit einem Defekt mehr Zeit verbraucht, als er im Leben durch das geringere Gewicht herausfahren kann. Lieber 9,9 kg beim Rennrad und 12 kg beim Mountainbike einplanen, als »Risiko« zu ertunen!

●○○○○○○ ✶

Wenn die Pulsuhr langsamer wird

Wenn der Puls nach einigen Stunden auf dem Rad nicht mehr steigt, obwohl Sie die Belastung steigern, dann ist dies kein Zeichen extremer Fitness, sondern leider das genaue Gegenteil: Sie radeln dem Totpunkt entgegen. Reduzieren Sie das Tempo und essen und trinken Sie viel.

○○○●○○○

Werkzeug — Auswahl

Wer beim Rennrad- oder Mountainbike-Marathon weniger als zwei Ersatzschläuche und (!) Flickzeug im Gepäck hat, der handelt grob fahrlässig. Packen Sie ein, was Sie zu brauchen glauben und wählen Sie nach Möglichkeit das leichteste Material aus, aber lassen Sie nichts zuhause!

○○●○○○○ **5 Min.** ★ **Bike-Pack**

Ziele visualisieren

Training entwickelt seine richtige Dynamik durch Ziele. Diese Ziele sollten Sie sich immer vor Augen halten, im wahrsten Sinne des Wortes: Hängen Sie sich beispielsweise das Streckenprofil vom Marathon an die Decke über Ihr Bett, so sehen Sie jeden Morgen beim Aufstehen und abends beim Einschlafen das Ziel Ihres Trainings! Das sorgt für die gewünschte Motivation! Die Brieftasche, der Bildschirmschoner und der Vorbau sind weitere gute Plätze für solche »Werbeplakate« in Sachen Motivation.

●○○○○○○

Zügeln Sie sich!

Auch wenn Sie im vorderen Feld mitfahren möchten, beherzigen Sie den Grundsatz, dass Sie erst im letzten Viertel »am Anschlag« fahren sollten. Wer vorher bereits mit höchster Belastung fährt, der wird durchgereicht werden und deutlich langsamer fahren, als jene, die ihre Kräfte einteilten und am Ende noch »saftig« sind. Jedes Korn, das Sie in der ersten Hälfte sparen, ernten Sie am Ende doppelt.

○○○●○○○ ★

Schneller bergauf

Ablenken und genießen

Stimmung ist der Schlüssel zum Erfolg! Lachen Sie! Selbst der härteste Hügel hat schöne Seiten, die schlimmste Kehre kann ein Erfolgserlebnis sein. Wer lacht, gewinnt! – Ein profaner Trick, aber mit Wirkung!

○○○●○○○ ★★

Jedes Gramm zählt

Bergauf zählt jedes Gramm, bei langen Anstiegen sollten Sie nur soviel Getränke dabei haben, wie Sie bis zur Spitze benötigen! Oben gibt es Nachschub. Notfalls Flaschen ausleeren. Camelbak-Nutzer sind hier im Nachteil!

○○○●○○○ ***3 Min.*** ★

Körperhaltung kontrollieren

Bleiben Sie sitzen, stehen Sie nur gelegentlich auf, um die Beine zu lockern und sich zu entspannen. Das ideale Verhältnis liegt bei etwa 1/3 stehend und 2/3 sitzend fahren. Wer den Lenker »zangenfest« greift und die Ellbogen versteift, der verschwendet Energie. Locker sitzen, den Körper schwingen lassen, aber extremes Wackeln – vor allem im Oberkörper – sollte vermieden werden. Der Wiegetritt bezieht sich nicht auf den Fahrer, sondern auf das Rad: Es wird jeweils zu den Seiten gehebelt. Kontrollieren Sie Ihre Schuhe, ziehen Sie die Riemen fester und die Zunge hoch. Rücken Sie auf dem Sattel leicht nach hinten, so steigern Sie die Kraftentwicklung kurzfristig.

○○○●○○○ ★★

Leichtes Rad — *Wirkung?*

Die Mär vom leichten Rad, das dem Fahrer Flügel verleiht, ist weder richtig falsch, noch völlig zutreffend. Denn das Systemgewicht entscheidet; also Fahrer plus Rad plus Gepäck (Kleidung, Helm, Flickzeug usw.) Das Rad macht etwa 10 Prozent – oder 7-14 kg – aus. Wer hier 10 Prozent reduziert, der senkt das Systemgewicht lediglich um einen Prozentpunkt. Warum Radtuning dennoch so beliebt ist hat zwei Gründe: Zum einen bedarf es weniger Motivation (und dafür mehr Kapital!), zum anderen sind die Ergebnisse schnell realisierbar. Chester Kyle, amerikanischer Wissenschaftler mit Radaffinität, fand heraus, dass bereits 3 Kilogramm Gewichtsunterschied bei einem Anstieg von einer Meile bis zu 22 Sekunden Unterschied machen.

●○○○○○○

Locker anfangen bei Mountainbike-Touren

Hüten Sie sich vor Übermut, Sie zahlen persönllich! Fangen Sie mit leichten Touren an. Wer glaubt, die schwersten Touren eines Tourenführers seien nur für ihn entworfen, der sollte Vorsicht walten lassen. Locker anfangen und später harte Touren fahren!

○○○●○○○

Realistisch bleiben

Ab etwa 1800 Höhenmeter macht sich die dünnere Luft bemerkbar. Sie atmen schneller, um die gleiche Menge Sauerstoff in der Blutbahn zu erhalten. Passen Sie Ihre Tagesleistung und Geschwindigkeit diesen Umständen an.

○○○●○○○ ★★

Realistisch schalten

Sie wollen Stärke zeigen und fahren auf dem großen Blatt den Berg hinauf. Auch Ihre Kette muss dann Stärke zeigen, weil sie so schräg läuft! Das kostet Kraft. Schalten Sie nach Ihren Bedürfnissen, nicht nach Ihren Fitness-Träumen. Lieber zu kleine Gänge, als zu große!

○○○●○○○

Schalttechnik — Ehrlichkeit statt Qual

Vergessen Sie nicht: Sie sind nicht Pantani und auch nicht Ullrich. Deshalb bleiben Sie bei Ihrer Übersetzung auf dem Boden der Realität. Dreifach-Kurbeln und 26er Ritzel passen vielleicht nicht zu Ihrem Selbstverständnis, aber sehr gut zu Ihrer Leistung. Wer einen leichteren Gang mit hoher Frequenz fährt, der ist effektiver unterwegs. Leichter geschaltet wird, wenn man sich hinsetzt, ein »dickerer« Gang, wenn man aufsteht. Überhaupt ist das Fahren im Stehen kurzfristig schneller und entspannt die Muskulatur, aber effektiver ist es nur in einem Wechsel mit der Fahrt im Sitzen, die 2/3 der Bergfahrt bestimmen sollte. Insbesondere bei langen Anstiegen: Beginnen Sie mindestens einen Gang leichter, als Sie sich eigentlich zutrauen, spätestens bei der letzten Kehre des Berges macht sich diese Taktik bezahlt.

○○○●○○○ ★

Taktik — Der Erste wird der Letzte sein!

Fahren Sie in der Gruppe und gehören nicht zu den »Bergziegen«, so pedalieren Sie vorne mit und behalten Sie strikt Ihren Rhythmus bei. Setzen die Kletterer zum Eiltempo an, dann werden Sie Fahrer für Fahrer durchgereicht und können Ihren Stil weiterfahren, bis zum letzten Fahrer in der Gruppe eine Lücke entsteht. Dann beginnt Ihr Kampf um den Anschluss. Fahren Sie hingegen bereits am Beginn des Anstieges im hinteren Teil der Gruppe, so setzt dieser Kampf schon viel früher ein!

○○○●○○○ ★★

Training

Absprachen treffen

Besonders im Winter sind klare, gültige Absprachen für gemeinschaftliche Touren zwingend notwendig. Wer in der Kälte wartet, der kühlt aus, wer zum Treffpunkt sprintet, der schwitzt, um danach ebenfalls auszukühlen.

●○○○○○○ **15 Min.**

Absprachen — Das rasante »akademische Viertel«

Das berühmte akademische Viertel wird bei eiligen Sportlern auf 5 Minuten verkürzt: Um 10.00 Uhr ist Treffpunkt, um 10.05 Uhr geht's los, egal wer dort ist. So weiß jeder, woran er ist und man wartet nicht auf Fahrer, die nicht aus dem Bett kamen oder konnten (Krankheit). Sie nutzen Ihre Trainingszeit optimal und minimieren Krankheitsrisiken.

●○○○○○○ **5 Min.**

Absprachen — Ort

Treffen Sie sich grundsätzlich an Orten, die Unterstellmöglichkeiten und eine Uhr bieten. Wenn es die anderen nicht stört, ist Ihre Haustür für Sie die beste Wahl.

●○○○○○○

Absprachen — Telefonketten

Für Terminänderungen oder Fahrgemeinschaften ist es ratsam, eine Telefonkette abzusprechen, so gehen keinem Informationen verloren und der Aufwand ist gering!

●○○○○○○ **15 Min.**

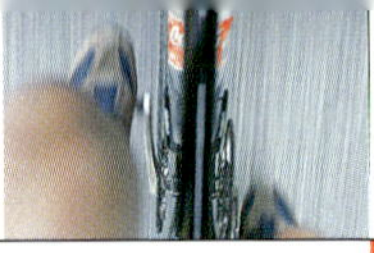

Absprachen — *Wetterregeln*

Sie können mit Freunden auch Witterungskriterien vereinbaren: Wenn man das Schloss auf dem Berg nicht sehen kann, fällt die Tour aus. Sind die Straßen um 8.00 Uhr nass, dann geht es nicht auf Tour. Finden Sie Ihre eigenen Regeln, Hauptsache eindeutig!

●○○○○○○

Ändern Sie die Richtung

Sie fahren immer den gleichen Kurs, weil Sie dort alles kennen, wissen, wann Sie wieder zu Hause sind und überhaupt, wo sollten Sie die Zeit hernehmen, sich eine neue Strecke zu erarbeiten? Gewinnen Sie der bekannten Strecke neue Seiten ab, indem Sie sie in die andere Richtung fahren. Sie werden sich wundern und die Langeweile ist dahin!

○○○●○○○

Aufzeichnen — *Erfolg*

20 Nur wer seine Kilometer protokolliert, kann wirklich konzeptionell und strategisch an sein Training herangehen: Schreiben Sie Zeiten, Kilometer, topographische Besonderheiten, Fahrradtyp, vorherrschende Winde, Außentemperatur und Gemütslage auf. Notieren Sie, ob Sie alleine fuhren, welche Pulswerte Sie hatten und was Sie aßen und tranken. Wer es genau nimmt, der misst täglich morgens zur gleichen Zeit Puls und Temperatur. Führt man über einen längeren Zeitraum Buch, so lässt sich das Training noch genauer und damit effektiver steuern.

●○○○○○○ **5 Min.** ★★

Ausrollen statt austoben!

Das Ausrollen wird immer wieder unterschätzt. Rollen Sie die letzten 10 Minuten aus, bringen Sie den Puls herunter und vermeiden Sie Berge! Hört sich banal an, aber Ihre Beine werden es Ihnen danken!

○○○●○○○ **15 Min.** ★★

Gesundheit angeschlagen — *Stopp!*

Wenn die Körpertemperatur nach oben geht, der Ruhepuls schwankt und im Hals ein erstes Kratzen zu spüren ist, dann ist es höchste Zeit, das Training einzustellen. Wer mit Schnupfen, Fieber oder Halsschmerzen sportiv wird (bleibt), der erzielt keinen Trainingseffekt und gefährdet nachhaltig seine Gesundheit. Jetzt noch zu fahren, hat nichts mit eiserner Disziplin zu tun, sondern mit Kurzsicht, Unvernunft und Machoallüren. Kurieren Sie sich aus und steigen Sie topfit wieder aufs Rad – und nicht vorher!

○○○○○●○

Jahreskilometer lügen

Sind Sie oft mit dem Mountainbike unterwegs, in bergigen Wäldern, nicht selten mit einem Rucksack? Dann sind Ihre Kilometer wahrscheinlich doppelt soviel wert! Also rechnen Sie Ihre Leistung nach »Stunden im jeweiligen Pulsbereich« statt in Kilometern. Das ist ehrlicher und effektiver.

●○○○○○○

Mentales Training — Warum?

1. Mentales Training verkürzt Lernzeiten, besonders bei Fahrtechnik 2. Mentales Training erhöht Stabilität der Bewegungsfertigkeit 3. Mentales Training erhöht Geschwindigkeit und Präzision der Bewegung 4. Mentales Training spart Energie 5. Mentales Training erlaubt Training bei Zeitmangel 6. Mentales Training kann bei schlechtem Wetter oder Verletzungen ausgeführt werden 7. Mentales Training baut Ängste und Nervosität ab 8. Mentales Training verkürzt die Aufwärmzeit. 9. Mentales Training erlaubt Zeitlupentraining 10. Mentales Training erlaubt Korrektur fehlerhafter Bewegungsabläufe.

●○○○○○○ ★★★

Mentales Training — Arten

Mentales Training wird unterschieden: 1. Mental-sprachliches Training (»Ich bin gut!«) 2. Mentales Training aus der Beobachterperspektive (Tour de France gucken und dabei wirklich trainieren!!!) 3. Mentales Training aus der Innenperspektive (Bewegungen und Gefühle vergegenwärtigen und lenken).

●○○○○○○ ★★★

Mentales Training — Die Temporechnung

Denken Sie mathematisch: Hohes Tempo ist eine Rechnung mit einer Variablen und zwei Konstanten. Die Konstanten sind Ihr effektivster Puls (unterliegt der Tagesform) und eine Trittfrequenz um 90 Drehungen je Minute. Die Variable ist die Übersetzung. Passen Sie die Variable den Konstanten an und Sie haben die höchste Effizienz. Das muss man üben, aber zuerst muss es im Kopf »klar« sein!

●○○○○○○ ★★

Mentales Training — 1. Schritt

Mentales Training ist der Schlüssel zum Erfolg: 1. Rekapitulieren der eigenen Entwicklungsgeschichte, um Gründe bestehender Blockaden herauszufinden.

●○○○○○○ ★★★

Mentales Training — 2. Schritt

Internale Attribution ist ein zweiter wichtiger Schritt: Das heißt, die totale Übernahme der Verantwortung für den eigenen Erfolg: Sie gewinnen, weil Sie gut sind und nicht, weil die anderen einen schlechten Tag hatten.

●○○○○○○ ★★★

Mentales Training — 3. Schritt

Dem Unterbewusstsein positive Impulse geben ist der dritte Schritt: »Ich bin stark! Ich glaube an meinen Erfolg! Ich gewinne!«

●○○○○○○ ★★★

Mentales Training — 4. Schritt

Die Selbstprogrammierung durch Versenkung in den bevorstehenden Wettkampf aktiviert die Ressourcen.

●○○○○○○ ★★★

Motivation — *Highlights schonen*

Fahren Sie sich nicht Ihre Lieblingsstrecken madig, weil Sie sie täglich fahren. Heben Sie sich die Highlights für das Trainingstief auf. Niemand mag jeden Tag Champagner!

●○○○○○○

Motivation — *Walkman bleibt zu Hause!*

Viele Rennfahrer trainieren mit Walkman oder Radio im Ohr. Ich schlage vor, zusätzlich die Brille mit schwarzer Dekorfolie zu bekleben...

○○○●○○○

Motivationsloch

Lassen Sie den Pulsmesser daheim, schalten Sie den Computer aus und vergessen Sie alle Trainingstipps. Wenn die Motivation am Ende ist, dann richten Sie Ihr Training nicht an hochgesteckten Zielen aus, sondern fahren Sie eine Runde nach der obersten Maxime allen Fahrens: Spaß, Freiheit, Adrenalin und Tempo. Sie müssen nicht jeden Kilometer in einem Trainingsbuch festhalten. Fahren Sie heute einmal Kilometer, die Ihnen lange in Erinnerung bleiben. Sie wissen am besten, welche das sind!

●○○○○○○ ***2 Std.***

Rollentraining — *Schweiß schmerzt!*

Rolle fahren ist extrem schweißtreibend. Halten Sie deshalb ein Handtuch parat und vergessen Sie das Trinken nicht. Doch auch Ihr Rad sollten Sie schützen. Schweiß greift Lack und Kunststoffe an. Decken Sie Ihr Rad im »Schweißbereich« ab oder wischen Sie allen Schweiß direkt nach der Trainingseinheit ab.

○○●○○○○ ***1 Min.*** ★

Ruhepuls bestimmen

Den Ruhepuls ermittelt man am besten während der Nacht beim Schlafen. Besorgen Sie sich einen Pulsmesser, der die Daten speichert und anschließend PC-gerecht weiterleitet. Auf dem PC können Sie dann den Tiefpunkt einfach ablesen und wissen genau um Ihren Ruhepuls.

○○●○○○○ ***5 Min.*** ★★ ***Standard***

Ruhepuls preiswert bestimmen

Preiswerter, aber etwas ungenauer geht's, indem Sie mehrere Tage hintereinander morgens noch im Bett liegend vor dem Aufrichten den Puls nehmen und einen Mittelwert errechnen.

○○●○○○○ ***5 Min.*** ★★ ***Standard***

Training — *Termine machen*

Training: Ob mit Konzept oder aus dem Bauch, tragen Sie sich die Termine sofort in den Kalender ein. Dann haben Sie eine Verabredung mit sich selbst und können die restlichen Verpflichtungen drumherum »bauen«. Denken Sie hingegen, dass Sie »sofern noch Zeit ist, eine Runde aufs Rad« steigen werden, dann bleibt es meist bei der guten Absicht!

●○○○○○○

Training — Ortsschildsprint-Taktik

Logisch, alle in der Trainingsgruppe sind Freunde, dennoch bitte keine Scheu beim Sprint! Die Taktik beginnt vor dem Rennen: Schon bei der Begrüßung die eigene Tagesform herunterspielen (»Ich bin müde, viel gearbeitet«). Während der Runde immer beliebig »lutschen« und die anderen im Wind wertvolle Körner verlieren lassen. Wenn sich DAS Ortsschild nähert, ruhig und erst einmal im Windschatten bleiben. Wer Zabel heißt, der zieht den Sprint urplötzlich bereits 500 Meter vor dem Schild an und kocht die Gegner auf kleiner Flamme gar. Steht man eher in Cipollinis Fußstapfen, dann jagt man 150 Meter vorm Ziel aus dem Windschatten heraus am Führenden vorbei.

○○○●○○○ **1 Min.** ★★ ***Standard***

Trainingsgruppen im Winter

Suchen Sie sich Gleichgesinnte: Ein Aushang im Fahrradladen, eine Anzeige im Lokalteil oder die Mitgliedschaft in einem Verein bringen Mitfahrer. Jede Stadt hat einen traditionellen Treffpunkt, wo sich Radfahrer zur Ausfahrt treffen. Trainingspartner brechen nicht nur den Wind, sondern sorgen auch für »sozialen Druck«: Man will sich nicht die Blöße geben, bei schlechtem Wetter nicht dabei gewesen zu sein und entsprechende Bemerkungen beim nächsten Treffen zu ernten. Das ist ein profanes Mittel, sich im Winter zum Training zu motivieren. Und wenn im Frühjahr die ersten Sonnenstrahlen hervorkommen und man bereits in bestechender Form ist, sind die Qualen des winterlichen Trainings schnell vergessen.

●○○○○○○

Trainingspartner

Suchen Sie sich Trainingspartner, die besser sind als Sie! Motivieren Sie sich durch Biker, deren Level in erreichbarer Nähe ist. Schauen Sie nach Fahrern, die wie Sie weiterkommen wollen, aber nicht zuviel besser sind. Sie finden diese im Club, bei RTFs und durch Aushänge im Radladen.

●○○○○○○

Training bei Zeitnot

Trainieren Sie vor der Arbeit. Um 10.00 Uhr ist die Einheit schon fast vergessen...

●○○○○○○

Training bei Zeitnot — Faltrad bringt's

Haben Sie Ihr Fahrrad immer parat. Ob Geschäftsreise, Arbeitsausflug oder Urlaub. Wenn sich eine Gelegenheit zum Training ergibt, sollte diese auch genutzt werden können und nicht wegen eines fehlendem Fahrrades ausfallen. Optimal sind Falträder! Die passen überall hin und haben mittlerweile eine beachtliche Fahrkultur.

●○○○○○○

Training bei Zeitnot — *Integrieren statt addieren*

Wenn der Familienausflug auf dem Terminplan steht, dann fahren alle mit dem Auto zum Ziel und dort geht es hoch her. Anschließend treten Sie die Heimfahrt auf dem Rad an, die anderen fahren im Auto. So (geht natürlich auch in umgekehrter Anordnung) können Sie »Kilometer machen« und dennoch Ihre Familie genießen.

●○○○○○○ ★

Übertraining

»Wehret den Anfängen« ist hier die Regel. Übertraining hat schon vielen Rennfahrern die Saison versaut. Klar, man muss hart sein und sich zum Training zwingen, doch sollte man keine Signale des Körpers ignorieren. Schlafstörungen, Lustlosigkeit, plötzlicher Gewichtsverlust, ein »Jetzt-Erst-Recht«-Fanatismus sind erste Anzeichen. Gönnen Sie sich ein paar Tage Ruhe, wenn es Ihnen dann bereits etwas besser geht, dann schalten Sie mindestens weitere 10 Tage einen ruhigen Gang und füllen Sie die Löcher und den Tank auf!

○○○●○○○

Verantwortung übernehmen

Motivation braucht Ziele und unterstützt wird sie durch Verantwortung. Leiten Sie Ausfahrten oder organisieren Sie das Training der »Bambinos« im Verein. Sie werden sich wundern, wie viel Freude dies macht und welche Kilometerleistung für Sie mit den Kleinen zustandekommt, weil Sie stets zwischen den vorderen und hinteren hin und her fahren müssen.

●○○○○○○ **2 Std.** ★★

Warum Gewichtheben gut ist — *Winter*

Gewichtstraining im Studio ist gut, weil es nicht draußen stattfindet! Weil es aerobe Leistungsfähigkeit erhöht, Verletzungen vorbeugt und sich in der Gemeinschaft ausüben lässt.

○○●○○○○

MOUNTAINBIKER

Werterhaltung — *Streckenpflege*

Pflegen Sie Ihre Hausstrecken: Nehmen Sie eine kleine Astschere mit und schneiden Sie sich den Weg frei, so dass Sie auch im Sommer gut durchkommen. Vergessen Sie bei dieser Pflegetour nicht, einen Müllsack mitzunehmen und Müll aufzusammeln.

○○○○○●○ **2 Std.** ★ ***Heimwerkstatt***

Winter — *Ideal zum Einstieg*

Trainingswissenschaftler haben längst bestätigt: Im Winter wird die Form des Sommers gemacht. In der »hässlichsten« Jahreszeit muss man die meisten Kilometer fahren, um die sogenannte Grundlagenausdauer zu bekommen. Der Schlüssel sind viele Kilometer bei geringer Belastung. Deshalb ist der Winter auch der beste Zeitpunkt, Rad fahren sportiv zu beginnen. In der Gruppe fährt man in der Mitte, lässt sich von den fitteren Fahrern »ziehen« und kommt so Stück für Stück in Bestform. Suchen Sie sich einen Klub, der regelmäßig Ausfahrten macht und Sie werden schnell in Fahrt kommen.

●○○○○○○